Edmund Veckenstedt

Geschichte der griechischen Farbenlehre das

Farbenunterscheidungsvermögen

die Farbenbezeichnungen der griechischen Epiker von Homer bis Quintus

Smyrnäus

Edmund Veckenstedt

Geschichte der griechischen Farbenlehre das Farbenunterscheidungsvermögen
die Farbenbezeichnungen der griechischen Epiker von Homer bis Quintus Smyrnäus

ISBN/EAN: 9783743315556

Hergestellt in Europa, USA, Kanada, Australien, Japan

Cover: Foto ©Thomas Meinert / pixelio.de

Manufactured and distributed by brebook publishing software
(www.brebook.com)

Edmund Veckenstedt

Geschichte der griechischen Farbenlehre das Farbenunterscheidungsvermögen

Inhalts-Verzeichnis.

Verbesserungen.

S. 5 Z. (v. o.) 31 lies: Simplicius
» 6 » » 20 » ¹ᵃ)
» » » » 25 » ¹ᵇ)
» » » » 29 » 424
» » » » 38 » sind.⁷ᵃ)
» 7 » » 3 » ⁷ᵇ)
» » » » 21 » ὠχρόν
» 9 » » 14 » ³ᵃ)
» » » » 24 » ³ᵇ)
» » » » 34 » ⁸ᵗ)
» 10 » » 12 » ³ᵗᵇ)
» 11 » » 35 » 123—125
» 12 » » 15 » 546 lebte —
» 13 » » 6 » die Menschen
» » » » 30 » 51 &
» 18 » » 25 » σύστηρόν·
» » » » » » δριμύ
» 23 » » 39 » entstammen
» 25 » » 32 » denjenigen
» 36 » » 14 » ihn
» 38 » » 18 » ἴρις
» 39 » » 7 » hat -- mehrere Vertreter.
» » » » 27 » die
» 42 » » 32 » πρῶτος
» 48 » » 10 » ¹⁴ᵃ)
» 49 » » 29 » ¹⁴ᵇ)
» 56 » » 38 » ἀργ,
» 69 » » 11 » ¹⁴ᵃ)
» 74 » » 2 » ¹⁴ᵇ)
» 76 » » 19 » thun —
» 81 » » 11 » couleur
» 82 » » 11 » II. 19
» 83 » » 28 » 113, c.
» 86 » » 3 » karmesin
» » » » 18 » hindurch
» 98 » » 16 » 21, 353
» » » » 20 » .. welche als φόλνες mit

S. 98 Z. (v. o.) 20 lies: erklärt werden
» » » » 22 » 24, 189
» 99 » » 13 » 3, 1267
» » » » 27 » 4, 1697
» » » » 30 » 9, 363
» » » » 31 tilge 6, 51
» 100 » » 32, 33 tilge von: »aber« bis 3, 224
» 101 » » 2 lies: II. 15, 713.
» » » » 18 tilge: 4, 263
» » » » 29 lies: 18, 548
» 102 » » 7 » nach Hes. den
» 102, 103 tilge von: den Waben — übersetzen
S. 105 Z. (v. o.) 13 lies: II.
» 106 » » 8 » 659.
» » » » 16 » 220
» » » » 30 tilge: 2, 641.
» » » » 33 lies: 3
» » » » 38 » 335.
» 107 » » 15 » Fr.
» » » » 16 » II. 19, 15.
» » » » 29 » 1361
» » » » 36 » Q. Sm. 1, 67 von.
» 109 » » 2 » 863
» » » » 3 » 218
» 111 » » 10 » 726
» 112 » » 7 tilge: 12, 605
» » » » 32 lies: 538
» 113 » » 1 tilge: 2, 181
» » » » 36 » (—)
» 115 » » 14 lies: S.
» » » » 38 » 183
» 116 » » 18 » derselben
» » » » 26 » 415
» » » » 35 » dem Staub
» 119 » » 26 » 31, 6
» 121 » » 33 » Ap. 1, 221
» 126 » » 18 » 1, 197

S. 126 Z. (v. o.) 25 lies: 2, 642
" " " " 29 " II.
" " " " 32 " 1084
" 127 " " 15 u. 23 lies: ὠχρος
" 133 " " 10 lies: 249
" " " " 12 " 162
" 135 " " 15 " Vielfaltigkeit,
" 139 " " 7 " 7, 5
" 140 " " 8 " 66
" " " " 12 streiche: 13, 55
" 141 " " 18 " (
" 142 " " 19 u. 38 lies ῳ
" 143 " " 4 u. 21 " ῳ
" " " " 27 lies: 121
" 148 " " 20 " 321
" 150 " " 25 " 497
" " " " 39 " 4, 267, 8 nach
Apollonius
" 151 Z. (v. o.) 10 lies: τ
" " " " 24 " αἰγοχερεύς
" 152 " " 6 " 234
" " " " 9 " 263
" 153 " " 50 " 2, 6
" 154 " " 31 " 298
" 155 " " 1 " ἰοδνεφής
" 160 " " 16 " 1071
" " " " 21 " H. A.
" 161 " " 25 " 456
" 162 " " 4 " 201
" " " " 12 " 547
" 163 " " 1 " Nic. Alc. 544
nach »bietet«, tilge von »die —
spannt«.
S. 164 Z. (v. o.) 29 lies: H. H. 33, 10
" 165 " " 8 " 113
" " " " 22 " den Segeln
λαίψεα Q. S. 1, 85 u. ἰστία
Q. S. 1, 321.
S. 165 Z. (v. o.) 34 lies: 314

S. 166 Z. (v. o.) 5 lies: λεύκασπις
" " " " 6 " 294
" " " " 13 " 1, 545
" " " " 16 " 87
" " " " 17 " 418
" " " " 26 " 13
" " " " 31 " 418
" 168 " " 7 " 791
" " " " 8 " 18, 3
" " " " 30 " 24, 621
" 169 " " 10 " II. 18, 50 nach
Nereus
S. 175 Z. (v. o.) 1 lies: δ' αὖ
" " " " 13 " wiedergiebt
" " " " 24 " 820
" 176 " " 1 " 5) für d)
" " " " 19 " 21
" " " " 36 " ϑ
" 177 " " 3 " II. 2, 647, 656
nach Κάμειρος
S. 177 Z. (v. o.) 19 lies: ἀργῆς
" 178 " " 15 " τροφός
" " " " 19 " 1, 350.
" " " " 20 " 588
" " " " 21 " der Salz-
flut, ἅλς
S. 178 Z. (v. o.) 23, 34 lies: dem Meer,
welches weifs aufschäumt,
S. 178 Z. (v. o.) 38 lies: 477.
" 179 " " 22 " 124
" " " " 35 " 3, 48
" 182 " " 30 " 33, 1
" " " " " " der Nymphe
" 183 " " 19 " 4, 284, das
übrige tilge bis 33, I.
S. 184 Z. (v. o.) 29 lies: 512
" " " " 33 " 14, 241
" 185 " " 16 " 735
" " " " 25 " ἐλλόν, ἐλλός.

Einleitung.

Unter den Fragen, welche in unserer Zeit die weitesten Kreise der wissenschaftlichen Welt in Bewegung gesetzt haben, ist diejenige nach dem Sehvermögen der alten Völker in Bezug auf die Unterscheidungsfähigkeit der Farben als von besonderer Wichtigkeit zu bezeichnen: ist doch nicht nur die weitgehende Teilnahme, welche dieselbe hervorgerufen, Beweis dafür, sondern sie bietet auch die Möglichkeit, bei einem grofsen Teil der hier einschlagenden Arbeiten, trotz scheinbar ungeheurer Mühe, welche darauf verwandt wurde, eine Eigenheit der vorgeschichtlichen, geschichtlichen und Naturvölker aufzudecken, auf deren Spuren man recht eigentlich erst in unseren Tagen gekommen zu sein glaubte, eine gewisse Hast und Unfertigkeit im Urteil darzulegen. Das eine Verdienst wird der nun einmal gestellten Frage jedoch bleiben, dafs sie Anlafs geboten, in die Vorstellungs- und Ausdrucksweise der Dichter des alten Hellas in Bezug auf die Gestaltung und Benennung der farbenfrohen Umgebung ihrer Götter, Helden und anmutigen Frauen tiefer einzudringen, als dies bis jetzt geschehen war, aber eine ungemeine Menge von Willkürlichkeiten sind erst wieder zu beseitigen, bevor wir uns derselben in erwünschtem Mafse erfreuen können.

Nun war eben auch nicht gleich anfänglich die Frage nach dem Sehvermögen der alten Völker selbst gestellt worden, welchem jetzt die hier einschlagenden Arbeiten in besonderem Mafse gewidmet sind, aber diese Wendung war in der That ein folgerichtiger Schritt in der Weiterführung derselben, wenn die vorausgegangenen Behauptungen richtig waren, dafs die Farbenbezeichnungen der alten Dichter und zwar vorzugsweise der altgriechischen Zeit dem wirklichen Aussehen der Dinge dieser Welt ihrem farbigen Äufseren nach nicht entsprechen.

Gestützt sollte die Ansicht, dafs den Völkern der alten Zeit die volle Beherrschung der Farben gefehlt, durch die Thatsache werden, dafs die Philosophen, besonders die Pythagoreer, nur von vier Farben zu reden gewohnt seien: aus Xenophanes' Worten über den Regenbogen wird die Blaublindheit des Philosophen und seiner Zeitgenossen gefolgert, von welcher erst Aristoteles ganz freigesprochen wird.

Erstes Kapitel.

Geschichte der griechischen Farbenlehre.

Was die Ansichten der griechischen Philosophen von dem Wesen der Farbe betrifft, so ist eine Zusammenstellung und Erklärung derselben bereits von Prantl versucht, aber es scheint, als ob die Herren, welche über diese Frage geschrieben, es nicht für nötig gehalten haben, dessen Werk: »Aristoteles über die Farben, erläutert durch eine Übersicht der Farbenlehre der Alten, München 1849« auch nur einzusehen. Die Brauchbarkeit des Buches wird allerdings durch die Art seiner Abfassung so beeinträchtigt, dafs dasselbe eigentlich nur einem Philologen zugänglich ist — aber auch in seiner jetzigen Gestalt darf der Mediziner das Buch nicht einfach beiseite liegen lassen, wenn er — und Magnus redet mit einem gewissen Spott über die Farbentheorieen der alten Griechen — über die hier in Betracht kommenden Ansichten schreibt.

Nun ist aber der Gegenstand von einer solchen Wichtigkeit, dafs ich mich aufs neue der Aufgabe unterzogen habe, eine kurze Farbenlehre der Griechen zu schreiben, in welcher ich nur das Nötige biete, die Zeitfolge der entwickelten Ansichten scharf hervortreten lasse und stets diejenigen Übersetzungen der griechischen Farbenbezeichnungen biete, welche sich mir als die richtigen ergeben haben. Die Berechtigung meiner Übersetzungen der Farbenworte werde ich zumeist erst bei der Gelegenheit geben, wo die Farben genau behandelt werden, um die Farbenlehre selbst nicht durch zu viel Einzeluntersuchungen zu überladen.

Xenophanes.

Als der Philosoph, welcher zwar noch keine Farbenlehre geschrieben, aber doch zuerst wichtige Ansichten über das Wesen der Farben aufgestellt hat, ist von uns der Eleat Xenophanes zu bezeichnen, welcher aus Kolophon stammt und der Zeit von 569 bis etwa 477 angehört. Seine Blüte setzt man um 540.

Aus seiner Lehre, nach welcher alles in eine Einheit ein- und damit davon auch ausgeht, ist es möglich anzunehmen, dafs er auch für die Farben die Einheit Licht gesetzt hat. Ausgesprochen hat er aber diese Ansicht in voller Schärfe nicht, obwohl einige seiner Aussprüche auf eine entsprechende Lehre gedeutet werden können. So hat Xenophanes die Sonne als aus feurigen Wolken bestehend bezeichnet,[1]) nach Galenus[2]) nennt er die Sonne eine angezündete Wolke.

Neben dieser Sonne aus Feuerwolken wird aber die Sonne auch als aus kleinen Feuern entstanden bezeichnet, die trockenen Dünsten entstammen.[3]) Plutarch[4]) weifs zu berichten, dafs nach Xenophanes die kleinen Feuer aus feuchten Ausdünstungen sich sammeln. So wird uns das früher berührte Anzünden der Wolke erklärlich.

Wolke und Farbe treten nun im Regenbogen in unmittelbare Verbindung, wenn Xenophanes sagt: »Was man Iris nennt, auch das ist eine Wolke, πορφύριον Purpurfarben, φοινίκεον Phönikischfarben, χλωρόν Fahlgelb.«[5])

Diesen Farbenbezeichnungen ist besonders um deshalb auch eine besondere Wichtigkeit beigelegt worden, weil sie angeblich die ersten sind, welche auf eine Mehrfarbigkeit des Regenbogens hindeuten — wir werden später sehen, dafs bereits Homer auf verschiedene Farben im Regenbogen hingewiesen hat — die Blaublindheit der Griechen bis in die Zeit des Xenophanes hinein aus dessen Worten zu erschliefsen blieb den Gelehrten unserer Zeit vorbehalten.

Sehen wir uns nun diese drei Farbenbezeichnungen näher an. Es ist, denke ich, kaum ein Zweifel darüber möglich, dafs der Philosoph und Dichter, hätte er als die Farben des Regenbogens Rot, Gelb, Grün bezeichnen wollen, dafür die Ausdrücke ἐρυθρόν, ξανθόν, πράσινον oder ποώδες verwandt haben würde. Da er das nicht gethan hat, so mufs aus der Wahl seiner Farbenbezeichnungen geschlossen werden, dafs er mit denselben mehr ausdrücken will, als nur Rot, Gelb und Grün besagen. Und er thut das auf wunderbar geschickte Weise. Ist doch πορφύριον ein volles gesättigtes Rot mit einem Blauschimmer, φοινίκεον Scharlach oder Karmesinrot mit Blauschimmer, χλωρόν aber Fahlgelblich, das in das Grüne einzugehen Neigung hat: die Sonne läfst eben das Gelbe, der Schatten das Grüne hervortreten auch bei unseren jüngsten Knospen in Feld und Flur. Bei Anerkennung der dichterischen Freiheit des Ausdruckes unter Steigerung der Abstufung, welcher die Farbenbezeichnung dient, zur

vollen Farbe, gelangen wir zu den, wir wollen einmal sagen, Grundfarben Rot, Orange, Gelb und den Schimmerfarben Grün und Blau.
Erkennen wir die Richtigkeit der Darlegung an, so müssen
wir zugestehen, dafs der Philosoph und Dichter seine Lehrmeinung
und das Wesen des Seienden im dichterischen Schmuck der Rede
besser zu verschmelzen verstanden, als unsere ihn zu einem blaublinden Manne stempelnden Gelehrten auch nur zu ahnen scheinen,
denn aus der Einheit Wolke gelangen wir zur Dreiheit der Grundfarben und Zweiheit der Schimmerfarben.

Somit entsprechen die Farbenbezeichnungen des Xenophanes
nicht nur der Zahl der Farben des Regenbogens bis auf Violett,
sondern auch dadurch, dafs in der That die rote, rotgelbe und gelbe
Farbe als die, wir wollen einmal sagen, Grundfarben — sicher Hauptfarben — des Regenbogens bezeichnet sind, denn es ist erwiesen,
dafs der Regenbogen bei niedrigem Stand der Sonne und wassergas-
gefüllter Atmosphäre in der That fast nur rot und gelb erscheint.
Eben dieser Einteilung in Haupt- und Nebenfarben dienen auch die
Worte des Xenophanes.

Nach Clem. Alex. Strom. VII p. 711, b. hat Xenophanes darauf
hingewiesen, dafs die Thraker ihre Götter nach ihrem Vorbilde
πυρροὺς gelbrot — wir sind gewohnt rotblond zu sagen — und
blauäugig darzustellen pflegen.[6]) Hier begegnet uns bereits das
γλαυκόν zur Bezeichnung des hellblau strahlenden Auges der Nord-
landsvölker.

Pythagoras. Alkmaeo.

Haben wir von Pythagoras, welcher der Zeit von 582 bis 507
angehört, selbst keine beglaubigte Ansicht über die Farben, so sind
uns doch von Alkmaeo dem Krotoniaten, einem jüngeren Zeitgenossen und Schüler des Pythagoras, einige Aussprüche überliefert,
welche für die Farbenlehre von Wichtigkeit sind — vorausgesetzt,
dafs die Sätze in richtiger Überlieferung vorliegen. Dem Alkmaeo
wird nämlich die Ansicht zugeschrieben, dafs für das Sehen das
Glänzende und Durchsichtige Bedingung sei, wenn es entgegen-
scheine. Die Augen sollen durch das Wäsrige rings in denselben
sehen, im Auge sei Feuer, so dafs aus ihnen Feuer herausleuchte,
wenn das Auge geschlagen werde.[7])

Wir werden finden, dafs diese Ansichten des Pythagoreers
— immer die Richtigkeit der Überlieferung vorausgesetzt — auf
Aristoteles den gröfsten Einflufs geübt haben.

Empedokles.

Nach den uns erhaltenen Aussprüchen des Empedokles können wir von diesem grofsen Philosophen bereits eine Art von griechischer Farbenlehre aufstellen, wie denn dessen Lehrmeinungen auf die Anschauungen der Griechen über das Wesen der Farbe stets von bedeutsamem Einflufs geblieben sind.

Aus seinem Leben und seiner Lehre erinnern wir uns, dafs der Philosoph aus Agrigent stammt, der Zeit von etwa 492—432 angehört und an die Spitze der jüngeren Naturphilosophen gestellt wird. Er stellt zuerst, wie Aristoteles in der Methaphysik I, 3 bezeugt, die Vierheit der Elemente auf und setzt als Urstoffe Feuer, Luft, Erde, Wasser, welche er die Wurzeln von Allem nennt.[8])

Nach seiner Lehre giebt es kein Entstehen von etwas, was vorher nicht war, demnach auch kein Vergehen: alle Bildungen gehen aus der Mischung oder Trennung der vier Elemente hervor, durch Liebe oder Hafs.

Empedokles läfst nun nicht nur die verschiedenen Vorgänge der Weltbildung auf dem abwechselnden Vorwiegen von Liebe und Hafs beruhen, sondern es werden auch von ihm die Farben der Mischung der Elemente zugeschrieben,[9]) und zwar stellen sich nach der Überlieferung des Simpl. die vier Farben Weifs, Schwarz, Rot, Gelb — λευχόν, μέλαν, ἐρυϑρόν, ὠχρόν zu den vier Elementen Feuer, Wasser, Luft und Erde.[10])

Hier ist der Schlufs unabweislich, dafs nach Empedokles diese vier Farben die Elementar- und Grundfarben sind, aus denen sich die anderen Farben bilden, wie aus den vier Elementen alles entsteht — aber der Schlufs wäre Thorheit, zu behaupten, Empedokles hätte nur diese vier Farben gekannt, er wäre demnach braun-, grün-, blau-, orange-, violett- und grau-blind gewesen.

Setzt Empedokles die vier Grundfarben in Beziehung zu den vier Elementen, so wissen wir doch nur, dafs er diese Beziehung vom Weifs zum Feuer, vom Schwarz zum Wasser ausspricht: Rot und Gelb werden demnach auf Erde und Luft kommen.[11])

Zu bemerken ist übrigens, dafs Empedokles nicht durchweg folgerichtig in der Erklärung des Wesens der Farbe vorgegangen ist, denn wenn er schon das Schwarze dem Wasser zuschreibt, so kann er doch auch wieder z. B. vor der Thatsache das Auge nicht verschliefsen, dafs die Holzkohle schwarz aussieht. So setzt er denn auch in der That das Schwarze mit dem Warmen — also doch wohl mit der Hitze, der Verbrennung in Verbindung mit den Worten, welche uns von Simpl. überliefert sind.[12])

Von besonderer Wichtigkeit sind dann noch die Ansichten des Empedokles über den Vorgang des Sehens selbst.

Nach der Lehre unseres Philosophen gehen von allen Dingen, welche da sind, Ausströmungen aus.[13]) Die Poren, welche sich im Körper befinden, vermitteln das Empfinden.[14]) Auch das Auge hat Poren: diejenigen Ausströmungen nun, welche sich diesen Poren in den Augen einpassen — und damit die Empfindung veranlassen — sind die Farben.[15])

Ein weiterer Teil der Lehre des Empedokles ist nun, dafs wir nur Gleichartiges durch Gleichartiges erkennen, nach seinen bekannten Worten: »Erde sehen wir durch Erde, Wasser durch Wasser, durch Äther den göttlichen Äther, durch Feuer das vernichtende Feuer.«[16])

Demnach giebt er nur dem Auge Anteil an den Elementen, indem er ausspricht, dafs innen im Auge Feuer sei, um das Feuer Erde, Luft und Wasser.[17])

Farben sehen wir dadurch, dafs wir, da sich die Poren wechsel-weise beieinander befinden, mittels des Feuers im Auge das Weifse, das Schwarze mittels des Wassers erkennen.[18]) Das Gelbe und das Rote würde also der Luft und der Erde verbleiben.

Empedokles sucht seine Lehre dadurch zu stützen, dafs er be-hauptet, die blauen Augen sähen bei Tage nicht — »scharf« ist wohl zu ergänzen — aus Mangel an Wasser, die schwarzen des Nachts aus Mangel an Feuer.

Anaxagoras.

Von Anaxagoras haben wir gleichfalls zwar keine Farbenlehre, aber doch wichtige Ansichten über das Wesen der Farbe. Anaxagoras gehört der Zeit von 500—428 bezw. 496—454 an. Man nimmt an, dafs er die Lehren des Empedokles gekannt und umgebildet hat.

Anaxagoras setzt an Stelle der vier Elemente unendlich viel Urstoffe, die sich als gleichartige verbinden: deren Sichverbinden ist das Werden, Zerstörung die Trennung.

Gemäfs seiner Lehre ist das Ursprünglichste das Allerzusammen-gesetzteste: durch Ausscheiden entwickeln sich erst die Dinge.

Vor der Scheidung waren auch die Farben nicht klar erkennbar.[19])

Da die Eigenschaften von ihren Körpern untrennbar sind, so gilt dies auch von den Farben — welche danach Eigenschaften der Körper sind.

Als Grundfarben — Ur- oder Elementarfarben — hat Anaxagoras Weils und Schwarz angegeben, die andern durch Mischung aus denselben hervorgehen lassen.[20])

Die Pythagoreer.

Aufser Alkmaeo dem Krotoniaten haben auch andere Anhänger und Schüler des Pythagoras Aussprüche über die Farben gethan, aber es ist nicht wohl möglich zu bestimmen, von wem dieselben herrühren, denn selbst das, was man Philolaos in den Mund legt, ist schwerlich in der gegebenen Form von ihm geboten worden: dagegen lassen sich einige Sätze mit einer gewissen Wahrscheinlichkeit bestimmten Zeiten zuweisen.

Die Schule der Pythagoreer übt ihre Wirksamkeit bis etwa 380, um dann zunächst zu verschwinden: im 1. Jahrhundert lebt die Schule wieder auf: Philolaos, ein Zeitgenofs des Plato, schreibt als der erste unter den Pythagoreern die philosophischen Lehrsätze der Schule um etwa 430 auf.

Von den Pythagoreern wird die Lehrmeinung aufgestellt, dafs dieselben die Oberfläche Farbe genannt haben.[21]) Plutarch berichtet uns auch, dafs die Pythagoreer von den Farben vier Arten — wir würden sagen Grundfarben — angeführt haben, und zwar Weifs und Schwarz, Rot und Gelb,[22]) λευκόν, μέλαν, ἐρυθρόν, ὠχρόν. Sie sollen diese vier Grundfarben mit den vier Elementen in Verbindung gebracht haben, wie die weiteren Ausführungen des Plutarch ergeben.[23])

Es ist nun seltsam, dafs man aus solchen Lehrmeinungen die Ansichten und Kenntnisse der Pythagoreer oder gar des Pythagoras von den Farben hat erschliefsen wollen: die Nachricht des Plutarch, dafs die Pythagoreer die vier berührten Farben als Grundfarben angenommen und mit den Elementen in Verbindung gebracht haben, giebt eben eine Lehrmeinung des Empedokles wieder, kann also, wenn sie überhaupt von einem Pythagoreer angenommen ist, nur in der Zeit nach Empedokles ausgesprochen sein.

Aus der Lehre des Pythagoras heraus dürfen wir nun aber die Erwartung hegen, dafs die Farbe zur Zahl als Symbol in Beziehungen gesetzt ist. So wird uns denn nun auch von Philolaos berichtet, dafs er gemäfs der Neigung seines Lehrers und dessen Schule, die Dinge und deren Eigenschaften einer Zahlensymbolik einzuordnen, dies für die Farbe gethan, indem er die Fünf als Ausdruck dafür gesetzt hat.[24])

Nun ist aber die Fünfzahl als Symbol für das Umfassende, also auch die Färbung erst der platonisch-aristotelischen Zeit zuzuschreiben: die Lehre von den fünf regelmäfsigen Körpern kann nämlich nicht vorplatonisch sein, da nach Plato (Rep. VII 528. 6) die Stereometrie eben der früheren Zeit nicht angehört.

Es wird uns nun aber auch berichtet, dafs die Pythagoreer die Dreizahl den Farben gleichgesetzt haben.[25]) Somit ist es wahrscheinlich, dafs wir zu wirklich behaupteten Thatsachen gelangen, wenn wir die Lesarten so verändern, dafs wir dem Philolaos die Dreizahl, den Pythagoreern der platonischen Zeit die Fünfzahl als Ausdruck für die Farbe und ihre Symbolik zuweisen: bekanntlich ist die Überlieferung der Pythagoreer in so wenig gesicherter Gestalt uns geboten, dafs sich eine Annahme, wie die aufgestellte, wohl rechtfertigt.

Demokritus.

Eine der hervorragendsten Stellen unter den Farbengelehrten des Altertums nimmt bekanntlich Demokritus aus Abdera ein. Derselbe gehört der Zeit von etwa 460—370 oder 360 an. Er setzt bekanntlich das Volle und Leere als die Grundbedingungen alles Seins. Das Volle sind nach seiner Lehre unteilbare Körperchen, ἄτομα, welche sich nicht nach inneren Eigenschaften, sondern nach der Gestalt von einander unterscheiden, nach Lage und Anordnung.

Da es nur Atome und ein Leeres giebt, so kommt auch den Farben kein Dasein an sich zu.[26]) Wie man, allein nach Übereinkunft, von Süfsem, Bitterem u. s. w. spricht, so geschieht dies auch von der Farbe.[27])

Kommt den Farben kein Dasein an sich zu, so ergiebt sich, dafs dieselben erst durch das Bewufstsein zu solchen werden. Das Bewufstsein ist Empfindung, die Empfindung vermittelt das Tasten.[28])

Schwarz und Weifs entstammt dem Rauhen und Glatten,[29]) das Rote wird von Demokritus mit dem Feuer in Verbindung gebracht,[30]) für Gelb setzt er χλωρόν, ein Beweis, dafs in der That ursprünglich das Fahlgelbe mit χλωρόν bezeichnet wird, Grün erst aus dem Fahlgelben sich entwickelt. Da Demokritus das χλωρόν als Grundfarbe setzt, so ist es klar, dafs er in χλωρόν das Fahle zurück-, das Gelbe besonders hervortreten läfst, wie wir auf ähnliche Vorgänge bereits hingewiesen haben.

Somit ergeben sich uns als die vier Grundfarben des Demokritus λευκόν Weifs, μέλαν Schwarz, ἐρυθρόν Rot, χλωρόν Gelb nach den Anführungen des Stobaeus.[31])

Zu bemerken ist übrigens, dafs χλωρόν aus Vermutung von Mullach für die Lesart der Vulgata ωχρόν gesetzt ist, aber die Vermutung ist nicht unwahrscheinlich, da Theophrast berichtet, nach Demokritus entstehe das Gelbe aus dem Vollen und Leeren,[32]) was in der That darauf hinweist, dafs das Gelbe, χλωρόν, als die vierte Grundfarbe anzunehmen ist.

So sind wir zu vier Grundfarben gelangt. Da sich nun aber auch innerhalb dieser Farben selbst Grade und Abstufungen ergeben, so erklärt dies Demokritus so, dafs je weniger Grade und Abstufungen sich ergeben, je reiner die vier Grundfarben also sind, die Atome um so weniger gemischt sind.[33])

Werden nun die Atome stärker gemischt, so entstehen die anderen Farben, im Gegensatz zu den einfachen oder Grundfarben, also die Mischfarben.[34])

Als solche Farben stärkerer Mischung der Atome — also Mischfarben — führt Demokritus an: 1. χρυσοειδές nach dem Gelbroten neigend, 2. πορφύριον Purpurn, volles, gesättigtes Rot mit einem Blauschimmer, 3. ἰσάτις indigo, denn das Färberwaid giebt dieselbe Farbe wie das Indigo; das Bräunliche, was z. B. Rood in dieses Blau hineinträgt, entstammt einem Zusatz, aber nicht dem Waid oder Indigo an sich; 4. πράσινον Lauch- oder Dunkelgrün; 5. κυανοῦν Ultramarinblau; 6. καρύϊνον Nufsfarben, Dunkelbraun; 7. φλογοειδές (Weifs-) gelb zu Rot neigend. Demokritus giebt auch die Art der Mischung dieser Farben an.[34])

Da nun eine unendlich vielfache Verschiedenheit der Atome nach Gestalt und Zusammenstellung, nach Ordnung und Lage möglich ist, so ist es nur natürlich, dafs Demokritus auch unendlich viel Farben annimmt.[35])

Da nun aber die Atome nicht selbst in das Auge eindringen, so ergiebt sich daraus die Notwendigkeit von der Lehre der Ausflüsse oder den Abbildern derselben, welche in das Auge dringen.[36])

Diese Ausflüsse, ἀπόρροαι oder Abbilder, εἴδωλα, können nun ohne Vermittlung der Luft selbst in das Auge eindringen, nach den tadelnden Worten des Aristoteles.[37])

Somit sind wir bei Demokritus zu vier einfachen oder Grundfarben gelangt, wir wollen einmal sagen Mischfarben ersten Ranges, sodann unzähligen Mischfarben zweiten Ranges.

Besonders bemerkenswert ist, dafs uns hier das Färberwaid als Indigo, Dunkelblau begegnet, sowie eine zweite Stufe des Blau, das Ultramarin; bei Xenophanes lernten wir das Hellblau kennen:

nichtsdestoweniger soll von den Philosophen erst Aristoteles nicht mehr blaublind gewesen sein.

Zu bemerken ist, dafs die von Demokritus angegebene Zusammensetzung der sieben Mischfarben der Welt der Ansichten angehört, nicht zugleich auch in jedem einzelnen Falle der Wirklichkeit.

Zum Schlufs sei darauf hingewiesen, dafs Demokritus sich der Empfindung des Schönen in der Farbe sehr wohl bewufst ist, wenn er von der Mischung von Goldfarbe und (Fahl-)gelb — oder der Zusammensetzung nach von Weifs, Rot, (Fahl-)gelb ($\chi\lambda\omega\rho\acute{o}\nu$) als der schönsten Farbe redet, von der Purpurfarbe sagt, dafs sie der Empfindung angenehm sei.[37])

Hippokrates.

Hippokrates aus Kos gehört der Zeit von etwa 460—356 an. Der gelehrte Arzt hat unter dem Einflufs der Lehren des Prodikus und Gorgias, vielleicht auch des Demokritus gestanden.

Die Nachrichten, welche wir von der Lehre des Hippokrates von den Farben haben, sind unsicher beglaubigt, da kaum eine einzige der Schriften, welche seinen Namen führen, für echt gilt.

Sicher scheint nur zu sein, dafs er die Farben in eine nahe Beziehung zu den Säften gesetzt hat, wie das auch aus den Anfangsworten der Schrift über die Säfte hervorgeht.[38])

Aus eben dem Buch über die Säfte geht hervor, dafs Hippokrates vier Arten von Säften angenommen hat, und zwar Blut, Schleim, gelbe ($\xi\alpha\nu\vartheta\acute{\eta}$) und schwarze Galle. Somit ist es höchst wahrscheinlich, dafs er diesen vier Arten von Säften vier einfache oder Grundfarben hat entsprechen lassen — im Geiste der Lehren derjenigen Philosophen, welche vor ihm über die Farben geschrieben hatten. Da nun in der That Galenus das Weifse dem Schleim, das Gelbe der Galle, das Rote dem Blut entstammen läfst, so denke ich, können wir mit einer gewissen zwingenden Notwendigkeit dem Hippokrates als einfache oder Grundfarben rot, weifs, gelb, schwarz, $\grave{\epsilon}\rho\upsilon\vartheta\rho\acute{o}\nu$, $\lambda\epsilon\upsilon\varkappa\acute{o}\nu$, $\xi\alpha\nu\vartheta\acute{o}\nu$, $\mu\acute{\epsilon}\lambda\alpha\nu$ geben.

Wahrscheinlich werden wir auch richtig urteilen, wenn wir annehmen, dafs Hippokrates aus solchen vier Farben die anderen Farben durch Veränderungen hat hervorgehen lassen, und zwar unter dem Einflufs von Feuer und Wärme und deren Gegensatz, der Kälte: wenigstens giebt eine unechte Hippokratische Schrift diese Ursache als Grund der Farbenveränderungen an, welche auf das Zusammenziehen und Nachgeben des Brustkastens zurückgeführt werden, wodurch die Adern bewegt und frei werden — und zwar thut die Schrift das in Bezug auf die Farben Rot, Schönfarbig, Durchsichtig, Fahlgelb, Graublau, also ἐρυθρόν, εὔχροον, διαφανές, χλωρόν, πελιδνόν. ³⁹) ⁴⁰) ⁴¹)

Doch, wie bemerkt, ist die Gewähr, ob die angeführten Ansichten wirklich diejenigen des Hippokrates sind, ungewöhnlich gering, da wir nicht wissen, was in den Schriften, welche seinen Namen tragen, von Hippokrates selbst herrührt oder von einem seiner Söhne Thessalus und Drakon, seinem Schwiegersohn Polybos oder einem Mitgliede seiner Schule.

Als annähernd sicher verbürgt haben wir wohl nur anzunehmen, dafs den Säften die Farben entsprechen, und zwar als Hauptfarben die berührten vier, sowie dafs die übrigen Farben durch Veränderungen aus denselben hervorgehen unter dem Einflufs des Feuers, der Wärme, der Kälte.

Im übrigen spricht für sein fein ausgebildetes Auge, in Bezug auf die Farben die Thatsache, dafs Hippokrates besonders auf dieselben bei Erkennung der Krankheit zu achten gewohnt war.

Wir haben uns jetzt dem phantasievollsten und gedankentiefsten, dem gelehrtesten und scharfsinnigsten der griechischen Philosophen genähert: bevor wir aber die Ansichten des Plato und Aristoteles selbst behandeln, sei es erlaubt, hier einige Verse und Sätze von griechischen Dichtern und Philosophen einzufügen, welche, wenn sie auch keine ausgebildete Farbenlehre aufzubauen erlauben, doch wichtige Beiträge zu einer solchen liefern.

Hesiod.

Hatten wir bei Xenophanes zuerst an die Möglichkeit einer Lehre denken können, nach welcher die Farben dem Licht entstammen, — das Schwarz demnach dem Lichtlosen, der Nacht angehören müfste, so ist eine Art Vorahnung einer solchen Lehre in der Theogonie des Hesiod, welcher um 850 lebte, natürlich aber für seine Dichtung von der Entstehung der Götter alte Überlieferungen zu benutzen wufste, aus den Worten der Theogonie v. 850 zu erschliefsen: »Aus dem Chaos entstand das Dunkel (ἔρεβος) und die schwarze Nacht, aus der Nacht aber der Äther und der Tag, welche sie kreisend gebar, nachdem sie dem Dunkel in Liebe genaht.«⁴²)

Orpheus.

Wie hier durch Verknüpfung und Gegenüberstellung von Licht und Finsternis, Tag und Nacht, eine Art Lehre von Farbig und Farblos, Weifs und Schwarz angebahnt ist, so kann man allenfalls in den orphischen Kosmogonieen, wenn in denselben Erde und Wasser dem Dunklen und Chaotischen entsprechen, dem Lichten, Feuer und Luft eine gewisse Einstimmung zu jenen Lehren finden, welche die vier Elemente mit vier Hauptfarben in Verbindung setzen. In diesem Falle könnte die orphische Dichtung als eine Art Vorstufe der Empedokleischen Lehre erscheinen — wenn wir nicht wüfsten, dafs in dieselbe noch Ansichten eingedrungen sind, welche selbst der Zeit nach noch nach Orpheus von Kroton um 540 sich gebildet hatten.

Thales.

Die älteren jonischen Naturphilosophen von Thales (640) bis Anaximenes, welcher zur Zeit des Cyrus und Krösus um 546 — nach anderen erst um die Zeit von 528—524 geboren ist — stellen Lehrmeinungen über das Feurige und das Licht auf, sie erklären auch das Feuer für verdünnte Luft und behaupten, die Sonne sei aus der Ausdünstung hervorgegangen. Bestimmte Ansichten über das Wesen der Farbe haben wir von denselben nicht.

Heraklitus.

Auch Heraklitus, der jünger als Pythagoras und Xenophanes, aber älter als Parmenides war, hat, so viel wir wissen, keine bestimmten Äufserungen über die Farbe gethan, immerhin aber die bemerkenswerte Behauptung aufgestellt, dafs das Feuer und besonders das Licht der Gestirne durch Ausdünstungen genährt werde, und zwar gingen von der Erde leuchtende und reine, von dem Meer dunkle aus.[43])

Parmenides.

Von Parmenides, geboren um die Zeit von 516—510, wissen wir von Aristoteles,[44]) dafs er die Zweiheit, das Warme und das Kalte, — Feuer und Erde — als Elemente setzte; nach Stobaeus hat Parmenides in der Mischung von Licht und Finsternis auch den Grund einzelner Lichterscheinungen gesehen.[45])

Diogenes von Apollonia.

Diogenes von Apollonia, ein Zeitgenofs des Anaxagoras (500—428), giebt die bemerkenswerte Ansicht, dafs der Augapfel sich mit der im Innern befindlichen Luft mische und dadurch die Empfindung des Sehens geschehe. Am deutlichsten zeige sich die entgegengesetzte Farbe: die schwarzen Augen sähen das Hellglänzende am Tage am besten, die mit entgegengesetzten, also hellen Augen, des Nachts.[15])

Klidemus.

Klidemus, ein Anhänger des Anaxagoras (500—428), giebt die Bemerkung, dafs wir nur sehen, weil die Augen durchsichtig sind.[17])

Plato.

Plato gehört der Zeit von 428 oder 427—347 an.

Wir haben zunächst von ihm eine abgerundete Erklärung von dem Wesen der Farbe, und zwar findet sich dieselbe im Meno 76 b., wo wir lesen: »Die Farbe ist eine Ausströmung der Gestalten, angemessen der Sehkraft und für sie wahrnehmbar.«[18])

Bereits diese ersten Worte beweisen uns, dafs es wahrscheinlich sein wird, dafs wir wesentlich neue Lehren in Bezug auf die Farben von diesem Philosophen nicht zu hören bekommen werden: in der That sind Platos, aber auch des Aristoteles Erklärungen vom Wesen der Farbe eigentlich nur Weiterbildungen früher ausgesprochener Ansichten: im wesentlichen ist das von den griechischen Philosophen Erreichbare in der Farbenlehre bereits vor Plato ausgesprochen worden.

Gehen wir nun in die Einzelheiten ein.

Die Farben in nähere Verbindung mit der Ideenlehre dieses Philosophen zu bringen, ist nur auf Umwegen möglich. So kann man gewisse Beziehungen zu der Ideenlehre darin suchen, dafs Plato die Farben ihrer Wesenheit nach (οὐσία Krat. 423 d.) mit den Gestalten zusammenstellt, ihre Schönheit ist aber von der Art, wie diejenige der mathematischen Urformen nach den Worten im Phil. 15 d.:

»Ein Grades nenne ich schön und ein Rundes und die danach vermittels des Dreheisens und des Lineals und Winkelmafses erzeugten Figuren und Körper. Denn von diesen sage ich nicht, dafs sie wie andere Gegenstände mit anderen verglichen, sondern stets an sich von Natur schön seien. Und Farben nenne ich nach derselben Richtschnur schön und lusterregend.«[19])

Da im übrigen die Farben dem Bereich des irdischen Schönen
angehören, so teilen sie mit den Dingen, welche denselben beizu-
zählen sind, deren Eigenschaften: demnach lassen sie Gradabstufungen
zu nach Phil. 53. 6, wo Plato von dem Weißen sagt: »Wenn wir
also behaupten, daß ein weniger aber reines Weiß sowohl weißer
sich zeige, denn ein großes gemischtes, als auch schöner und echter,
wird das durchaus richtig sein?«[50])

Wie die Philosophen vor ihm, sucht auch Plato die Farben
mit den vier Elementen zu verknüpfen, aber wie früheren Philosophen gelingt auch ihm diese Verknüpfung nur bis zu einem gewissen Grade.

So scheint es, daß er das Schwarze mit der Erde in Verbindung setzen will nach den Worten in Tim. 60 d.: »Bisweilen wird
das durch Feuer, indem noch Feuchtigkeit zurückblieb, geschmolzene
Erdige, wenn es sich abkühlte, zu einem Gestein von schwarzer
Farbe.«[51])

Die schwarze Farbe giebt er geradezu dem Eisen, welches er
einen wegen seiner Dichtigkeit sehr harten Auswuchs des Goldes
nennt. Tim. 59. [52])

Da er dem Golde die gelbe, glänzende Farbe giebt,[53]) so würden
sich hier Gelb und Schwarz nur durch den Grad der Dichtigkeit
scheiden, sonst aber das Gelb dem Erdelemente angehören.

Andererseits setzt Plato aber das Schwarze wieder mit dem
Element des Feuers in Verbindung.[54]) Von dem Gelben werden
wir später noch im besonderen zu handeln haben.

Auch das Wasser findet als Element seine Behandlung: dasselbe
ist notwendig zum Sehen und tritt mit dem Weiß in Beziehung.[55])

Sodann werden von Plato die Farben als Mannigfaltigkeiten
der vierten Gattung der Sinneswahrnehmungen bezeichnet,[56]) sie sind
eine jeglichem Körper (Gegenstand) entströmende Flamme, welche
behufs der Wahrnehmung der Sehkraft angemessene Teilchen ent-
hält.[57])

Dergleichen Teilchen hat nun aber auch das Auge selbst, wie
sich aus den Worten ergiebt, daß einige Teilchen größer, andere
kleiner, andere denjenigen des Auges selbst gleich sind.[58])

Die ebenso großen, die wir auch als durchsichtige bezeichnen,
sind sinnlich nicht wahrnehmbar, von den größeren oder kleineren
wirken jene zusammenziehend, diese erweiternd (auf die Sehkraft).[59])

Daraus ergeben sich die Farben Schwarz und Weiß, denn das
die Sehkraft Erweiternde ist das Weiße, sein Gegenteil das Schwarze.[60])

Das Glänzende und Schimmernde ($\tau\grave{o}\ \lambda\alpha\mu\pi\varrho\acute{o}\nu\ \tau\varepsilon\ \varkappa\alpha\grave{\iota}\ \acute{o}\tau\acute{\iota}\lambda\beta o\nu$) entsteht durch die Wechselwirkung, welche zwischen den Elementen im Auge, dem Feuer und der Feuchtigkeit, dem Wasser — Plato nennt die Thräne eine Vereinigung von Wasser und Feuer[61]) — und der Art und Einwirkung des andringenden Feuers stattfindet nach den Worten: »Während das eine Feuer wie das des Blitzstrahles hervorspringt, das andere aber eindringt und in der Feuchtigkeit erlischt.«[62])

Das Rote wird von Plato als die zwischen diesen mitten inne liegende Gattung des Feuers bezeichnet, welche zu dem Feuchten des Auges gelangt und sich demselben vermischt, indem sie dem Glanz des Feuers die Feuchtigkeit verbindet und eine Farbe der des Blutes ähnlich erzeugt.[63])

In diesem Sinne wird ihm das mit Weifs und Rot verbundene Glänzende zu dem Gelben — $\xi\alpha\nu\vartheta\acute{o}\nu$.[64])

So ist denn für Schwarz eine doppelte Verbindung mit den Elementen hergestellt — eigentlich findet sich dieselbe auch für das Glänzende und Schimmernde, wie sich uns sogleich ergeben wird —, für Weifs und Rot die Brücke zu den Elementen geschlagen: das Gelb gesellt sich als Begleiter des Schwarz einmal der Erde als Element, während dann wieder eine andere Verbindung mit den Elementen des Feuers und Wassers sich herstellen läfst, — wenn auch auf etwas künstliche Weise —, wie wir gesehen haben.

War das Schimmernde und Glänzende einmal mit dem Element des Feuers und Wassers in Verbindung getreten, so ergiebt eine solche sich auch aus den Worten des Timäus in Bezug auf das flüssige Element der Säfte — somit sich dem Wasserelement einordnend.[65])

Aufser den vier Farben Weifs, Schwarz, Rot und Gelb und ihren Beziehungen zu den Elementen behandelt Plato die Mischfarben: 1. $\acute{\alpha}\lambda o\nu\varrho\gamma\acute{o}\nu$ Rotbraun mit Violettschimmer, als Mischung aus Rot, Schwarz und Weifs; 2. $\acute{o}\varrho\varphi\nu\iota\nu o\nu$ Braun, das durch Zusatz von Schwarz entsteht, doch müssen das Rot, Schwarz und Weifs des Rotbraun mit Violettschimmer gut gemischt und gebrannt sein; 3. $\pi\nu\varrho\varrho\acute{o}\nu$ Feuerfarbig, demnach Gelbrot, eine Mischung aus Gelb und Grau (was übrigens seltsam gedacht ist); 4. $\varphi\alpha\iota\acute{o}\nu$ als Mischung aus Weifs und Schwarz; 5. $\acute{\omega}\chi\varrho\acute{o}\nu$ Hellgelb, gemischt aus Weifs und Gelb; 6. $\varkappa\nu\alpha\nuo\tilde{\iota}\nu$ Ultramarinblau, aus Glänzendweifs und gesättigtem Schwarz; 7. $\gamma\lambda\alpha\nu\varkappa\acute{o}\nu$ Hellblau, aus Ultramarinblau und Weifs; 8. $\pi\varrho\acute{\alpha}\acute{o}\iota\nuo\nu$ aus Gelbrot und Schwarz.[66])

Von den übrigen Farben sagt er, dafs von ihnen so ziemlich
aus dem bisher Gesagten begreiflich sei, mit welchen Mischungen
wir sie zu vergleichen hätten, damit unsere Rede dem Wahrschein-
lichen treu bleibe.[67]) Es sind das also gleichsam Mischfarben zweiten
Ranges.

So haben wir denn von Plato einmal eine Farbeneinteilung,
wonach Schwarz, Weifs, Rot und Gelb mit den Elementen in Verbindung treten und als einfache oder Hauptfarben sich den Mischfarben ersten und zweiten Ranges, wenn die Bezeichnung als nicht
unpassend gefunden wird, entgegenstellen.

Dann aber behandelt Plato Rot und Gelb doch auch wieder als
Mischfarben, so dafs nun wieder nur Schwarz und Weifs als einfache
oder Haupt- und Grundfarben anzusehen sein würden, wonach somit eigentlich zehn Mischfarben vorhanden sind, und zwar ersten,
dann aber noch verschiedene Mischfarben zweiten Ranges.

Wir sehen, Plato knüpft an die Überlieferung an, urteilt wie
immer mit voller Selbständigkeit, vollzieht aber nicht jene scharfe
Scheidung, welche wir in seinen Sätzen als wünschenswert sich an-
bahnen sehen.

Und nun wenden wir uns zu dem Begründer der Gesetze des
Denkens,

Aristoteles.

Aristoteles lebte in der Zeit von 384—322. Auch über die
Farben soll er ein Werk geschrieben haben, dasselbe ist uns aber
nicht erhalten. Über die Zeit, welcher das Buch über die Farben
angehört, das auch den Namen des Aristoteles trägt, werden wir
später sprechen.

Wenn nun auch kein Werk, welches ausschliefslich der Lehre
von den Farben dient, von Aristoteles vorhanden ist, so vermögen
wir doch eine annährend vollständige Lehre von den Farben aus
seinen Schriften zu entwickeln.

Im Gegensatz zu Plato spricht Aristoteles den Farben keine
Wesenheit, sondern nur eine Eigenschaft zu, wie er das von dem
Weifsen sagt:[68]) dieselben sind als solche untrennbar von den Kör-
pern,[69]) aber Gradabstufungen fähig.[70])

Die Farben bewegen sich in den Gegensätzen von Schwarz
und Weifs.[71])

Aus dem Umschlagen aus den Gegensätzen in die Gegensätze
gelangen wir nun bei Aristoteles zu der Bewegung und zu der Ver-

änderung der Farben, wie unser Philosoph das von Weifs und Schwarz sagt.[72])

Die Farbe ist ein Sichtbares,[73]) den Grund des Sichtbaren trägt sie in sich selbst.[74]) Es ist die Eigenheit der Farbe, dafs sie das Durchsichtige in Bewegung setzt.[75])

Das Durchsichtige ist sichtbar infolge einer Farbe, die einem anderen Körper angehört,[76]) und zwar ist das Sichtbarmachende das Feuer oder der Äther.[77])

Auf diese Weise bewirkt das Durchsichtige, dafs die Körper an den Farben teil haben,[78]) und zwar entsteht Schwarz oder Weifs bei An- oder Abwesenheit des Lichtes.[79])

Haben wir so das Wesen der Farbe an sich und die Entstehung von Schwarz und Weifs gefunden, so erübrigt zu untersuchen, in welche Beziehungen Aristoteles die Farbe zu den Elementen setzt.

Ist ihm Farbe zunächst das im Licht Gesehene,[80]) so gelangen wir durch dasselbe zum Weifs, da nach Aristoteles die Flamme der höchste Grad des Feuers ist,[81]) das Weifse aber der Flamme innewohnt.[82])

Wir gehen zum zweiten Element über. Da ergiebt sich denn, dafs die Luft selbst Feuer ist im Vergleich mit den übrigen Elementen.[83]) Aristoteles setzt nun das Weifse zu der Luft in Beziehung,[84]) denn dasselbe wird der Wirkung der gleichmäfsig dichten Luft zugeschrieben.

Mit dem dritten Element, dem Wasser, tritt das Schwarze in Verbindung, und zwar weil das Wasser als Nasses und Kaltes des Warmen entbehrt. Wo dies vorhanden ist, da gesellt sich auch dem Wasser das Weifs.[85]) Im übrigen setzt Aristoteles auch sonst Wasser und Schwarz in Verbindung.[86])

Die Erde als viertes Element tritt nun in etwas unsichere Beziehungen zu den Farben, und zwar zu dem Schwarzen,[87]) denn nach der Ansicht des Aristoteles werden Wasser und ein wenig Erdiges als Grund für die schwarze Farbe des ausgeflossenen Samens angesehen, ebenso wie das Erdige und Wässerige dem Gelben des Ei's, doch wohl als färbende Ursache, gegeben werden, da das Weifse desselben durch die Wärme seine Farbe hat.[88])

So waren wir denn einmal an Schwarz und Weifs als die Farben gelangt, welche durch das Durchsichtige entstehen, durch An- oder Abwesenheit des Lichtes, sodann sahen wir das Weifs in Verbindung mit den Elementen gesetzt werden, indem dem Feuer und der Luft diese Farbe angehört, wie auch dem Wasser, wenn dasselbe warm ist. Im übrigen gehört dem Wasser das Schwarz wie auch der Erde: Feuchtigkeit und Erdiges in Verbindung scheinen auch dem Gelb als Ursache zugesprochen zu sein.

Somit dürfen Schwarz und Weifs den Anspruch darauf erheben, als einfache, Ur-, Grund- oder Hauptfarben bezeichnet zu werden. Gelb macht einen schüchternen Versuch, in Verbindung mit den Elementen sich ihnen zu gesellen.

Somit hat Aristoteles in dieser Beziehung den Bruch mit den Lehrsätzen der Philosophen der früheren Zeit nicht so scharf vollzogen, wie man erwarten durfte, wenn Aristoteles auch in der Farbenlehre als der bedeutendste Geist Griechenlands angesehen werden wollte.

Die anderen Farben sind nun Zwischenfarben zwischen dem entgegenstehenden Schwarz und Weifs,[89]) sie werden geradezu als Mischung von Schwarz und Weifs bezeichnet.[90])

Die Geschlechter nun der aus der Mischung von Schwarz und Weifs entstandenen Farben sind begrenzt: Aristoteles giebt deren sieben an, um Einstimmung zu der Zahl der Geschmäcke zu haben — wie Newton zu der Zahl sieben und damit zu dem Indigo als eigener Farbe gelangt ist, um Einstimmung zu der Zahl der Töne in der Oktave zu erreichen: wir erinnern uns, dafs auch Demokritus von sieben Mischfarben gesprochen. Die sieben Arten der Geschmäcke sind aber 1. das Süfse γλυχύ, 2. das Salzige ἀλμυρόν, 3. das Bittere πιχρόν, 4. das Saure, Herbe αὐστηρόν, 5. das Beifsende θριμύ. 6. das Zusammenziehende στρυφνόν, 7. das Scharfe ὀξύ.[91])

Die sieben Farben sind nun nach Aristoteles 1. μέλαν Schwarz, 2. λευχόν Weifs, 3. ξανθόν Gelb, 4. φοινιχοῦν Scharlach oder Karmesinrot mit einem Blauschimmer, 5. ἀλουργόν Rotbraun mit einem Violettschimmer, 6. πράσινον (Lauch-) Dunkelgrün, 7. χυανοῦν Ultramarinblau.

Bemerkenswert ist, dafs Aristoteles einmal Schwarz und Weifs so behandelt, dafs aus der Mischung derselben alle anderen Farben hervorgehen, sodann, dafs er dann auch wieder eben diese beiden Farben den sieben Geschlechtern der Farben gleichsetzt, freilich wieder, indem er Gelb dem Weifs zuweist; Scharlach oder Karmesinrot mit Blauschimmer, Rotbraun mit Violettschimmer, (Lauch-) Dunkelgrün und Ultramarinblau zwischen Schwarz und Weifs stellt.[92])

Eine vollständig befriedigende — oder auch nur den Zahlen nach scharfe Einteilung der Farben hat somit auch Aristoteles nicht gegeben.

Aus den sieben Geschlechtern der Farben läfst nun Aristoteles die übrigen durch Mischung hervorgehen.[93]) Somit haben wir nach der aristotelischen Einteilung 1. einfache oder Grundfarben: Schwarz und Weifs, 2. sieben Farbengeschlechter: schwarz, weifs, gelb, scharlach oder karmesinrot mit Blauschimmer, rotbraun mit Violettschimmer, (lauch- also) dunkelgrün, ultramarinblau, 3. Mischfarben.

Zu bemerken ist noch besonders, dafs die sieben Arten der Farben sich wieder gruppieren, denn Schwarz, Weifs und Gelb bilden die eine Gruppe, φοινικοῦν, ἁλουργόν, πράσινον und κυανοῦν, Scharlach oder Karmesinrot und Rotbraun mit Blau- und Violettschimmer, (Lauch-) Dunkelgrün und Ultramarinblau die andere.

Im übrigen hält er die Zahl der Farben für eine begrenzte, da eben Schwarz und Weifs die Grenze bilden, zwischen welcher die Farben liegen.[94])

Auch auf die Brechungsfarben geht Aristoteles ausführlich ein: dieselben gehen nach seiner Lehre ebenfalls aus Schwarz und Weifs hervor.

Dafs das Weifs dem Licht entstammt, ist früher behandelt worden: zur Brechung ist nun aber das Licht durchaus nötig.[95])

Zum Schwarz gelangt Aristoteles auf die Weise, dafs nach seiner Ansicht dasselbe der Schwäche des Auges wie der Schwächung des Lichtes durch die Brechung, als einer Aufhebung der Lichtwirkung entstammt,[96]) sowie dafs sich ein etwaiger Hintergrund bietet, die verdichtete Luft, oder der Spiegel, gegen welche das Licht strahlt.[97])

So treten nun auch am Regenbogen als Schwächung des Lichtes, durch Brechung auf dunklem Untergrunde herbeigeführt, die Farben hervor. Aristoteles giebt die Zahl derselben auf drei an, er nennt den Regenbogen ausdrücklich einen dreifarbigen,[98]) und zwar sind die Farben φοινικοῦν, πράσινον, ἁλουργόν hier sicher Scharlach mit einem Blauschimmer, Lauch- oder Dunkelgrün, Rotbraun mit einem Violettschimmer.

Gelb, ξανθόν, welches sich nach Aristoteles oftmals im Regenbogen zeigt, ist nicht eine gesehene Farbe, sondern gehört dem Auge selbst an,[99]) als Komplementärfarbe.

Verweilen wir bei diesen Farbenbezeichnungen, welche uns zunächst als seltsame erscheinen müssen.

Wir wissen, dafs Aristoteles gewohnt ist, an die Lehrsätze seiner Vorgänger anzuknüpfen, dieselben bekämpfend, oft weiterbildend — aber doch auch hin und wieder in ihrer Richtigkeit

verkennend: den Ergebnissen der Sternenforschung hat Aristoteles
z. B. die Wirksamkeit und Weiterentwicklung erschwert.

Nun wissen wir, dafs Xenophanes von dem Regenbogen als
Farbenbezeichnungen *κορφύρεον, φοινίκεον* und *χλωρόν* angegeben hat,
Vollrot und Scharlachrot mit einem Blauschimmer und (Fahl-)Gelb
mit der Spielfarbe Grün: es bezeichneten aber diese Worte nach
meiner Erklärung Rot, Orange, Gelb; Grün, Blau, die ersten drei Farben als Haupt-, die beiden anderen als Neben- oder Schimmerfarben.
Es war nun von vornherein wahrscheinlich, dafs Aristoteles an
diese Ausdrücke anknüpfen, dieselben aber wandeln würde. So läfst
er denn in der That auch *φοινίκεον* unberührt, das *χλωρόν* (Fahl-)
Gelbe wird als Komplementärfarbe zu *ξανθόν*, aber auch zu *πράσινον*.
also zu Gelb und Dunkelgrün, das *κορφύρεον* zu *ἀλουργόν*, das gesättigt Rot mit dem Blauschimmer also zu Dunkel- oder Rotbraun mit
dem Violettschimmer.

Bei dieser seiner Farbenbezeichnung läfst Aristoteles das Grün
vor Xenophanes schärfer hervortreten, in etwas das Gelb, er büfst
aber die Schärfe in Bezug auf das Rot ein — vor allem auch in der
Reihenfolge der Farben. Während wir bei Xenophanes der natürlichen Reihenfolge entsprechend Rot, Orange, Gelb, und dann Grün
und Blau haben, läfst Aristoteles aus seiner Ansicht von der Schwächung
des Lichtes die Reihenfolge Orange, Dunkelgrün, Dunkelrot — zwischen Orange und Dunkelgrün Gelb als Komplementärfarbe — ein-
treten. An Stelle der Reihenfolge, welche die Natur bietet, tritt eine
solche, welche philosophischer Lehrmeinung entspringt.

Nur die Möglichkeit, dafs Aristoteles aus dem *ἀλουργόν*, dem
Rotbraun, auf das Violett als Schimmerfarbe hinweisen will, weifs
uns den Vorgang erklärlich zu machen, dafs diese Farbenbezeichnung gewählt ist. Für den Fall, dafs meine Erklärung richtig ist
und unter Beseitigung der Reihenfolge, welche Aristoteles nach
seinen Lehrsätzen aufstellt, von der Schwächung des Lichtes —
würden wir dann haben 1. Dunkelrot, 2. Orange, 3. Gelb (letzteres
nicht immer), 4. Dunkelgrün — und als Schimmer- und Nebenfarben
5. Blau, 6. Violett, welche uns 1. *ἀλουργόν* und 2. *φοινικοῦν* ab-
geben würden.

Somit bieten die Ansichten des Aristoteles von dem Regenbogen und seinen Farben eine seltsame Verquickung von dem Be-
streben, die alten Überlieferungen in neue Formen zu giefsen, das
wirklich Geschaute den eigenen Lehrsätzen einzuordnen, und Philosophie und Leben zu verschmelzen und einheitlich zu gestalten. Aber

er bedarf hierzu vieler Kunst, denn der in gelöster Rede schreibende Philosoph hatte eigentlich auch die Verpflichtung, die Ausdrücke dieser Rede zu verwenden: dann freilich wären wir zu 1. ἐρυθρόν Rot, gelangt, 2. πυρρόν, φλογοειδές oder μελίχρως Orange, 3. ξανθόν Gelb, 4. πράσινον Grün, 5. κυανοῦν Blau, 6. ἴον Violett, selbst 7. Indigo hätte ἰσάτις, ἰσατῶδες scharf zu bezeichnen erlaubt — und wenn das Aristoteles nicht gethan hat, so widerstand dem weder die Sprache, noch das Bewufstsein des Gesehenen, sondern allein die Art zu arbeiten, zu denken, zu philosophieren.

Aristoteles behandelt aber auch die Wechselbezeichnungen zwischen dem Auge als dem farbensehenden und den Farben als solchen ausführlicher als wir zu vermuten Anlafs in der Thatsache finden, dafs er das Gelb des Regenbogens dem Auge zuweist.

Da nach seiner Meinung nämlich die Thätigkeit des Sehens eine beurteilende ist,[100] das Urteilende die Mitte der Gegensätze bestimmt,[101] so wird dem Auge selbst Anteil an den Farben gegeben.[102]

Entstammt die Farbe dem Licht, und wird keine Farbe ohne Licht gesehen,[103] so ist doch erst das Durchsichtige dasjenige, durch welches die Körper an den Farben teil haben: das Durchsichtige ist aber das die Farben Aufnehmende.[104]

Das Durchsichtige erhält seine besondere Bedeutung für das Auge erst dadurch, dafs es demselben innewohnt. Bedingung des Sehens ist das Wasser als Durchsichtiges im Auge.[105] Die Pupille und das Auge sind aus Wasser, die Bewegung der Luft oder des Lichtes, welche sich zwischen dem Auge und dem Gesehenen befinden, bewirkt erst das Sehen.[106]

Auch an dem Licht hat das Auge teil, denn wenn es gerieben wird, scheint Feuer aus demselben herauszuleuchten.[107]

Dringt nun auf das Licht des Auges eine stärkere Lichtfülle ein, welche durch eine stärkere Bewegung die schwächere überwältigt,[108] so entstehen durch die starken Farben- und Lichteindrücke Farben, welche wir Komplementärfarben zu nennen uns gewöhnt haben.[109]

Wir dürfen uns hiermit begnügen, da diese Anführungen die Ansichten des Aristoteles soweit bieten, als eine Farbenlehre verlangt, welche nicht jede beiläufige auf Farbe oder Färbung Bezug habende Äuſserung besonderer Besprechung unterziehen, sondern nur den Kern der Lehren hervorheben will.

Der Merkwürdigkeit halber sei noch erwähnt, dafs Aristoteles sich in Fabelei verliert, wenn er dem Spiegel eine blutfarbige (αἱματῶδες) Wolke giebt, wenn Frauen, mit der Regel behaftet, in einen solchen blicken.[110])

So mischt sich bei Aristoteles Fabelei — denn auch er hat ja der menschlichen Natur seinen Zoll zu zahlen — mit scharfer Beobachtung, volles Wissen der Errungenschaften der Vergangenheit mit der Neigung neu zu gestalten, welche nicht immer glücklichen Ausdruck findet: der nicht vollen Klarlegung, welche an Widerspruch in sich streift, stellt sich das Wollen entgegen, dem das Vollbringen mehr als einmal fehlt: die Farbenforscher unserer Zeit glauben Aristoteles zu den Ihren zählen zu dürfen, denn sie erblicken eine Vorbildung ihrer Lehre von den Schwingungen des Äthers in den Worten des Aristoteles, dafs erst die Bewegung der Luft oder des Lichtes, welche zwischen dem Gesehenen und dem Auge sich befinden, das Sehen bewirkt — aber derjenige, welcher der Kenntnis von den Farben im Altertum nachgeht, wird die Schriften des Plato nicht vernachlässigen dürfen, noch weniger diejenigen des Demokritus, welcher zuerst der Empfindung von dem Farbenschönen Ausdruck zu geben gewufst, des Empedokles und Xenophanes, von denen wir die ersten tiefsinnigen Bemerkungen über das Wesen der Farbe erhalten haben und bei denen wir die fesselndsten Farbenbezeichnungen finden.

Theophrast.

Der unmittelbare Nachfolger des Aristoteles in der Leitung der von diesem gestifteten Schule war Theophrast von Lesbos, welcher der Zeit von 373 oder 372—288 oder 287 angehört: als Haupt der Schule lehrte er von 322—287.

Theophrast schliefst sich im ganzen den Lehren des Aristoteles genau an: wo er aber von denselben abweicht, tritt bei ihm die Neigung hervor, dem Stoff die gröfste Bedeutung zu geben.

In Bezug auf die Erklärung vom Wesen der Farbe befindet sich Theophrast mit Aristoteles in allen wichtigeren Beziehungen in Übereinstimmung: abweichend von den Ansichten seines grofsen Lehrers stellt er die Meinung auf, dafs das Weifs sich dem Feuer geselle,[111]) und zwar das reinste der Mitte der Flamme[112]) — freilich ist nicht sicher verbürgt, dafs die angeführte Schrift de ign. dem Theophrast selbst gehört — das Schwarz der Luft, dem Wasser, der Erde.[113])

De coloribus.

Die Schrift »περὶ χρωμάτων, über die Farben«, gehört der aristotelischen, oder wie man gewöhnlich sagt, peripatetischen Schule an.

Da die Schrift dem Stoff die eingehendste Beachtung schenkt, eine Menge wohl zu beachtender Einzelheiten der Beobachtung bietet, so wird sie nicht viel nach dem Empiriker Dikäarch und dem Naturalisten Strato, der von 287—269 Vorsteher der Schule war, zu setzen sein.

Die Schrift ist voller Unbehülflichkeiten im Ausdruck, Nachlässigkeiten im Satzbau, Fehler in der Aneinanderreihung der über- und untergeordneten Sätze.

Was den Inhalt der von ihr vertretenen Lehre betrifft, so geht sie davon aus, dafs sie die Farben mit den Elementen verknüpft, und zwar bezeichnet sie die Farben, welche sich im Geleit der Elemente befinden, als einfache, ἁπλᾶ, im Gegensatz zu den Mischfarben.

Nach dieser Lehre gehört das Weifs der Luft, dem Wasser und der Erde an,[114]) Gelb dem Feuer und der Sonne, also dem Lichte,[115]) Schwarz entstammt dem Übergang der Elemente ineinander[116]) oder es ist eine Folge der Finsternis als einer Beraubung des Lichtes.[117])

Somit haben wir als einfache oder Grundfarben die Dreiheit Weifs, Gelb, Schwarz. Wir erinnern uns, dafs auch Aristoteles dem Gelb eine besondere Stellung zuzuweisen geneigt gewesen war.

Wenn sich nun diese drei einfachen oder Grundfarben mischen, so entstehen die übrigen.[118])

Offenbar will nun aber die Schrift die Farben wieder nach der Art der Mischung einteilen, denn Grau nennt sie eine Mischung von Schwarz und Weifs,[119]) das Mehr oder Weniger aber giebt die Abstufungen von Scharlach mit dem Blauschimmer und Rotbraun mit dem Violettschimmer,[120]) φοινιχοῦν und ἁλουργές.

Zielbewufst durchgeführt, würde diese Art der Einteilung zu drei Arten von Farben führen, und zwar 1. zu den einfachen oder Grundfarben, 2. zu den Farben aus Mischungen zu gleichen Teilen, 3. zu den Farben mit Überwiegen des einen oder anderen Teiles.

Auf eine andere Art von Mischung der Farben deuten die Worte: »Schwarz gemischt mit dem Licht der Sonne und des Feuers giebt Scharlach mit dem Blauschimmer φοινιχοῦν — insofern sich hier das Schwarz, die Farbe des Elementes, mit dem Licht der Sonne und des Feuers verbindet.«[121])

Sodann behauptet die Schrift, dafs alle gemischten Farben einem dreifachen Ursprung entstammten, und zwar 1. dem Licht, 2. dem Mittel, wodurch das Licht erscheint, dem Wasser und der Luft,

und 3. den untergelegenen Farben, von denen das Licht zurück-
gestrahlt wird.[122])

Es ergiebt sich also, dafs die Schrift die einfachen Farben in
anderer Weise mit den Elementen verknüpft, dafs sie deren drei hat,
während bei Aristoteles die dritte nur schüchterne Versuche macht,
sich den bedeutenderen Schwestern als gleichberechtigt zu gesellen,
die Entstehung des Schwarzen in dem Ineinanderübergehen der Elemente anders zu erfassen sucht, endlich eine Mischung des Lichtes
mit den Farben annimmt. Im übrigen deutet sie die drei Arten
von Farben mehr an, als dafs sie die Lehre klarlegt und durchführt.

Somit bietet die Schrift zwar vertiefte Ansichten von dem Wesen
der Farbe nicht eigentlich, aber die Kenntnisnahme der Einzelheiten
des Buches ist wichtig für jeden, der sich mit den Farben und Farbenbezeichnungen der Griechen beschäftigt. Zu bedauern ist, dafs die
Schrift bis jetzt nur in der ungenauen Übersetzung von Goethe —
wenigstens soviel mir bekannt — denen zugänglich ist, welche nicht
Griechisch verstehen: deshalb habe ich die Schrift auf das Neue
übersetzt, um diese Übersetzung herauszugeben.

Die Aristoteliker.

An diese Schrift aus der aristotelischen Schule reihen sich nun
noch Ansichten von Philosophen und Forschern, welche wir insoweit zu beachten haben, als sie auf Selbständigkeit Anspruch erheben
können, oder wenigstens ergänzend oder erläuternd den Sätzen der
früheren Philosophen sich gesellen.

Zeno.

Unter diesen Philosophen nimmt Zeno aus Cittium die erste
Stelle ein: er lebte etwa von 350—258 und gründete um 308 die
stoische Schule. In seinen Ansichten in der Physik schliefst er sich
den Lehrmeinungen des Herakleitos an.

Somit ist es möglich, dafs von ihm in Bezug auf die Farben —
die stufenweise Verwandlung des Feuers durch Luft und Wasser zur
Erde wird von den Stoikern gelehrt — die Lehre aufgestellt sein
mag, dafs die Farbe in dem Stoffe, welcher zur Körpergestaltung
gelangt, die Wirkung des Urfeuers ist — aber eine solche Ansicht
ist eben nur Vermutung, wenn dieselbe auch manches für sich hat.

Dagegen ist von Plutarch der Ausspruch des Zeno sicher bezeugt, dafs die Farbe die erste Gestaltung des Stoffes ist.[123])

Galenus.

Von Galenus, dem Nachfahren seines berühmteren Genossen Hippokrates, haben wir bereits beiläufig gehandelt. Hier haben wir festzustellen, dafs er 131 unserer Zeitrechnung zu Pergamon geboren wurde. Derselbe sucht die philosophischen Ansichten Platos mit denjenigen des Aristoteles zu verschmelzen.

In Bezug auf die Farben ist besonders der Teil seiner Lehre von Wichtigkeit, welcher den Lehrsätzen des Hippokrates entspricht, dafs die Farben in den lebenden Körpern auf die Säfte zurückgeführt werden,[124]) und zwar entstammt das Wasser dem Schleim, das Gelbe der Galle, das Rote dem Blut.

Diese Ansicht ist insofern besonders zu beachten, als sie den Schlufs erlaubt, dafs Hippokrates den von ihm aufgestellten vier Arten von Säften die vier Haupt- oder Grundfarben so eingeordnet haben wird, wie wir vermutet.

Abweichend ist die Ansicht des Galenus darin, dafs das Dunkle von ihm der Wärme zugeschrieben wird.

Bemerkenswert ist dann noch die Lehre, dafs das Schwarzwerden des Weifs wie das Weifswerden des Schwarz, sonst der Übergang einer Farbe in die andere, durch Bewegung geschieht.[125]).

Alle übrigen Bemerkungen des Galenus, welche sonst etwa noch zu behandeln wären, bieten in allen wesentlichen Beziehungen eine solche Einstimmung zu den Ansichten des Aristoteles, dafs uns eine besondere Besprechung derselben nur unnötig Zeit kosten würde.

Plutarch.

Haben wir Galenus um seiner Richtung willen zunächst vor Plutarch behandelt, so gehört doch der berühmte Geschichtsschreiber bereits der Zeit von 50—125 an.

Sein Name wird mit der Behauptung verknüpft, dafs die Farbe eine sichtbare Eigenschaft der Körper sei,[126]) aber wir wissen nicht, ob er diesen Satz als das Ergebnis seiner Forschung ausgesprochen oder als derjenigen eines anderen Gelehrten.

Unsere Aufmerksamkeit verdient besonders das, was er über die Farben des Regenbogens sagt. Plutarch ist offenbar bemüht, den Regenbogen im Sinne des Aristoteles zu erklären und sagt nun: Der Regenbogen bietet zuerst Scharlachrot mit dem Blauschimmer, sodann zweitens Braunrot und gesättigt Rot mit dem Violett- und Blauschimmer, drittens Ultramarinblau und Dunkelgrün, also 1. φοι-νικοῦν, 2. ἁλουργές und πορφυροῦν, 3. κυάνεον und πράσινον.[127])

Waren schon die Farbenbezeichnungen des Aristoteles nur durch
die Zerlegung der Schimmerfarben in die Grund- und Nebenfarben
mit der Wirklichkeit in Einstimmung zu bringen, so gilt dies nicht
minder von den Angaben des Plutarch, nur ist hier die Arbeit eine
schwierigere, weil Plutarch bereits auf dem Standpunkt der meisten
Gelehrten unserer Zeit steht, welche sich vielfach nicht mehr um
die Doppelnatur der berührten Farben kümmern. Von dieser Einsicht aus wird es erst erklärlich, wenn Plutarch die Doppelfarben
als einfache behandelt und nun in drei Abstufungen bietet, nach der
Schwächung des Lichtes 1. φοινικοῦν Orange, 2. πορφυροῦν Vollrot,
ἀλουργές Dunkelrot (für Braunrot), 3. Ultramarinblau und Grün.

Ganz unglücklich erklärt er Gruppe 1, also φοινικοῦν mit Rot
und Scharlach; Gruppe 2, πορφυροῦν und ἀλουργές mit Dunkelrot
(Rotbraun) nach Schwächung des Rot und Verdunkelung; Gruppe 3,
mit Dunkelgrün πράσινον[128]) als der Scheidefarbe.

Sehen wir aber von der Ansicht ab, dafs die Schwächung des
Lichtes die Gruppierung bedingt, und dafs Plutarch den Blauschimmer
von Scharlach und den Violett- und Blauschimmer der beiden Purpurfarben im eigentlichen Sinne nicht mehr verstanden hat, so giebt
uns Plutarch annähernd als die Farben des Regenbogens Rotbraun,
Vollrot, Orange (Scharlach), Dunkelgrün, Ultramarinblau, nach den
Bezeichnungen ἀλουργές, πορφυροῦν, φοινικοῦν, πράσινον, κυανοῦν.

Und nun haben wir von denjenigen Philosophen und ihren
Ansichten zu berichten, welche in der nacharistotelischen Zeit den
einen oder anderen Beitrag zur Farbenlehre gegeben haben.

Epikur.

Schliefsen sich Epikur, welcher von 342—270 gelebt hat, und
seine Schule in der Atomenlehre an Demokritus an, so ist es nur
natürlich, dafs dies auch in Bezug auf die Farben der Fall ist, wie
denn auch Epikur das Vorhandensein der Farben an sich leugnet.[129])

Chrysippus.

Von Chrysippus, der von 282—209 lebte, erfahren wir, dafs
nach dessen Lehre vom Auge eine Bewegung ausging, welche durch
die Luft vermittelt den Gegenstand berührt: nach derselben gehen
feurige Strahlen vom Auge aus, durch welche auch die Finsternis
sichtbar wird.[130])

Nikolaus von Damaskus.

Nikolaus von Damaskus, der Aristoteliker, geboren um 64, spricht von dem Entstehen des Fahlgelben und Grünen, χλοερότης in den Pflanzen, des Roten ἐρυθρότης und Grauen φαιότης.

Sextus Empirikus.

Von Sextus Empirikus — um 200 unserer Zeitrechnung — haben wir einige Beobachtungen über komplementäre Farben, und der Kommentator Olympiodor — um 500 — spricht von der in das Dunkelgrüne neigenden Farbe, welche sich am Licht zeigt, wenn man lange in dasselbe hineinsieht.[181]). Es wäre dies also Grün als Komplementärfarbe von Gelbrot oder Rot.

Lucretius.

Von den Römern schliefst sich Lucrez an Epikur und Demokrit an, allerdings deren Lehren mehr in breiter Darstellung darlegend, als dieselben vertiefend. Äufserlicher Beobachtung entnimmt er die eine oder andere Erklärung in Bezug auf die Farben. Lucrez gehört der Zeit von 95--55 an.

Seneca.

Seneca — von 2—65 — versucht in aristotelischer Weise zu philosophieren, so gut er das vermag, und eben da er das nicht gut vermag, so sagt er vom Regenbogen, dafs die Sonne einen Teil der Farbe gebe, den andern die Wolke. Die Feuchtigkeit aber ziehe bald blaue Linien (caeruleas lineas), bald grüne (virides), bald purpurähnliche (purpurae similes) und gelblichrote oder feuerfarbene (orange, luteas aut igneas). Einen Grund für seine Ordnung giebt Seneca nicht: dieselbe würde demnach Blau sein, Grün, Rot, Orange — also eine sinnlose. Seneca spricht eben den griechischen Philosophen etwas nach, ohne ein rechtes Verständnis davon zu haben, was dieselben behauptet oder entwickelt. Freilich machen das diejenigen Gelehrten unserer Zeit nicht besser, welche Newtons mystischer Neigung zu Liebe, Farben und Töne in gleicher Anzahl zu haben, von dem Indigo des Regenbogens sprechen, oder seinem Lavendelgrau(-blau), ohne dasselbe je gesehen zu haben. Seneca dagegen hat offenbar mehr Farben und in anderer Ordnung gesehen als er angiebt.

Plinius.

Plinius gehört der Zeit von 29—79 an. Demselben wohnt noch weniger als Seneca die Kraft inne, die Lehren der griechischen Philosophen zu erfassen, geschweige denn zu vertiefen. Im übrigen giebt Plinius, wie wir sehen werden, manche gute Beobachtung, was dem Römer zu thun vergönnt war, dem die Philosophie sich eigentlich nie voll erschlossen hat.

Zweites Kapitel.

Verzeichnis der Farbenbezeichnungen der griechischen Philosophen.

An diese Geschichte der Farbenlehre der Alten mag sich nun zunächst eine Zusammenstellung der Farbenbezeichnungen schliefsen, welche ich den Schriften der alten Farbengelehrten entnommen habe: allein diese Zusammenstellung wird beweisen, wie falsch die Ansicht ist, dafs die griechische Sprache arm an Ausdrücken für die Farben gewesen sei: der Schlufs der Abhandlung wird diese Zusammenstellung durch eine solche der Farbenbezeichnungen der Dichter vermehren.

1. Schwarz μέλας.
2. Braun καρύϊνον, ὄρφνινον und ὄρφνιον.
3. Rot in seinen verschiedenen Abstufungen, οἰνωπόν, ἐρυθρόν, ὑπέρυθρον, λευκέρυθρον, ἔναιμον, ὕφαιμον, αἱματῶδες.
4. Rotgelb und Gelbrot, Orange, πυρρόν, πυρῶδες, πυροειδές, ἔμπυρον, λευκόπυρρον, φλογοειδές, χρυσοειδές, τὸ τοῦ χαλκοῦ, χαλκοειδές, μελίχρως, ἡλιῶδες.
5. Gelb ξανθόν, ὠχρόν, ὕπωχρον, κροκοειδές, λεκιθῶδες.
6. Fahlgelb, Gelb, Gelblichgrün χλωρόν.
7. Grün in den Abstufungen vom Dunklen zum Helleren πράσινον oder πράσιον, πρασοειδές, πρασινοειδές, πρασῶδες, ποῶδες.
8. Blau: Waidblau oder Indigo ἰσάτις, ἰσατῶδες, Ultramarinblau κυανοῦν, κυανοειδές, Luft-Nebelblau ἀεροειδές, Hellblau γλαυκόν.
9. Violett ἰῶδες, ἰοειδές.
10. Graublau πελιδνόν.
11. Grau und Fahl φαιόν, πολιόν.
12. Weifs λευκόν.

Doppelfarben als Grund- und Schimmerfarben:

13. φοινικοῦν phönizisch Rot, also ein helleres Rot mit der Neigung nach Gelb, mit einem Blauschimmer, Scharlach mit Blauschimmer oder Karmesin mit Blauschimmer, und davon die Abstufungen ἐπιφοινίσσον, ἐπιφοινικίζον.

14. Vollrot, gesättigt Rot mit einem Blauschimmer πορφύριον, πορφυροειδές.

15. Dunkelrot, Rotbraun mit Violett- oder Dunkelviolettschimmer ἁλουργές, ἁλουργόν.

Eingeteilt sind die Farben von den Philosophen in einfache und Mischfarben erster Klasse sowie Mischfarben zweiter Klasse. Die einfachen oder Grundfarben sind der Zahl nach vier, drei und zwei — die Mischfarben ersten Ranges oder die Geschlechter der Farben sind der Zahl nach sieben, acht und sieben — oder auch fünf, denn Aristoteles zählt Schwarz und Weifs unter die Geschlechter von Farben und führt sie doch auch wieder als Ursache der Arten von Farben an — die Mischfarben zweiten Ranges, oder nach Aristoteles die Mischfarben überhaupt, sind der Zahl nach, wie Demokritus sagt, unbegrenzt, nach Aristoteles aber begrenzt: somit würden die Herren Augendarwinisten von Empedokles und Demokritus zu Plato und Aristoteles eine vor- und dann wieder zurückgehende Thätigkeit im Sehen und Unterscheiden der Farben annehmen müssen, wenn sie eben weiter nichts vermögen, als die weitgehendsten Schlüsse aus Zahlen zu ziehen, von denen sie nicht erkannt haben, auf was dieselben hinweisen, welchen Worten sie beigesellt sind.

Drittes Kapitel.

Die Grundfarben der griechischen und neueren Malerei.

Haben wir somit die Behauptung, aus den Angaben der griechischen Philosophen über die Farben lasse sich erkennen, dafs den Griechen der Zeit vor Aristoteles die volle Beherrschung auch nur der vier Farben Rot, Gelb, Grün und Blau gefehlt, von den beiden Farben zwischen Rot und Gelb und Blau und Rot, Orange also und Violett ganz zu schweigen, als eine durch und durch auf Unkenntnis beruhende, an sich ganz und gar verkehrte zurückzuweisen, so wenden wir uns jetzt jenen Ansichten zu, nach welchen sich aus einigen Bemerkungen von Plinius und Cicero über die Verwendung der Farben von seiten der griechischen Maler bis zur Zeit Alexanders des Grofsen der Schlufs ergeben soll, dafs jene Maler nicht alle Farben su sehen vermocht hätten, welche wir als die prismatischen Farben bezeichnen.

Plinius aber sowohl wie Cicero weisen nur lobend auf die verhältnismäfsig grofse Einfachheit der Mittel der alten Maler hin im Vergleich zu der Hascherei nach Farbenwirkungen der Maler einer späteren Zeit, welche zu erreichen dieselben keine Mittel scheuten.

So erfahren wir denn von Böckh, dafs die griechischen Maler (vgl. seine Encyklop. und Methodologie S. 472) nur mit den Farben Weifs, Schwarzblau, Rot und Gelb, und zwar bis Zeuxis (397) zu schaffen gewohnt gewesen seien, Ottfr. Müller bemerkt in seinem Handbuch der Archäol. der Kunst (§ 450), dafs selbst die jon. Schule bis Apelles (356—308) an diesen vier Farben festgehalten habe.

Suchen wir zunächst die Gründe für diese Behauptung zu erkennen.

Bereits Rood macht in seiner Farbenlehre (Leipzig 1880) darauf aufmerksam, dafs der Anfänger in der Malerei seiner Neigung nachzugehen pflege, nach Farben zu greifen, die weit kräftiger wirken, als die in der Natur vorkommenden, da uns eben in der Natur nur wenig kräftige Farben entgegenzutreten pflegen.

Da nun der Anfang der Malerei sich in gewisser Beziehung mit dem künstlerischen Anfang des Malers deckt, so ist es nur natürlich, dafs die griechische Malerei in ihren Anfängen mit vollen Farben arbeitet.

Aber auch der entwickelten Malerei bis zur Zeit Alexanders des Grofsen wird die Neigung zu einfacher Farbengebung nachgerühmt. Diese Einfachheit hängt eben mit dem Wesen der älteren griechischen Malerei selbst zusammen, denn dieselbe stand in einem innigen Verhältnis zur Bildhauerei. O. Müller sagt darüber (S. 137): »Immer blieb die antike Malerei durch das Vorherrschen der Formen vor der Lichtwirkung der Plastik näher als die neuere ist.«

Daraus ergiebt sich aber, dafs der Maler der älteren Zeit einfache Farben in geringer Zahl verwenden mufste, wenn er sein Gemälde nicht in einen scharfen Gegensatz zu den einfach grofsen Formen der Baukunst bringen wollte.

Aber auch die Religion hat ihren Einflufs auf die Wahl der Farben, welche die griechischen Maler zu verwenden pflegten, auszuüben gewufst. So bemerkt Kugler in seinem Handbuch der Geschichte der Malerei S. 37: »Die griechische Kunst war aus dem Boden der religiösen Anschauung des Volkes erwachsen, — das Bildnis war kein gemeines zufälliges Abbild der Natur: es gab dem

Dargestellten das Gepräge der Heroen, es erhob ihn in ihren Kreis.« Somit mufs auch der Maler gestrebt haben, sein Gebilde durch die Wahl und Verwendung seiner einfachen Farben von dem Gebilde der Natur zu scheiden, welches die Fülle der Farben bietet.

Diese Gründe erklären uns vollständig, weshalb die griechischen Maler bis in die jonische Schule hinein mit wenigen vollkräftigen Farben geschaffen haben mögen — aber ich bezweifle auch nicht, dafs manches Gemälde, welches weder der Religion diente noch dem Werk der Baukunst sich einfügte, denn doch mehr Farben und Farbenwirkungen gehabt und zu erzielen gewufst, als die Augendarwinisten ahnen mögen. Denn nichts beweist uns, dafs die alten Maler eben alles nur entweder rot oder schwarz oder gelb oder weifs gemalt haben, wohl aber spricht alles dafür — worauf übrigens bereits Böckh und O. Müller hingewiesen haben, dafs dies eben nur die vier Grundfarben waren, aus welchen eine beliebige Anzahl von Farben durch Mischung hergestellt wurde. Diente doch nicht einmal stets ein und derselbe Grundstoff zur Herstellung der Grundfarbe: schon die Grundfarben waren dem Stoffe nach unter sich verschieden. Die Stoffe, aus welchen die Farben gewonnen wurden, waren nach O. Müller (S. 450, 1.) für »1. Weifs, die Erde von Melos, Μηλιάς. Seltener Bleiweifs, cerussa. In Wandgemälden besonders das Paraetonium (eine feine und weifse Kreide); 2. für Rot die rubrica aus Kappadocien, Σινωπίς genannt. Μίλτος, minium, hat mannigfache Bedeutung. Μίλτος aus verbrannter ὤχρα, eine angeblich zufällige Entdeckung; 3. für Gelb sil ὤχρα — das Lexicon der französischen Akademie sagt, dafs sil eine mineralische Erde sei, aus denen die Alten rote oder gelbe Farben herstellten[188]) — aus attischen Silberbergwerken, später besonders zu Lichtern gebraucht, daneben das rötlichgelbe auripigmentum, σανδαράχη, arsenikalisches Erz; 4. für Schwarz — Böckh sagt Schwarzblau — Atramenta, μέλαν aus verbrannten Pflanzen, z. B. das τρύγινον aus Weintrebern; Elephantinon aus verbranntem Elfenbein brauchte Apelles.«

Die Farben, welche aus den angeführten Stoffen gewonnen wurden, werden sowohl als einfache wie als gemischte colores austeri angeführt, herbe Farben also, um sie in einen Gegensatz zu den colores floridi zu setzen, den frischen, blühenden Farben. Als colores floridi giebt O. Müller an »chrysocolla, Grün aus Kupferbergwerken, purpurissum, eine Kreide mit dem Saft der Purpurschnecke gemischt, indicum, Indigo, das caeruleum, die blaue Schmalte, aus Sand, Salpeter und Kupfer (?), wurde in Alexandria erfunden, cinnabari

(Skt. chinavari) teils natürlicher, teils künstlicher Zinnober, aber auch andere indische Waare, wahrscheinlich Drachenblut.«

Hierzu stellen wir nun, was wir bei Rood in seiner Farbenlehre über die Verwendung der Stoffe zu den Farben bei unseren Malern finden. Rood sagt S. 111: »Es ist eine den Malern wohlbekannte Thatsache, dafs mit nur wenigen Farbstoffen Repräsentanten von nahezu allen Farben sich herstellen lassen. Man braucht hierzu nur drei Pigmente oder fertige Pulver, ein rotes, ein gelbes und ein blaues, etwa Karmesinlack, Gummigut' und Berliner Blau. Das rote und gelbe Pulver, in verschiedenen Proportionen gemengt, liefern verschiedene Tinten von Orange, Orangegelb: mit dem blauen und gelben Pulver erzielt man vielerlei Grünsorten; mit dem roten und blauen Pulver erhält man die Purpurreihe und die Violettreihe.

Manche Aquarellmaler haben nur diese drei Farbstoffe benutzt und aufserdem noch Lampenrufs, um die erhaltenen Farben zu dunkeln, und um Grau und Braun herauszubringen.

Darauf gründet sich die sogenannte Theorie von den drei Grundfarben, unter denen man Rot, Gelb und Blau versteht.«

So hätten wir denn als die Grundfarben der alten Maler Schwarz — und zwar in jener gesättigten Kraft, dafs sich ihm der Blauschimmer gesellt (Böckh will das wohl mit seinem Schwarzblau sagen), — Weifs, Rot und Gelb; als Grundfarben der neueren Maler aber nur Rot, Gelb, Blau. Nun will ich gar nicht darauf hinweisen, dafs sowohl Demokritus wie Plato das Blau für eine Mischfarbe erklären — Demokritus läfst Ultramarinblau aus dem Blau des Waid und Gelbrot (Feuerfarben, Orange) entstehen, Waidblau aus vielem Schwarz und Fahlgelb mit der Neigung zu Grün, Plato Ultramarinblau aus dem Glänzenden, Weifsen und gesättigt Schwarzem, Aristoteles setzt Blau als Farbengeschlecht zwischen Weifs und Schwarz — wohl aber darauf, dafs unsere Maler zwar drei Grundfarben haben und für gewöhnlich zu ihren Mischfarben verwenden, aber kein Bedenken tragen, sobald es nötig ist, die Farben zu dunkeln oder Braun und Grau herauszubringen, Lampenrufs hinzuzusetzen, also Schwarz. Da nun Xenophanes wie Empedokles, Demokritus wie Plato Ultramarin-, Indigo- und Hellblau kennen, und zwar an und aus verschiedenen Stoffen, so hiefse es die Natur des Malers der alten Zeit verkennen, wenn wir nicht annehmen wollten, derselbe habe auch das Blau als Schimmerfarbe des tiefen, glänzenden Schwarz hervorzuzaubern gewufst, wie als Farbe selbst angewandt, wo es ihm notwendig erschienen. Da nun überdies genug blaue Farbenreste an den Denkmälern der Alten gefunden sind, nach Pausanias Wände blau bemalt waren — so haben wir die Meinung der Augendarwinisten als eine gänzlich irrige zu bezeichnen, wenn sie aus der Thatsache, dafs die griechischen Maler vier Grundfarben gehabt haben, und zwar Schwarzblau, Weifs, Rot und Gelb, schliefsen wollen, die griechischen Maler seien nicht im Vollbesitz des Sehvermögens in Bezug auf die Farben gewesen — und zwar bis in die Zeit Alexanders des Grofsen hinein.

Wollen aber die Augendarwinisten wiederum nur die Grundfarben zählen, so müssen sie zu einer ungemeinen Abnahme des Sehvermögens gelangen, denn wenn auch noch die Maler des Mittelalters, wie Lionardo da Vinci, von den vier einfachen Farben Rot und Grün, Blau und Gelb sprechen, so haben doch die Maler unserer Zeit nach Rood nur noch die drei Grundfarben Rot, Gelb und Blau.

Auf die Zahl der Grundfarben Bezug nehmend erinnern wir unsere Augendarwinisten sodann an die Menge der verschiedenen Stoffe, aus welchen die griechischen Maler ihre Grund- und Mischfarben gewannen — und die Dreizahl der Stoffe, welche nach Rood unseren Malern die drei Grund- und verschiedenen Mischfarben liefern. Somit würde die Zahl auch hier wieder auf eine Abnahme des Sehvermögens unserer Maler deuten, wenn eben, wie die Augendarwinisten das zu thun geneigt sind, einer solchen Art von Behauptung die geringste Beweiskraft zuzusprechen wäre.

Und nun verlassen wir die Malerei der Alten, nachdem wir unseren Gelehrten noch die Frage gestellt, wie ein Maler der alten Zeit das Purpurgewand eines nichtgriechischen Herrschers oder eines griechischen Tyrannen mit Farben darzustellen vermocht hat, wenn derselbe das Blau desselben nicht in jenem feinen Schimmer über das Rot hin gesehen und auch auf dem Gemälde nicht festzuhalten vermocht hat, welcher nun einmal die Eigentümlichkeit des Purpurs ist, den aber allerdings Gelehrte unserer Tage mit nicht geübtem oder abgestumpftem Sehvermögen in Bezug auf die Feinheiten der Farbe gar nicht zu sehen vermögen, selbst wenn ihnen der geschäftige Zeugwarenhändler dasselbe auch mit der nötigen Erklärung der Eigenschaften der Purpurfarbe unter die Augen hält.

— ... —

Viertes Kapitel.

Die Grundfarben unserer Kunstgärtner; die Blumenfarben bei den Alten.

Hat sich uns somit die Thatsache ergeben, dafs die Aufstellung von Grundfarben vonseiten der Philosophen, sowie die Verwendung von Grundfarben vonseiten der Maler mit nichts den Schlufs zu ziehen erlaubt, dafs von den Philosophen und Malern eben nur ihre Grundfarben gesehen wurden, so sei es nun erlaubt, als letzten zwingenden Beweis dafür, dafs Grundfarben aus allen anderen Gründen eher aufgestellt werden, als aus dem Unvermögen einer voll ausgebildeten Unterscheidungsfähigkeit der Farben, auf die Grundfarben des Kunstgärtners unserer Tage hinzuweisen; bei dieser Untersuchung wird sich uns ergeben, dafs die Alten auch ein Blau als Grundfarbe nicht nur gekannt, sondern auch bezeichnet haben, eine Thatsache, welche ich in keiner der Arbeiten unserer Augendarwinisten erwähnt finde, so wenig wie in den Schriften der Gelehrten, welche die eine oder andere Ansicht derselben bekämpft haben.

Es sind nun aber die Grundfarben des Kunstgärtners unserer Zeit: Blau, Rot und Weifs.

Nach den Belehrungen, welche ich darüber von Herrn Rischer, dem bedeutendsten Kunstgärtner und Blumenzüchter von Leipzig, empfangen habe, erweisen diese drei Grundfarben nach drei Seiten hin ihre Bedeutung, und zwar weifs der Kunstgärtner aus Blumen mit diesen Grundfarben durch künstliche Befruchtung verschiedene Farbenabstufungen und Mischfarben zu erzielen, sodann vermag er durch eine bestimmte Art von Verwendung der Blumen mit den Grundfarben einen wohlgefälligen Farbeneindruck bei Teppichbeeten zu erreichen. Von diesen Gesichtspunkten ausgehend, hat der Kunstgärtner bei der Herstellung eines Teppichbeetes zu zwei Dritteln rot und blau blühende Blumen zu verwenden, das letzte Drittel aber dem Weifs zu überweisen — und dem Gelb: doch darf die gelbe Farbe nicht mehr als den vierten Teil des Blütenbeetes beherrschen. Dafs endlich Grün in Blatt und Rasen, in den verschiedensten Abstufungen der Farbe, seine besondere Beachtung findet, hat eben jeder bemerkt, welcher der Herstellung eines Teppichbeetes seine Aufmerksamkeit zugewandt hat.

Sodann ist auch der Blumenstraufs bei seiner Herstellung der Beachtung der Grundfarben Rot, Blau und Weifs unterworfen: das Grün hat als Farbe des Blattes seine Bedeutung, das Gelb wird nur in der Theerose zugelassen, um des lieblichen Duftes dieser Blume willen, gilt aber sonst, im Straufs verwandt, für eine unangemessene Beigabe, die nur beleidigender wird, wenn das Gelb in dem Straufs besonders hervortritt.

Somit bestimmen dem Kunstgärtner unserer Tage Wahl und Verwendung der Grundfarben der nützliche Zweck — wie solcher bei den durch künstliche Zucht herbeigeführten Farbenabstufungen und Mischfarben hervortritt, — der wohlgefällige Eindruck, — welchen das Teppichbeet zu bieten hat — die sittliche Anschauung — welche den Zutritt im Blumenstraufs dem Gelb versagt, wenn dasselbe einer anderen Blume gehört, als der süfs duftenden Theerose.

Aber wenn nun auch Rot, Blau und Weifs die Grundfarben des Kunstgärtners sind, so denke ich, würde es reine Unvernunft sein, behaupten zu wollen, unsere Kunstgärtner vermöchten eben nur diese drei Farben zu sehen — die ausdrückliche Anerkennung und Verwendung von Grün und Gelb von dieser Seite ist überdies dargelegt.

Die Anwendung eines Schlusses aus diesen Ergebnissen auf jene Behauptungen, welche den Malern und Philosophen der alten Welt das volle Farbenunterscheidungsvermögen um der Aufstellung ihrer Grundfarben willen absprechen, weiter auszuführen, darf ich mir ersparen, da die Folgerungen selbstverständliche sind.

Und doch darf ich mich der Möglichkeit eines Einwurfes nicht verschliefsen, welche ein Augendarwinist in der Hinsicht machen könnte, dafs er behauptet, er sei zwar bereit, auch die sich ergebenden Folgerungen aus meinen Aufstellungen der Grundfarben des Kunstgärtners zu ziehen und anzuerkennen, — die von mir angeführten Thatsachen kann er nun einmal nicht aus der Welt schaffen — aber diese Folgerungen böten nicht auch zugleich den Beweis, dafs die Alten das Blau der Blume besonders beachtet, oder auch nur gesehen hätten.

Bevor ich das Falsche dieses Einwurfes darlege, sei es erlaubt, bei den Dichtern verschiedener Zeiten und verschiedener Völker anzufragen, wie sie sich zu der Frage der Blumenfarbe stellen: würden wir bei ihnen das Blau als Blumenfarbe nicht finden, so wäre immerhin an die Möglichkeit zu denken, dafs dasselbe als Grundfarbe der Blumen erst neuerer Anschauung entsprossen ist.

Blau als Blütenfarbe in den slavischen Volksliedern:

Es ergiebt sich nun, dafs der Spreeslave in seinen Volksliedern (vgl. Haupt und Schmaler, Volkslieder der Wenden in der Ober- und Nieder-Lausitz, Grimma 1. T. 1841, 2. T. 1843) von der gelben (żolty) Lilie und dem gelben Klee singt, sonst aber mit Vorliebe von weifsen und roten Rosen (běłe, ćetwjene), wie er alle Blümlein »weifs und rot« nennt: aber er hat auch das Blau, denn er spricht von der roten und blauen (modry) Blume. (Die Farbenbezeichnungen der wendischen und deutschen Volkslieder werde ich besonders behandeln.)

bei Walther von der Vogelweide.

Bezeichnen uns die dichterischen Schöpfungen Walthers von der Vogelweide den Höhepunkt des mittelalterlichen Liedes, so ist es besonders beachtenswert, dafs ihm dieselbe Anschauung in Bezug auf die Farbe der Blumen ihrer dichterischen Schönheit nach beseelt, wie die Sänger der wendischen Volkslieder, denn er nennt die Welt — offenbar nach der Farbe der Blumen — gelb, rot und blau, wenn er singt:

　　　　　diu welt was gelf, rôt unde blâ,

sodann aber sagt er:

　　　　　wizer unde rôter bluomen weiz ich vil,

damit beweisend, dafs er das Blau der Blume ebenso beachtet, wie der Wende, dafs ihn das Weifs und Rot als Blumenfarbe besonders anmutet.

bei Rutebeuf.

Rutebeuf, der Zeitgenofs des heiligen Ludwig, singt:

　　　　　la terre — se cuevre de flors diverses
　　　　　d'indes, de jaunes et de perses —

ihm zeigt sich also die Erde im farbigen Schmucke der Blumen blau, gelb und rôt (dafs perses hier rot heifst, werde ich später eingehend erweisen), wie Walther von der Vogelweide ihr Aussehen gelf, rôt unde blâ genannt hatte.

Weifs im Chanson de Roland.

Bedeutsam tritt das Weifs als Blumenfarbe dann im Chanson de Roland hervor, wenn dasselbe singt:

　　　　　Tant par iert blanc cume flur en estet —
　　　　　blanche ad la barbe cume flur en avril, —
　　　　　altresi blanche cume flur en espine.

Somit haben wir bei den Wenden, den Deutschen und Franzosen des Mittelalters Blau als Blütenfarbe besungen gefunden; bevorzugte Blumenfarbe scheint allerdings Rot und Weifs gewesen zu sein.

Die römisch-griechische Blumenwelt; ihre Grundfarben.

Nunmehr gehen wir zur griechisch-römischen Blumenwelt über.

Da treffen wir denn nicht nur auf eine überreiche Anzahl von Blumen, welche um ihres Duftes und ihrer Farbe willen eingehende Beachtung gefunden, sondern ausdrücklich auch drei Farben als Haupt- oder Grundfarben der Blumen bezeichnet. Plinius sagt Hist. an. 21. 8 (22): hos (colores) animadverto tris esse principales 1. rubentem in cocco, 2. amethystinum qui a viola et ipse in purpureum (trahitur) quemque ianthinum appellavimus, 3. qui proprie conchyli intellegitur : die dritte Grundfarbe kann sich dreifach zeigen nach den Worten : unus in heliotropio, alius in malva ad purpuram inclinans, alius in viola serotina conchyliorum vegetissimus. Demnach sind die drei Haupt- oder, wie wir sagen, Grundfarben : Scharlachrot, Lila (amethyst- farben) oder Hellviolett (quia viola et ipse in purpureum [trahitur] quemque ianthinum appellavimus,) und Weifs (in heliotropio), Weifs- rot (in malva ad purpuram inclinans) oder Weifslila, beziehentlich Weifsviolett (in viola serotina conchyliorum vegetissimus) — denn der Saft der Purpurschnecke geht aus dem Weifsgelblichen in das Rotbläuliche über.

Von Gelb sagt uns Plinius, dafs in den ältesten Zeiten die Brautschleier diese Farbe gehabt haben, er vermutet auch, Gelb sei deshalb nicht unter die Haupt- oder Grundfarben aufgenommen worden, weil diese Farbe ursprünglich nur vonseiten der Frauen Verwendung gefunden habe.[134])

So wären wir denn auch in der alten Welt zu Grundfarben in der Blumenwelt gelangt, und zwar zu Scharlachrot,. Lila oder Hellviolett, und Weifs oder Weifsrötlich, Weifsrot: Gelb sehen wir auch hier von den Hauptfarben ausgeschlossen, wie unsere Kunst- gärtner auch heute noch Gelb nicht zu den Grundfarben zählen.

Hier sind wir auf die wider die Augendarwinisten und ihre Behauptungen wichtigste aller Thatsachen gestofsen, dafs die alte Welt auch ein Blau als Haupt- oder Grundfarbe kennt, und zwar dasjenige, welches eine leichte Neigung zu Rot bekundet.

Die Kranzblumen der Griechen.

Die Ausscheidung des Gelb aus den Grundfarben leitet Plinius mittelbar aus Bräuchen der ältesten Zeit ab, was von ihm Vermutung ist: jedenfalls ergiebt eben das Gelb des Brautschleiers, dafs in jener Zeit die Farbe besonders hoch geschätzt wurde: sie ist es aber auch viel später noch gewesen, denn Theophrast führt unter seinen Kranzblumen verschiedene auf, welche gelb blühen. Da wir den Kranzblumen im eigentlichen Sinne auch Gesträuch und Gräser um der Blütenfarbe willen gesellt finden, so geben wir dieselben nach Kap. 6 und 8 von Buch 6 bei Theophrast, »die Geschichte der Pflanzen«.

Da haben wir denn der Rotgruppe die Rose zuzuschreiben und die Lichtnelke λυχνίς; hellrot oder rötlich mit der Neigung zu Weifs, haben wir bei dem ἀμάρακος, origanum, dem Majoran und dem στρούθιον, der saponaria (savon Seife, Seifenkraut).

Der Purpurgruppe gehört διοσάνθος an, Jovis flos, agrostemma, ἕρπυλος serpyllum, der Quendel, ξίφιον gladiolus, Siegwurz, ebenso die Lilie κρίνον — nach der Aussage einiger, bemerkt Theophrast, sind einige Lilien auch purpurfarbig, πορφυρᾶ.

Blau mit der Neigung zu Rot blüht das schwarze Veilchen — in der tiefsten Abstufung der Blaufarbe, wie ich das später noch ausführlich beweisen werde, — die Iris ἴρις; die Schwertlilie oder der Gartenrittersporn, ὑάκινθος, die Blume πόθος; — nach Leunis-Frank Silene Sibthorpiana Rchb., Theophrast giebt an, dafs ihre Blüte derjenigen der Hyacinthe gleiche, — die Minze μίνθα, endlich geht in das Lila ein.

Weifs blüht das weifse Veilchen, ἴον λευκόν und λευκόιον leucojum, das grofse Schneeglöckchen, die Frühlingsknotenblume, die Lilie λείριον, die Art πόθος, welche auf Gräbern gepflanzt wird, οἰνάνθη Oenanthe, Pferdesaat und βολβός allium cepa, Zwiebel, von der Theophrast sagt, dafs einige den Blütenkopf mit in die Kränze flechten — ἐμπλέκουσι γὰρ ἔνιοι καὶ τοῦτο εἰς τοὺς στεφάνους — von den Anemonen wohl diejenige, welche Theophrast Berganemone nennt — ἀνεμώνης γένος τὸ καλούμενον ὄρειον.

Der Goldgelb-, also Rötlichgelb- und gelben Gruppe gehört φλόγιον an, cheiranthus, der Goldlack, νάρκισσος, narcissus, ἐλειόχρυσος oder ἐλίχρυσος Goldranke (Schol.), κρόκος der Krokos, ὀξυάκανθος, berberis, die Berberize, ἐλένιον helenium, Alant — nach Leunis-Frank Quendel, also der Purpurgruppe angehörig, σισύμβριον sisymbrium, der Rautensenf. Κρίνον, die Lilie sendet ihre Kinder auch in diese Gruppe, aber auch in die weifsrote und in die Purpurgruppe.

Die Blüte von ἡμεροκαλλές — nach Leunis-Frank die Taglilie, mit gelber, rotgelber oder weifser Blüte, je nach der Art —, ἴφυον — nach dem Schol. λάχανόν τι ἄγριον —, und σμίλαξ (μίλαξ) — Taxus,

Eibenbaum, aber auch die italienische Stechwinde — genauer der Blütenfarbe nach zu bestimmen, erlassen wir uns: das Gesamtergebnis würden dieselben, nebst vielleicht noch zwei bis drei anderen Pflanzen, die etwa noch sich hinzufügen liefsen, nicht ändern: das aber ist, dafs die Gelbgruppe die reichste Anzahl von Vertretern aufweist; aber auch die Blaugruppe, Blau an sich und Hellblau mit Rotzusatz wie Violett werden unter den Kranzblumen reichlich gefunden.

Das griechische Blumenlied.

Auch die Dichter, und als solche die Vertreter des guten Geschmackes, wo sie nicht auf Irrwegen wandeln, besingen die Blumen und ihre Farben: so lautet das bekannte Blumenlied bei Athenäus ποῦ μοι τὰ ῥόδα, ποῦ μοι τὰ ἴα, ποῦ μοι τὰ καλὰ σέλινα — das aber giebt die Blumenfarben Rot, Blau — wir lassen hier die Abstufung des Blau einstweilen noch ununtersucht — und Weifs, denn die Blütenkrone der Silge ist weifs — wenigstens die Art, an welche wir bei dem Gedicht zu denken haben. Denn dafs in der That von der Silge oder dem Eppich (apium) — aber nicht der Eppich aus dem Geschlecht der Araliaceen — nicht nur das Grün des Blattes bei seiner krausen Form Beachtung gefunden, beweist uns die Thatsache, dafs die Alten auch von dem weifsen, purpurfarbigen und verschiedenfarbigen Stengel des apium und selinum reden, aber auch von dem aromatischen Duft, um dessenwillen man die Pflanze der Ambrosia zur Seite stellt.

Hervorgehoben wird die Blüte in Anth. Pal. 4. 1. 32:

ἐν δὲ καὶ ἐκ λιμῶνος ἀμωμήτοιο σέλινα
βαιὰ διαχνίζων ἄνθεα παρθενίδος,

und der Gegenüberstellung von Rosenkelch und schönduftender Silge bei Theocr. 3. 23:

ἀμπλέξας καλύκεσσι καὶ εὐόδμοισι σελίνοις

lässt uns die Vermutung als eine berechtigte aussprechen, dafs auch dieser Dichter der Blüte der Silge besondere Beachtung geschenkt hat. Und wenn der Silgenkranz des isthmischen oder nemeischen Siegers die Wandlung mitgemacht hat, von der uns Plinius berichtet, wenn er erzählt, dafs mit der hundertsten Olympiade der grüne Kranz aus Zweigen — und demnach doch wohl auch aus Stengeln — durch einen Blütenkranz ersetzt sei, so mufs es eine Zeit gegeben haben, wo auch die Blüte der Silge den Sieger bei den heiligen Spielen und Wettkämpfen geschmückt hat.

Was nun den Menschen derjenigen Zeiten, in welche wir bis jetzt hinaufgestiegen sind, angenehm und wohlgefällig erschienen sein mag, braucht es allerdings nicht auch in den frühesten Zeiten des hellenischen Volkes gewesen zu sein.

Um ein Urteil zu gewinnen, was den Menschen jener früheren und frühesten Zeit in der Blumenwelt als schön und anmutig in Bezug auf die Farbe der Blütenkrone erschienen ist, wenden wir uns ihren alten und ältesten Gesängen zu.

Die Blumen des Hymnus auf die Demeter und der Kyprien.

Von dem Hymnus auf die Demeter glaubt Welcker annehmen zu dürfen, dafs dessen Abfassung in die Mitte des siebenten Jahrhunderts zu versetzen ist. In demselben wird uns von der Proserpina gesagt, dafs sie auf der Wiese Blüten pflückt, Rosen Krokos, die schönen Violen, Agalliden »ἀγαλλίς eine Irisart, vielleicht Schwertlilie« — Viktor Hehn verschweigt dieselbe und Leunis-Frank kümmern sich nicht darum — Hyakinthos und Narkissos.[135])

Vers 426 desselben Hymnus werden dann noch von der Rose und der Lilie die Kelche besungen.

Viktor Hehn sagt nun hierzu: »Die Blumen, also Rose u. s. w., erscheinen noch immer« — also um die Mitte des siebenten Jahrhunderts, »in fremdartigem Phantasiescheine: Proserpina spielt auf der Wiese mit ihren Gefährtinnen und pflückt Rosen« u. s. w. — »die Rose also als Blume einer idealen Wiese, nicht vom Strauch gebrochen, und nicht mit Dornen bewehrt.«

Sollen wir nun wirklich glauben, der Dichter des Hymnus habe nicht gewufst, dafs die Rose auf einem Strauch wächst und Dornen hat? Viktor Hehn will uns das einreden, obschon er diese Kenntnis dem Archilochus, welcher ein Menschenalter früher gelebt habe, deshalb geben will, weil derselbe einen weiteren Gesichtskreis gehabt als der alte Tempelsänger. Aber abgesehen davon, dafs der Dichter des Hymnus, wenn er in einem Götterliede auch die Gebilde der Erde in einem idealen Lichte erblickt und besingt, dann nur sein gutes Recht ausübt — wer mag den Griechen wohl noch in der Mitte des siebenten Jahrhunderts die eingehende Kenntnis von der Rose und ihren Eigenschaften absprechen wollen, wenn er die Blumen des Hymnus in wesentlich früherer Zeit schon besungen weifs? Und doch würde Viktor Hehn, wenn er die Schriftsteller gelesen und nicht nur nach Wörterbüchern gearbeitet hätte, schon die Blüte der Rose in den Kyprien gerühmt finden, wie diejenige des Krokos der Lilie, des Hyakinthos und Narkissos, wie der Veilchen. (Vgl. Cypria Fragm. 3, v. 1—6.)[156])

Giebt man nun die Kyprien dem Stasinos von Kypros, welchen man um 776 setzt, so ergiebt sich, dafs die Rosenblüte bereits etwa 125 Jahre vor dem Hymnus von einem hellenischen Dichter besungen ist: mithin hatte, wenn wir nicht einmal annehmen wollen, dafs Inhalt und Stoff in eine frühere Zeit hinaufreichen, als der Dichter der Kyprien mit seinem Geburtsscheine erweist — wie denn Viktor Hehn an der Hand der Thebäis, wo er die Behauptung gut verwerten zu können glaubt, in die vorhomerische Kultur vorgedrungen zu sein vorgiebt — der Dichter des Hymnus auf die Demeter hinlänglich Zeit, sich an wirklichen Rosendornen die Finger zu ritzen, sich von den Eigenschaften des Strauches zu überzeugen und nach dem Standort der Rose umzusehen — aber wir haben nicht das Recht, wenn er nicht alle seine Erfahrungen und Beobachtungen in dieser Hinsicht in seiner Dichtung aufzählt, ihn deshalb der Unkenntnis der Rose zu zeihen.

Und nun gehen wir auf die Blütenfarbe der Blumen ein, welche wir in dem Hymnus auf die Demeter finden, ebenso wie in den Kyprien. Da gelangen wir denn zu Rot bei der Rose, sodann zu Blau bei dem oder der ὑάκινθος, wenn diese Pflanze der Gartenrittersporn ist, delphinium Aiacis; zu Blau mit der Neigung zu Rot, — wenn wir nicht bei dem Tiefblau von viola suavis bleiben wollen — also zu Violett bei den Violen ἴα, der ἀγάλλις, einer Iridacee — ebenso bei ὑάκινθος, wenn diese Pflanze unsere Schwertlilie ist, iris germanica, nach Leunis-Frank haben wir sie als Hyacinthus orientalis zu bestimmen — zu Gelb bei dem Krokus, dessen Blütenfarbe Sophocles und Euripides Goldfarbe nennen, und der Narzisse — zu Weifs endlich bei der Lilie, denn λείριον ist die weifse Lilie, κρίνον bezeichnet das ganze Geschlecht der Lilien.

Somit haben wir in einer Zeit, welche sich wie in den Kyprien mit derjenigen der Odyssee fast deckt — nichts hindert uns sogar anzunehmen, dafs in den Kyprien Einzelheiten der Kulturwelt sich finden, welche sich denjenigen der homerischen Welt gleichsetzen oder an Altertümlichkeit über sie hinausgehen — Beweise der Kenntnis und des Preises von den Blumenfarben Rot, Blau — und zwar in seinen verschiedensten Abstufungen von Hellblau bis in das dunkle Blau und Violett hinein, Hellgelb und Gelb mit der Neigung zu dem Rötlichen, sowie Weifs. Mit besonderer Vorliebe mufs aber der Hellene jener Zeit dem Blau in seinen verschiedenen Abstufungen zugethan gewesen sein, und dem Violett, denn dieser Farbengruppe gehören Hyakinthos und Agallis an, Iris und Viole oder Veilchen.

Die Blumenblüte bei Homer.

Und nun wenden wir uns der Blütenfarbe bei Homer zu. Zwar haben wir als vernunftgemäſs vorauszusetzen, daſs die Sänger der homerischen Dichtungen und die Menschen jener Zeit, wenn sie eine Pflanze erwähnen, an derselben auch Stamm, Blatt und Blüte zu unterscheiden vermocht haben, für diejenigen Augendarwinisten, welche ihren Ansichten zuliebe auch das nicht zugeben werden, sei für die Blüte der Beweis erbracht.

Wir finden bei Homer das Wort ἄνθος, die Homerwörterbücher übersetzen Blume, Blüte: an sich wäre also damit die Entscheidung noch nicht gegeben, was Homer darunter versteht, wenn wir das Wort bei ihm lesen.

Um die Bedeutung eines Wortes zu bestimmen, pflegen wir jetzt gern auf die Ergebnisse der neueren Sprachforschung zurückzugehen: die Philologie thut dies häufig zu ihrem Schaden, denn sie bedenkt nicht, daſs sich weitgehende Erwägung und — wo Geist vorhanden — vielleicht geistvolle Willkür zu Ergebnissen die Hand reichen, welche dadurch erreicht werden, daſs der neuere Sprachforscher zur Annahme einer vorausgesetzten Wurzel schreitet, derselben eine selbstgeschaffene Bedeutung beilegt — um aus dieser doppelten Annahme heraus dem Wort der geschichtlichen Zeit seine Bedeutung vorzuschreiben.

So leitet Goebel das Wort ἄνθος von ἄν hauchen, blasen ab, und dem Suffix θεν, E. Curtius stellt dazu das Wort des skt. andhas Kraut, Grün, Saft, Speise — was auch Seiler-Capelle bieten — und demnach finden wir denn nun auch das Wort ἄνθος bei Homer erklärt. Haben wir nämlich bisher geglaubt, der Kyklop rede zu seinem Widder von den blühenden Wiesenblumen, welche er sich soll gut schmecken lassen — Od. 9. 449:

ἀλλὰ πολὺ πρῶτον νέμεαι τέρεν' ἄνθεα ποίης —

so erfahren wir nun, daſs sich der Widder die »Sprossen« und »Schöſslinge« auf der Weide aufzusuchen hat: hoffentlich werden wir bald lesen, daſs er auch den Windhauchen seine Aufmerksamkeit wird zuzuwenden haben. Daſs freilich »Schöſslinge« und »Sprossen« eigentlich nur der Saat des Feldes und den Bäumen in Garten und Wald gegeben werden, beachten jene Forscher nicht, sie sind beglückt, wenn sie nur die blühenden Blumen der Matte und Berghalde, auf denen der Widder des Kyklopen seine Nahrung sucht, ihrer Herleitungskunst zuliebe aus dem Homer beseitigt haben. Sodann finden wir das Wort Od. 6, 231, wo die Haare des Odysseus ὑακινθίνῳ ἄνθει ὁμοίας genannt werden. Ameis-Hentze übersetzen hier »Hyacinthenblume«, aber damit wir nur ja nicht an die Farbe der Blüte zu denken uns erlauben, setzen sie hinzu, dafs die Vergleichung der Blume »nicht um ihrer Farbe, sondern um ihrer Form willen geschieht«. Dafs diese Erklärung ganz falsch ist, werde ich an jener Stelle beweisen, wo ich das Wort ὑακίνθινος als Farbenbezeichnung zu behandeln habe. Jedenfalls sind wir nun doch aber schon von der Bedeutung »Schöfsling« und »Sprofs« auf diejenige von Blume gekommen.

Il. II 89 wird von den Bienen gesagt, dafs sie auf die Blüten von Frühlingsblumen ausschwärmen:

βότρυδὸν δὲ πέτονται ἐπ’ ἄνθεσιν εἰαρινοῖσιν.

Hier übersetzt auch La Roche »auf die Blüten zu«. Wenn wir nun nicht annehmen wollen, die Bienen hätten in der homerischen Zeit noch nicht den Bildungsgrad unserer jetzigen Bienen erreicht gehabt und zu jener Zeit statt Blumensaft aus den Blütenkelchen zu saugen, noch Grünkraut eingesammelt — oder sie wären zur homerischen Zeit noch so leichtsinnig gewesen — Darwin weist ja nach, dafs erst durch Not und Erfahrung die Biene zur erfolgreichen Raumausnutzung in ihrem Zellenleben gelangt ist — lieber auf Frühlingswindhauchen Lustreisen zu machen, als fleifsig zu arbeiten, so werden wir an dieser Stelle in der That ἄνθος mit Blüte zu übersetzen haben — und das werden wir auch an den beiden übrigen behandelten Stellen thun. Worauf uns aber der Vergleich des Dichters hinweist, was der Widder auf der Matte des Berges aufsucht und die Biene auf der blütengeschmückten Frühlingswiese, die Kenntnis des Blütenkelches der Blume also in all seiner Farbenpracht, die wollen wir nun auch getrost dem Menschen der homerischen Zeit geben.

Das Grün bei Homer.

Bevor wir nun im einzelnen auf die Blütenfarbe der von Homer erwähnten Blumen eingehen, haben wir noch die Grünfrage zu erledigen, also unseren Augendarwinisten gegenüber den Beweis zu liefern, dafs der homerische Mensch auch das Grün zu sehen, d. h. zu unterscheiden vermocht hat — denn auch diese Fähigkeit wird dem homerischen Menschen abgesprochen — und zwar nach den Anführungen des Dichters aus der Pflanzenwelt.

Wir begeben uns mit Hermes, dem Boten der Götter, auf die Insel Ogygia, wo Kalypso, die Tochter des Atlas, den Vieldulder Odysseus fern der Heimat an sich zu fesseln sucht. Die Höhle der Inselgöttin umrankt der veredelte Weinstock, rings um die Höhle ist ein Wald aufgesprofst, dessen Bäume Erle und Schwarzpappel sind nebst wohlgeruchduftender Cypresse.[137])

Wollen wir nun nicht annehmen, dafs der Sänger hier die verschiedenen Baumarten allein um ihrer Form willen aufführt — und das würde ja der Augendarwinist behaupten müssen, wenn er bei seiner Ansicht bleiben will, die Griechen hätten erst zur Zeit des Aristoteles auch Grün und Blau zu unterscheiden vermocht — aber ich will doch gleich hier darauf hinweisen, dafs die besondere Beachtung der Form des Baumes und eine künstliche Gestaltung eben dieser Form zu bestimmten landschaftlichen Zwecken erst der Unnatur der römischen Kaiserzeit und derjenigen Ludwigs des Vierzehnten von Frankreich angehört — sowie endlich, dafs Erle und Schwarzpappel meines Wissens um ihrer Form willen von keinem Dichter je gepriesen sind — so ist nur der Schlufs vernunftgemäfs und damit geboten, dafs der Dichter diese Bäume angeführt, um, wie auch die Homererklärer sagen, in uns »die angenehmste Mischung des verschiedenen Grün« in der Vorstellung hervorzurufen. Ja, Böttiger weifs sogar, dafs die Bäume des Waldes bei Homer nach den verschiedenen Grünabstufungen aufgeführt sind, denn nach ihm bilden die »hellgrüne Erle« und die »dunkler belaubte Pappel« den Vordergrund, wonach dann die Cypresse im Gewande der »ernsten Düsterheit ihrer Blätter« den wohlabgestuften Hintergrund des farbigen Landschaftsbildes zu bieten hat.

Somit ist, denke ich, nicht wohl ein Zweifel daran erlaubt, dafs der Dichter des fünften Gesanges der Odyssee — nach der Odyssee-Ausgabe von Kirchhoff ist die soeben behandelte Stelle ein Teil des alten Nostos, folglich der ältesten Dichtung — das Grün an Baum und Blume sehr wohl gesehen, unterschieden und, wo es ihm erwünscht erscheint, auch zu dichterischem Zweck seine verschiedenen Abstufungen nach zu verwenden verstanden hat.

Die Beachtung und dichterische Verwertung des verschiedenen Grüns an Baum und Blume würde sogar eine erstaunlich fein ausgebildete sein, wenn die Homererklärer Ameis-Hentze einem anderen Verse desselben Gesanges und derselben Landschaft die richtige Deutung gegeben. Der Vers lautet — 5. 72:

ἀμφὶ δὲ λειμῶνες μαλακοὶ ἴου ἠδὲ σελίνου
θήλεον —

rings sprofsten — oder blühten, wie wir nach Autenrieth zu übersetzen haben — auf den Wiesen die weichen Violen — oder Veilchen — und Silge.

Die Silge, Selinum, als Gattung und Art.

Bei Ameis-Hentze lesen wir zur Erklärung der angeführten Stelle: »σέλινον Eppich, ἐλιόθρεπτον B. 776, das in die Höhe schiefsende Doldengewächs, dessen Blätter dem Riesenfenchel gleichen, die Milchpetersilie, hier als Gegensatz zur Viole ἴον, um die stärkere und schwächere Bewässerung und das verschiedene Grün der Wiesen durch zwei konkrete Beispiele zu versinnlichen.«

Wenn diese Erklärung nicht ungewöhnlich falsch wäre, so hätten wir nun sechs verschiedene Abstufungen von Grün in der Landschaft, und zwar vom Dichter gesehen und durch konkrete Beispiele versinnlicht, nämlich das Grün der Erle, der Pappel und der Cypresse: sodann dasjenige der Wiese — und hier ist an Gras zu denken, denn nicht Silge und Viole bilden den grünen Teppich der Wiese — der Silge und der Viole.

Eine verkehrtere Auslegung der Absichten des Dichters, das Grün der Wiese durch die Farbenreize der blühenden Blumen zu heben und die Farbeneindrücke in einem wohlgefälligen Bilde hervortreten zu lassen, ist nicht wohl denkbar.

Eine wenn auch verkehrte, so doch immerhin der Wahrheit näher kommende Erklärung dieser Stelle finden wir bei Viktor Hehn. Wir lesen bei ihm S. 221, 2 seines bekannten Werkes: »Auch die Viole stammt als Gartenblume und in ihren veredelten Formen aus Kleinasien; Homer erwähnt sie in vergleichenden Adjektiven wie ἰοδνεφής, ἰοειδής, ἴοτις — die auf die schwarze Farbe, nicht auf den Duft gehen«: — dafs die Beiworte nicht auf die schwarze, sondern auf die schwarzblaue, also tiefblaue oder dunkelviolette, also tiefviolette Farbe gehen, wird von mir an jener Stelle erwiesen werden, wo ich die berührten Worte als Farbenbezeichnungen zu behandeln habe — »einmal auch in der Odyssee bei Beschreibung der wunderbaren, selbst die Götter zum Staunen bewegenden Natur um die Höhle der Kalypso: dort wächst sie auf weicher Wiese neben dem Eppich (»eine üble Standortgesellschaft« Fraas Synops 114); ἴον bedeutet eben noch jede oder irgend eine dunkelblühende Blume, duftend oder nicht.«

Zunächst wollen wir nun die Thatsache feststellen, dafs »Eppich« und »dunkelblühende Blume« von Hehn als Blumen und nicht mit Ameis-Hentze als Vertreter des Wiesengrüns erkannt sind.

Und nun gehen wir an die Bestimmung der Silge und Viole.

Giebt Viktor Hehn nach Fraas der Silge einen verächtlichen Seitenhieb, ohne sich um nähere Bestimmung der Pflanze zu kümmern, so erfahren wir von Ameis-Hentze, dafs dieselbe die »Milchpetersilie« ist. Da die Herren den botanischen Namen der Pflanze nicht angeben, auch in Mühlhausen, der Arbeitsstätte von Ameis, erfuhr ich denselben nicht, da weder die Herren, welche ihn für diese meine Arbeit feststellen wollten, noch ich denselben in den verschiedenen Werken, welche wir deshalb durchsahen, zu finden vermochten, so fragten wir Gärtner und andere Leute aus dem Volke darnach, was sie unter Milchpetersilie verständen.

Da wurde uns denn gesagt, von der Petersilie, petroselinum sativum, gebe es eine gröbere Art, die so heifse: die Gärtner bauten dieselbe, die Pflanze würde gesteckt, sie würde nicht gegessen, sondern zu medizinischen Zwecken verwendet.

Hier widerspricht Zucht und Standort ebenso der Annahme, dafs dies die Milchpetersilie von Ameis-Hentze ist, wie die Worte des Scholiasten zur Odyssee, welche uns an Petersilie zu denken verbieten.

Als Milchpetersilie wurde uns auch der Wasserschierling, cicuta virosa, bezeichnet. Hier würde der Standort die Benennung zulassen, da Ameis-Hentze doch wohl meinen, ihre Milchpetersilie habe am Rand der Quellflüsse gestanden, wenn sie sagen, die Silge diene dazu, die stärkere oder schwächere Bewässerung der Wiese anzuzeigen. Aber abgesehen von anderen Bedenken ist auch diese Annahme unmöglich, da nach Ameis-Hentze ihre Milchpetersilie im zweiten Gesange den Rossen als Futter vorgeworfen wird: das ist bei dem Giftschierling unmöglich.

Sodann wurde uns als Milchpetersilie die kümmelblättrige Silge, selinum carvifolia, und der Sumpf-Öl-Fennich, thysselinum palustre, bezeichnet. Hier würde der Standort nur bei Selinum carvifolia zutreffen können, nicht aber bei thysselinum palustre. Würde aber eine dieser Pflanzen die von Ameis-Hentze bezeichnete sein sollen, so wäre ihre Angabe, dafs die Silge im 5. Buch der Odyssee zur Hervorhebung des verschiedenen Grüns der Wiese gesetzt ist, durchaus unzutreffend — denn an diesen Pflanzen ist nicht das Grün das auffallende Kennzeichen, sondern die weifsliche Stachelspitze, welche die Blättchen haben.

Endlich sei noch bemerkt, dafs als Milchpetersilie uns auch das Schellkraut, zu den Fumariaceen gehörig, bezeichnet ist, der Lattich aus der Familie der Kompositen — wie aus dieser Familie das

taraxacum: unsere Droschkenkutscher gaben überwiegend die Wolfs-
milch aus der Familie der Euphorbiaceen als Milchpetersilie an, nur
dafs sie dieselbe ihren Pferden nicht in das Futter mischen, zu arzneilichen oder sonstigen Zwecken, sondern ihre Warzen damit vertreiben und bei Krankheiten der Hufe ihrer Pferde verwenden. Aus
dem botanischen Garten hierselbst erhielt ich Anthriscus Kerbel, als
Milchpetersilie gesandt.

Statt der wegwerfenden Bemerkung von Hehn oder der kindlichen Art der Bestimmung von Ameis-Hentze noch ein weiteres
Wort zu widmen, sehen wir uns nun nach den Kennzeichen um,
welche der bei Homer Il. II 776 und Odyssee 5. 72 erwähnten
Silge gegeben wird.

Die Silge Il. II 776 wird den Rossen zu dem Kleefutter gegeben,
sie wird als sumpfgenährt bezeichnet.

Der Scholiast zu Odyssee 5. 72 giebt uns auch den Grund an,
weshalb die Silge den Rossen dem Futter beigegeben wird, denn
er sagt:[138]) die Silge wird den Rossen zur Lösung der Harnverhaltung gegeben, welche sich nach zu grofser Anstrengung oder zu
langer Ruhe einzustellen pflegt — und mittelbar deutet der Scholiast zu Il. 2. 776 darauf hin, an welche Silge wir nicht zu denken
haben, wenn er die Steinsilge aus dem Futter der Rosse des Achilleus
verweist.[139])

Somit, da uns der Scholiast an Petersilie zu denken verbietet
— Name und Standort lassen ja überdies die Vermutung nicht als
berechtigt erscheinen, dafs hier an die Steinsilge zu denken ist, —
so würden wir zwar den Namen sumpfgenährte Silge am sichersten in
thysselinum palustre wiederfinden, aber der Sumpf-Öl-Fennich würde
eben den arzneilichen Zwecken weniger gut entsprechen, welche wir
von der Pflanze fordern, wogegen Plinius der Rofssilge, hipposelinum
sive olus atrum, Wirkung auf das Harnen beilegt: es ist dies hipposelinum sive Smyrnium olus atrum, nach Leunis-Frank die gemeine
Macerone oder gemeines Myrrhenkraut — wegen des myrrhenähn-
lichen Geschmackes; ihr Standort ist nun aber die Moorwiese und
nicht der Sumpf im eigentlichen Sinne. Endlich sei noch darauf
hingewiesen, dafs auch der Sellerie, apium graveolens, von Plinius
als ein Mittel gegen Harnverhaltung angegeben wird, und dafs auch
unsere Fuhrleute bei Hengsten in gleichem Falle Sellerie anwenden,
während sie bei Stuten nur Petersilie verwenden: die Rosse des
Achilles, denen die Silge dem Futter beigegeben wird, sind aber
Hengste. Da der Sellerie am Meeresufer wächst, so würde sein

Standort vielleicht bessere Einstimmung zur Ilias geben, als der Rofseppich. Und nun haben wir die Silge der Odyssee zu bestimmen. In der Odyssee dient dieselbe weder arzneilichen Zwecken als Beigabe zum Pferdefutter, noch zur Abstufung des Grüns der Wiese, sondern als Genosse des *íon*, des Veilchens oder der Viole dazu, die farbige Pracht desjenigen Teiles der Landschaft hervorzuheben, welchen die Wiese bildet.

Theophrast erwähnt zwei Hauptarten der Silge, von der wilden die Rofs-, Sumpf- und Bergsilge.[140]) Von diesen drei wilden Silgen würden wir nur an die Rofssilge denken können, wenn wir gezwungen wären, in der Ilias und Odyssee an einer und derselben Pflanze festzuhalten. Aber die Silge der Odyssee dient, wie bemerkt, allein dichterischen Zwecken, sie gehört nicht einer Landschaft der vollen Wirklichkeit, sondern der Inselgöttin an, diese Landschaft ist mit allen Reizen der Natur ausgestattet, sicher unter der Einwirkung eben der göttlichen Inselherrin — und deshalb haben wir die Bestimmung der Pflanzen hier nicht auf eine arzneiwissenschaftliche oder naturgeschichtliche Bemerkung zu stützen, sondern nach dichterischer Anschauung zu geben. Nun wird aber von den hellenischen Dichtern die Schönheit der zierlichen Silgenblüte gepriesen wie der Wohlgeruch der Silge als Kranzblume: demnach haben wir nach dichterischem Sprachgebrauch das selinum als Umbellifere oder Doldengewächs im allgemeinen zu bestimmen: so wird uns denn die Silge der Odyssee als Genossin der Viole der Gersch oder Giersch sein, das aegopodium mit seiner weifsen oder rötlichen Blumenkrone, oder der wohlriechende Fenchel foeniculum capillaceum oder anethum graveolens, der Dill mit seiner gelben Blumenkrone, oder — bemerkt sei, dafs Theophrast aus unserer Familie der Doldengewächse die Oenanthe als Kranzblume aufführt — die Umbellifere mit weifser Blumenkrone —, die Oenanthe, phellandrium aquaticum, der Rofsfenchel; derselbe gilt aber nicht nur für ein gutes Pferdefutter, sondern wächst auch auf Moorwiesen, im und am Wasser.

Die Genossin der schönblühenden Silge auf der Wiese der Inselgöttin der Kalypso ist *íon*, die Viole — oder das Veilchen.

Zunächst sei darauf hingewiesen, dafs Viktor Hehn sich mit seinen Angaben über diese Pflanze in vollem Widerspruch mit sich selbst befindet. Erst ist das *íon* die Viole, die als Gartenblume in ihren veredelten Formen aus Kleinasien stammt: dann wird sie uns auf der Wiese vorgeführt — eine veredelte Gartenblume ist aber keine

Wiesenblume. — Die Eigenschaftsworte, welche der Blume entnommen sind, sollen auf die schwarze Farbe hinweisen, der Blume selbst wird aber nur ein dunkles Aussehen beigelegt: schliefslich versichert uns Hehn, dafs eben das ἴον noch jede beliebige Blume bezeichnet, wenn sie nur dunkel blüht: die Silge erhält ohne Feststellung nach Klasse und Ordnung, Familie und Art — ihren Seitenhieb, das ἴον kann jedes Exemplar einer jeden beliebigen Familie, Ordnung und Klasse bezeichnen, wenn sie nur die von Hehn bewilligte dunkle Blütenfarbe hat.

Dergleichen Behauptungen verdienen nicht mehr den Namen ernster Forschung.

Viola odorata und Viola tricolor.

Und nun versuchen wir die Blume ἴον näher zu bestimmen. Von den Homerwörterbüchern giebt dasjenige von Ebeling ἴον, viola, Veilchen, Autenrieth schreibt violae, collect., Seiler-Capelle haben Veilchen, Viole und versichern uns, dafs Theophrast hist. Plant. 6, 6 dieselben als weifse, purpurne und schwarze bezeichne. Was Seiler-Capelle hier bei Theophrast gelesen haben, ist mir gänzlich unklar — oder haben sie einfach Falsches oder falsch abgeschrieben? — Theophrast hat Buch 6, Kap. 6 allerdings den Ausdruck πορφυρᾶ, setzt ihn aber zu χρίνα, also Lilien: so hat die Stelle auch Athenäus verstanden und Plinius gelesen — was, wie es scheint, unsere beiden Gelehrten nicht kümmert.

Im übrigen unterscheidet Theophrast im sechsten Kapitel des sechsten Buches drei Arten von Violen, und zwar das ἴον, das wohlriechende — mithin viola odorata — das schwarze Veilchen μέλαν ἴον und das weifse λευχόν. Von dem schwarzen Veilchen erfahren wir, dafs dasselbe breitblättrig ist, die Blätter auf der Erde hat, welche fleischig sind, auch viel Wurzelwerk aufweist.[140])

Im achten Kapitel des sechsten Buches begegnen uns — und zwar der Blütezeit nach angeführt, als erste Frühlingsblume das λευχόιον — also Leucojum, grofses Schneeglöckchen, Frühlingsknotenblume — wie auch Athenäus versteht, während Plinius hier viola alba übersetzt — das ἴον, also viola odorata, und mit ihm gleichzeitig oder etwas später τὸ φλόγιον χαλούμενον, τὸ ἄγριον als viola silvestris gedeutet, aber schon von Plinius flammeum, quod phlox vocatur übersetzt — auch die ältesten Ausgaben des Athenäus haben hier φλόγα — das wäre Cheiranthus Chiri, nach Leunis-Frank aber eine der Silenaceen — dann folgt das μέλαν ἴον, das schwarze

Veilchen als Blütengenofs der Oenanthe, der Pferdesaat — nach
Narzisse und weifser Lilie, und darauf wird von dem weifsen
Veilchen als dauerndem gesprochen.

Dann sagt uns Theophrast noch, dafs das Leben des weifsen
Veilchengewächses drei Jahre währt,[141]) und dafs das weifse Veilchen
seine Farbe ändert.[142])

Doch ich mufs mir versagen, die Ansichten über grofses
Schneeglöckchen und weifses Veilchen, λευκόιον und λευκὸν ἴον,
sowie über φλόγιον als viola, als Cheiranthus oder Silenacee hier
eingehend bis zum Abschlufs zu behandeln, da diese Fragen nicht
eigentliche Wichtigkeit für mein Werk haben. Dagegen bleibt uns
das ἴον μέλαν zu behandeln übrig.

Was nun die Bezeichnung einer Blume als schwarz betrifft, so
ist dieselbe selbstverständlich als ebenso uneigentlich zu betrachten,
wie wenn wir in entsprechender Weise vom Schwarzwald sprechen,
von der Schwarzpappel oder der schwarzen Rose, um die verhältnismäfsig tiefe Abstufung des Grün oder Rot zu bezeichnen. Mit demselben Rechte, wie wir das von Grün und Rot als Blatt- und Blütenfarbe thun, kann das aber auch Theophrast von Violett gesagt haben,
was nicht nur die viola odorata, sondern als Hauptfarbe auch die viola
tricolor aufweist. Da nun Theophrast die Blütezeit von dem ἴον
— er setzt dieselbe unmittelbar nach derjenigen des Leucojum, des
grofsen Schneeglöckchens, was durchaus richtig ist, — genau bestimmt,
ebenso aber auch von dem μέλαν ἴον — er läfst dasselbe nach
weifser Lilie und Narzisse zugleich mit der Oenanthe, der Pferdesaat,
blühen — so haben wir — da viola tricolor vom Mai bis Oktober
blüht, die Oenanthe im Juni und Juli — die erwünschte Gewifsheit,
dafs das ἴον μέλαν des Theophrast unser dunkelviolettes Stiefmütterchen ist, sein ἴον aber unsere viola odorata.

Wie nun aber eine Farbe nach der dunkleren Abstufung hin
zu einer uneigentlichen Bezeichnung Anlafs geben kann, so ist dies
natürlich auch nach der lichteren hin der Fall. Von diesem Gesichtspunkte aus wird uns nun auch die Bezeichnung purpurfarbig berechtigt erscheinen, welche Plinius den violetten Violen beilegt, denn das
Purpur hat die Eigenschaften der Farben Rot und Blau zur Voraus-
setzung; die Mischung dieser Farben giebt aber Violett. Da Plinius
aber eben jede violette Viole eine viola purpurea ist, so gelangt er nicht
recht dahin, viola tricolor und viola odorata zu scheiden. So trennt er
die Blütezeit von ion, also nach unseren Erörterungen zu Theophrast
der viola odorata, und viola purpurea nicht — denn er sagt postea

quae ion appellatur et purpurea (Hist. nat. 21. 64) — und wenn er die violette Zeugfarbe, ianthina vestis, von dem ἴον ableitet, welches unter den Purpur-, also violetten Violen allein den griechischen Namen führe, so bringt er wieder jede Bestimmung in das Schwanken, denn er sagt, dafs die also benannten violetten Veilchen auf sonnigem und magerem Standort gedeihen — das pafst zur viola tricolor — sodann aber auch, dafs sie ein breiteres Blatt und ein fleischiges hätten, welches ohne weiteres aus der Wurzel hervorspriefse — das würde auf viola odorata gehen.[143])

Doch wie dem nun auch sei, für unsere Untersuchung ist das Ergebnis zu verzeichnen, dafs Plinius die violette Kleiderfarbe mit der Purpur-, also violetten Veilchenfarbe gleichsetzt. Hält er von diesem Gesichtspunkte der Farbenbezeichnung viola tricolor und viola odorata nicht scharf auseinander, so geschieht dies doch von Theophrast. Wenn Theophrast die viola tricolor mit μέλαν schwarz bezeichnet, so haben wir dafür den Grund und die beziehungsweise Berechtigung der Benennung erwiesen: dafs Theophrast nur von einer dunklen Farbenabstufung des Violett nach griechischem Sprachgebrauch redet, beweist der Gegensatz, wenn Pindar Ol. 6. 55, 6 von den gelben (viola lutea des Plinius) und ganz purpurfarbenen Veilchen singt.[144])

Da nun die ἴα des Hymnus auf die Demeter und der Kyprien auf der Wiese wachsen und als Frühlingsblüten besungen werden, so zeigen uns Standort und Zeit der Blüte, dafs wir violae odoratae darunter zu verstehen haben, deren violette Blütenfarbe als von den Sängern nicht gesehen wir nur dann zu behaupten wagen werden, wenn uns unwiderlegliche Beweise dazu zwingen. Bis dies der Fall ist, werden wir Pindar und seine Farbenbezeichnung der Veilchen als Gegenbeweis dafür anführen, abgesehen davon, dafs wir den Menschen jener Zeit nicht die Wahrnehmung und Unterscheidung von blauen und violetten Blütenfarben bei den Iridaceen zusprechen können, um ihnen dieselbe bei den Violaceen zu versagen. Was aber von dem Sänger der Kyprien gilt, hat auch der Dichter des sechsten Gesanges der Odyssee zu fordern sein gutes Recht: auch er singt, nach dem Standort zu urteilen, von der viola odorata, und wenn er uns nicht mit den Einzelheiten der Farbenschilderung ihres Blütenkelches beglückt, so thut er das nicht, weil er voraussetzen darf, dafs jeder seiner Hörer bei dem Erwähnen des Veilchens sich auch dessen violette Farbe und süfsen Duft vorzustellen vermag.

Die blühenden Gewächse bei Homer.

Haben wir der Feststellung von Silge und Veilchen und ihrer Blütenfarbe einen weiteren Raum gewährt, als nötig gewesen wäre, wenn nicht die Erklärung der Alten in vieler Beziehung so verkehrte Wege eingeschlagen hätte, so können wir nun um so kürzer die Blütenfarbe der Pflanzen behandeln, welche uns bei Homer von Wichtigkeit zu sein scheinen. Würden alle von Homer erwähnten Pflanzen, Bäume, Blumen und Gräser auf ihre Blütenfarbe befragt werden, so würde diese blühende Pflanzenwelt allein schon die Möglichkeit gewähren, ein fein entwickeltes Farbenunterscheidungsvermögen des Menschen der homerischen Zeit zu erweisen. Aber um der Möglichkeit eines vielleicht entfernt berechtigten Vorwurfes zu entgehen, ich hätte darin zu viel geboten, daß ich auch von der Blütenfarbe von Pflanzen gesprochen, auf die selbst wir in Garten, Feld und Flur, auf der Wiese und im Walde unser Auge nicht zu richten gewohnt sind, beschränke ich mich auf die jedem Menschen in die Augen fallenden Blüten, deren Farbe er bemerken muß, wenn er nicht blind ist.

Beginne ich mit der Rotgruppe, so gilt uns als die bevorzugte Vertreterin derselben die Rose. Nun ist zwar richtig, daß bereits Gellius darüber nachgegrübelt hat, warum Homer die Rose nicht besingt, da er doch nicht nur verschiedene Eigenschaftsworte von derselben gebildet hat, sondern auch das Rosenöl kennt. Das bietet Viktor Hehn willkommenen Anlaß zu folgern, — wenigstens wenn seine Ausführungen Sinn haben sollen, — Homer habe die Rose nur vom Hörensagen gekannt. Da nun aber Rosenzweig und Rosenkelch von Archilochus und in den Kyprien besungen sind, da die Menschen einem Gegenstande die Eigenschaften zu entnehmen pflegen, nachdem sie sich von denselben überzeugt haben, so geben wir mit allem Rechte einer gesicherten Schlußfolgerung auch den Sängern der homerischen Dichtungen die Kenntnis von der Rose und ihrer roten Blütenfarbe.

Der Rotgruppe gehört ferner der Mohn an, μήκων Il. 8, 306.

Eine Übergangsgruppe von Rot zu Blau, Gelb und Weiß bilden die Granate ῥοιή im Garten des Alkinoos Od. 7, 115, denn ihre Blüte ist scharlachrot, sowie der Apfel malus, μηλέη Od. 7, 115 (und sonst), sowie der Brombeerstrauch βάτος, rubus fruticosus, den wir im Garten des Laertes finden Od. 24, 230.

Der Gruppe Blau, Blaurot oder Violett gehört der oder die Ὑάκινθος an, Il. 14. 348, sei es, daß wir sie als blaue Schwertlilie

fassen, als Gartenrittersporn, oder als Hyacinthus orientalis, und unser
Veilchen, viola odorata, Od. 5, 72. Der Gelbgruppe haben wir den Krokus einzuordnen, Il. 14, 348,
die Kornelkirsche κράνεια, Il. 16, 767, und den Lotos, Il. 2, 776,
sei es, dafs wir ihn als Lotus corniculatus zu bestimmen haben oder
als Trifolium melilotus. Vielleicht gehört auch die Silge hierher.
Dem Weifs gehört die Blüte der Birne an ὄγχνη, Od. 7, 115,
der Ölbaum ἐλαίη olea Europaea, Il. 17, 53, die Bohne κύαμος Il. 13,
589, von der uns Seiler-Capelle sagen, dafs wahrscheinlich die Sau-
oder Feldbohne in der Ilias gemeint sei, und die Lilie, von der wir
bei Homer das Beiwort λειριόεις haben, deren Blüte in den Kyprien
erwähnt wird, deren Kelch in dem Hymnus an die Demeter — und
die Silge σέλινον des zweiten Buches der Ilias. Die Erbse ἐρέβινθος,
Il. 13, 589, würde als orobus sich gleichfalls der Weifsgruppe ein-
fügen.

Doch wir sind am Schlufs dieser Untersuchung, welche uns
gezeigt hat, dafs Grundfarben den ästhetischen Geschmack bekunden,
nicht aber einen Schlufs auf das Sehvermögen des Auges oder dessen
Unvermögen gestatten: dafs auch die alte Welt ein Blau als Grundfarbe gehabt hat, und zwar dasjenige mit einer leichten Neigung zu
Rot: dafs die blauen und violetten Blütenkelche verschiedener Blumen
in den heiligen Gesängen der Griechen und in den Kyprien besungen
werden: dafs Homer das verschiedene Grün der Bäume des Waldes
zu bewufster dichterischer Wirkung zu verwenden weifs — mithin
recht deutlich gesehen und unterschieden hat — endlich aber, dafs
auch Homer, was zu beweisen eine irregehende Forschung uns
nötigte — die Blüte der Blumen kennt und von derselben singt —
und zwar auch von dem Blau und Violett der oder des Ὑάκινθος
und der Viola odorata, unseres süfsduftenden Veilchens.

Fünftes Kapitel.

Die Sprachforschung und die Farben.

Was Philosophie und Malerei nun den Augendarwinisten scheinbar
erschlossen, wovon beide uns aber das Gegenteil erwiesen haben, dafs
nämlich die Hellenen erst um die Zeit Alexanders des Grofsen die
Farben vollständig zu sehen vermocht hätten, während wir gefunden
haben, dafs die früheren Philosophen bereits von Grundfarben und

Mischfarben ersten und zweiten Ranges sprechen — wofür die
Maler mit ihren vier Grundfarben, aus verschiedenen Stoffen hergestellt, fälschlich von jenen Forschern angeführt werden — das
wollen in ihrer Weise die Sprachgelehrten aus der Herleitung der
Worte, welche zur Bezeichnung der Farben dienen, gleichfalls insofern bewiesen haben, als sie den Hellenen der früheren Zeit die
Kenntnis des Blau absprechen, welches Lazarus Geiger aus Grün
hervorgehen läfst, dieses aber aus Schwarz; meinen sie doch, dafs
sie, geführt von den Ergebnissen ihrer Wissenschaft, in jene Zeiten
vordringen können, wo, wie O. Schrader in seinem Buche »Sprach-
vergleichung und Urgeschichte« (Jena 1880) sagt, die Indogermanen
nur Rot, Gelb, Schwarz und Weifs gut gesehen haben, da nur diese
Farbenbezeichnungen durch alle indogermanischen Sprachen gingen,
was er den andern Farbenbezeichnungen abspricht. Die Bezeichnungen für die sogenannten kalten Farben, Grün, Blau, Violett, sollen
sich dagegen nicht als einigen Völkern oder Grúppen der Indogermanen angehörig erweisen, mithin den Beweis liefern, dafs vor
Trennung der Indogermanen diese Farben nicht gesehen wurden.

Wir wenden uns zu Rot und Gelb, Weifs und Schwarz, die
Behauptung Schraders auf ihre Richtigkeit zu prüfen.

Rot.

Zunächst wollen wir feststellen, dafs in der That das Wort
Rot in entsprechenden Wandlungen sich in allen indogermanischen
Sprachen, — mit Ausnahme des Zend findet — nach der Zusammenstellung von E. Curtius. Also eine Ausnahme ist denn
doch vorhanden. Sodann — und das ist mehr als bedenklich für
die sprachlichen Augendarwinisten — habe ich festzustellen, dafs die
entsprechenden Worte in den verschiedenen Sprachen keineswegs
nur Rot heifsen. Bereits skt. rudhirá bedeutet rot, blutig, der Planet
Mars, Blut, Saffran — demnach blutfarben, gelbrot, als Farbe des
Planeten, gelb für Saffran.

Sodann bezeichnet lett. ruste eine braunrote Farbe aus Ellern-
holz, rustít, aprustet braunrot färben, lit. rùdas, ruddas nach Nesselmann braunrot, nufsfarbig, unrein rot oder braun, aber auch ziegel-
farbig, rotfalb. Wánagas rudokas ist der Turmfalke, falco tinniculus,
rudszirmis ein Rotschimmel, ein Falber. Der Turmfalke ist aber
rotbraun gefleckt. O. Weise führt in seinem Aufsatz, »die Farbenbezeichnungen der Indogermanen, Beiträge zur Kunde der indogerm.

Sprachen« (Bd. II, § 27, 8.) noch an lit. rúda und raudóna, ksl. ryžđì, rusǔ ξανθός, πυρρός πυροειδής. Da nun rutilus mindestens in verwandtschaftlichem Verhältnis zu ἐρυθρός steht (vgl. Curtius S. 420, Gr. Etymol.), wie andererseits ruber dem ἐρυθρός entspricht, so haben wir auch im Lateinischen die Bedeutung rötlich, gelbrot, goldgelb. Fick gelangt in seinem Wurzelwörterbuch bei rutilus zu ghar gelb, grün sein.

Somit haben sich an die angenommene Wurzel rudh die Farbeneindrücke und Abstufungen Hellgelb, Gelb, Weifsrot, Orange, Rot, Rotbraun, Braun, Braunschwarz gelehnt — es kann demnach keine Rede davon sein, dafs Rot eine indogermanische Farbenbezeichnung ist, welche in allen indogermanischen Sprachen unter den notwendigen Wandlungen des Wortes dieselbe Bedeutung hat.

Somit ist Beweis 1. der sprachlichen Augendarwinisten mifslungen.

Gelb.

Wir stellen zunächst wieder fest, dafs die Sprachforscher zu einer Wurzel ghar gelangt sind, zu welcher sie verschiedene Wörter in der Bedeutung von Gelb stellen, aber auch verschiedene, welche dem Gelb recht fern stehen: damit ist aber jeder Vorteil aufgewogen, welcher sich daraus ergiebt, dafs Spröfslinge dieser Wurzel in allen indogermanischen Sprachen gefunden werden.

Und nun bieten wir das Gelb und die Worte, welche eine Bedeutung mit der Neigung in das Gelbe aufweisen, die zu dieser Wurzel gestellt werden.

Skt. háris, harít, háritas, harinás, gelblich, fahl, falb.

Zend. zairi gelb, goldfarben, zairina gelblich.

Lat. helus, helvus honiggelb.

Althd. gëlo gelb.

Ksl. zlǔtǔ, lit. gẽltas gelb.

Aus dem Fahlen und Gelben geht hier und da in das Grüne ein χλοερός, χλωρός.

Grün bieten die Worte aus der Wurzel χλόη Grün, Gras, χλόος grüne Farbe, χλοάζειν keimen.

Lat. helvola Gemüse.

Ahd. grôju gruoju vireo alts. grôni viridis.

Ksl. zelije Gemüse, zelenǔ viridis, lit. želiù grün werden, žolė Kraut, žálies grün.

Weifs tritt hervor in altir gel, weifs.

Es ist leicht, aus den verwandten Worten flavus, lutum, luteus blond, gelb, gelblich, gelbrot, und luridus blafsgelb, fahl, χόλος Galle u. s. w., χρσός Gold, weitere Belege dafür zu bieten, dafs zu dieser Wurzel sich die Worte in den angeführten Bedeutungen gestellt haben, aber diese Arbeit ist nicht nötig, denn wenn bei irgend einem Worte, so läfst sich hier das Entstehen der Farbenbezeichnung und das Spalten der Bedeutung des Wortes sowie das Festhalten an ursprünglichen Anschauungen erweisen. Zu ghar gehört also weifs, fahl, falb, blafsgelb, gelblich, gelb, goldfarben, gelbrot, grünlich, grün.

Auf die Herleitung einer angenommenen Wurzel und deren Urbedeutung, die erst geschaffen werden mufs, habe ich wohl recht wenig Gewicht zu legen. Soviel aber ist klar, dafs in den einander entsprechenden Worten der Weg von Weifs über Fahl zu Gelb und Grün führt, dafs an sich eine ursprüngliche Einstimmung nur in einem Fahlgelb mit der Neigung zu Grün gesucht werden kann. Somit haben entweder die Indogermanen bereits vor ihrer Trennung zwar nicht Gelb mit einem Worte bezeichnet, welches sich in entsprechender Wandlung in allen Einzelsprachen nach der Trennung oder Verschiebung derselben wiederfindet, wohl aber das Fahlgelbe des frischen Pflanzenkeimes, welches zu Grün neigt.

Weifs.

Wir kommen zu Weifs, welches gleichfalls für eine urindogermanische Farbenbezeichnung gilt.

Schrader hat für Weifs drei Worte, und zwar 1. skt. çvĕtá, zend. spaĕta, got. hveits.

Das wäre also eine Gemeinsamkeit auf drei Sprachen beschränkt, mithin keine allgemeine indogermanische. Kluge führt nun die gemeingermanische Wurzel von Weifs auf die indogermanische Wurzel kwĩd, kwĩt zurück und bietet skr. çvit weifs sein, glänzen, lit. szvidus — Nesselmann liest szwidas — glänzend. Auch unser Weizen wird hierher gestellt. Da in diesem Falle auch szwíczią leuchten, szwiĕsá das Licht, die Helligkeit hierher gehören würden, poln. swieca Licht, Kerze — so wären wir glücklich statt zu Weifs zur Farbe des Lichtes gelangt, welches von Weifs bis Gelblich, von Gelb bis Gelbrot und Rot sich erstreckt.

Als zweites Wort für eine allgemeine indogermanische Farbenbezeichnung für das Weifs bietet Schrader rajatá, griech. ἀργέτ᾽, also Wurzel αργ, ἀργός, ἀργής. Da zu dieser Wurzel ἄργυρος Silber, ἄργυλος weifse Thonerde, ragatám Silber, lat. argentum gehören —

das altir. arget, cymr. ariant sind nach Ebel Lehnworte — so ist es unmöglich, aus diesem indischen, griechischen und lateinischen Worte, welches auf Weifs, Weifsgrau, Silberweifs hinweist, eine allgemein indogermanische Bezeichnung für das reine Weifs zu erschliefsen.

Das dritte Wort für Weifs soll λευκός mit den entsprechenden Worten sein, und zwar skt. rôcá, lit. laûks, ir. luach, — wozu Curtius griech. ἀμφιλύκη stellt, das Zwielicht, und das ist sicher nicht weifs — skt. rukmás Goldschmuck, und der wirft noch nicht einmal den Schimmer oder das Licht weifs zurück — got. liuhath, ahd. lioht, und das leuchtet gelbrot — ksl. luča Strahl, Mond, lit. laúkas blässig — von den verwandten Worten stellen wir hierher λυχνίς, die Lichtnelke, nach Theophrast mit feuerroter Blüte, auch ein im Dunkeln leuchtender Edelstein. Somit gelangen wir in den entsprechenden Worten von Weifs und Blässig zu dem Gelben, Gelbroten und Feuerroten, und damit ist auch die Fabel von der Einstimmung des Weifs als Farbenbezeichnung bei allen Indogermanen endgültig beseitigt.

Schwarz.

Für Schwarz hat Schrader wieder zwei Worte, und zwar skt. kṛshṇa, ksl. crīnū, altpr. kirsna — dieser Versuch, eine allgemein indogermanische Bezeichnung für Schwarz zu gewinnen, ist zu harmlos, um ernsthaft behandelt zu werden — und sodann skt. maliná, lett. melns, griech. μέλας.

Es ist aber skt. malinas zunächst schmutzig und unrein, und dann allerdings auch schwarz, μέλας heifst im Griechischen nicht nur Schwarz — denn der von Kraft und Gesundheit strotzende Odysseus, sonst ein Held mit gelbem Haar, ξανθός, und demnach mit weifser Haut — wird auch einmal μελαγχροίης genannt, also mit rotbrauner Grundfarbe, die einen schwarzen Farbenschimmer hat —, μέλας als Beiwort des Weines geht auf Rotbraun als Grundfarbe mit dem Schwarzschimmer — der Italiener nennt den Wein von gleicher Anschauung ausgehend vino nero — im Litauischen ist mėlynas Blau, molis Lehm — also Gelb, Gelbrot oder Graublau — im Cymr. melyn corn. milin arem. melen blond, gelb.

Und damit ist Schrader mit seinem Sprachdarwinismus beseitigt.

Sehe ich nun von der kindlichen Art und Weise dieser Herren ab, Ergebnisse für ihre Ansichten zu gewinnen, es sei wie es sei, so verzichte ich darauf, Braun, Schwarz, Fahl und einige andere Worte zu allgemein indogermanischen Farbenbezeichnungen zu erheben, obgleich ich das eher könnte, als Schrader mit Rot und Gelb, Schwarz und Weiß — gehe nun aber auf das umstrittene Blau ein.

Blau.

Für Blau — und im weiteren Sinne Violett kennen wir aus dem Abrifs der griechischen Farbenlehre ἰσάτις, ἰσατῶδες· κυανοῦν κυανοειδές· ἀεροειδές· γλαυκόν· ἰῶδες, ἰοειδές.

Nun ist es Behauptung der sprachlichen Augendarwinisten, daß die Blauausdrücke der indogermanischen Sprachen nur je einer Sprache angehören, jedenfalls nicht mehreren der verwandten Völker oder einigen Völkergruppen.

Wir beginnen mit ἰῶδες, nach Art der Veilchenfarbe, und zwar der viola tricolor, von welcher die Pflanzenkunde sagt, daß sie violette Hauptfarbe habe.

Viktor Hehn nimmt an, daß ἴον bei Homer noch jede oder irgend eine dunkelblühende Blume, duftend oder nicht, bezeichnet. Viktor Hehn begründet seine Ansicht mit nichts.

Fick nimmt für ἴον die Wurzel ϝι winden, ranken an. Vielleicht lernt das Stiefmütterchen, viola tricolor, dem Göttinger Gelehrten zuliebe diese bisher an der Blume nicht geschätzte Eigenschaft noch entwickeln.

Daß ἴον ein Digamma gehabt hat, beweist die Bildung λευκόϊον, des Theognis Hiatus δῶρα ἰοστεφάνων, auf einer Vase die Inschrift Ἰόλη mit ϝ — sowie das lateinische viola.

Geiger läßt ἴον einem vison entstammen und verbindet damit, mit Benfey, vischna-puschna, die Visa-Blume, auch visini, der blaue Lotus.

Ist das richtig, so hätten wir eine indisch-griechisch-lateinische Einheit, Blau ist dann als ursprüngliche Farbenbezeichnung anzusehen, welche sich nach der Seite Blau mit Rot gemischt als die Mischfarbe, welche wir Violett nennen, in der lateinisch-griechischen Sprachgruppe erhalten hat.

Wir gelangen zu γλαυκόν und müssen da sagen, daß sich das entsprechende Wort mit der entsprechenden Blaubedeutung in den verwandten Sprachen nicht findet. Demnach muß aus der Grundbedeutung schimmernd sich die Bezeichnung für Blau so entwickelt haben, daß von dem lichten Schimmer des Hellblauen — uns besonders im Auge bekannt, — sich die Bedeutung von Hellblau entwickelt hat — und zwar in der vorgeschichtlichen Zeit, denn bei Homer und den ältesten griechischen Farbenkennern bezeichnet γλαυκόν bereits das Hellblau.

Ἀεροειδές, von *ἀήρ*, hat in den verwandten Sprachen keine entsprechende Bildung und Farbenbedeutung: die Farbenbedeutung ist hier offenbar späterer Bildung entstammend — aber in Griechenland vorhomerisch.

Ἰσάτις ist unser Waid, ahd. weit nach Laut und Bedeutung — es steht nach Kluge mit lat. vitrum und der germanischen Sippe durch vorgermanisches waitó in vorhistorischer Beziehung. Von Geiger wird durch das romanische guède auch gallisch guastum, glastum hierhergezogen. Dafs nun dies glastum unser Blau in der Abstufung von Indigo bezeichnet hat, ergiebt sich aus der Nachricht des Plinius, dafs die Gallier bei gewissen Festen sich mit glastum den ganzen Körper einreiben, »die Farbe der Äthiopier nachahmend«. Die Äthiopier werden aber von Hesiod mit der allgemeinen Bezeichnung *χυάνεοι* benannt, nach dem Blau ihrer Hautfarbe, in welchem dieselbe schimmert, wenn wie bei denselben der Blauschein über einen glänzendschwarzen Körper läuft.

Demnach würde das Blau die ursprüngliche Farbe sein und dem bläulich glänzenden Glase den Namen gegeben haben, wie denn auch Schweizer-Sidler zu dem Glas als dem Bläulichglänzenden gelangt, freilich durch die Wurzel kvit glänzen.

Somit haben wir in Waid eine griechisch-lateinisch-gallisch-germanische Einstimmung von Wort und Bedeutung.

Wir kommen zu *χυάνεος*. Man stellt dafür die Wurzel çyâ = çy brennen auf, lit. szémas blau, ksl. sini, griech. *χύανος* — in Compositis wie *χυανοχαίτης* = *χυάνεος* — ags. haeven (von çu) und lat. caesus mit seinen Derivatis caesius, caerulus und caeruleus; Weise sagt: »Die Form mufs als Grundform angesetzt werden, einmal für den bei Varro l. l. 8. 39. 578 enthaltenen Superlativ caesissimus, sodann aber auch für die nomina propria Caesullae und Caesar, Namen, die nach der ausdrücklichen Überlieferung von den blauen Augen herrühren sollen. Demnach wird caesus im allgemeinen das Blau bezeichnet haben, und daraus hat sich caesius hellblau und caerulus dunkelblau entwickelt.«

Benfey stellt in seinem gr. Wurzellexikon *χύανος* mit skt. çjâmás schwarz, schwarzblau zusammen, Vaniček führt *χύανος* auf die Wurzel *χfα χαf* und weiterhin ka ku zurück, und zwar in der Bedeutung von leuchten, brennen. Er stellt dazu kvama, kjama Schwarz, Schwarzblau, Dunkelgrün, skt. çjama.

So wäre denn auch für *χυάνεος* nach Angabe der Sprachforscher eine Gemeinsamkeit von Griechisch, Lateinisch, Litauisch,

Altsächsisch — und in weiterer Beziehung Sanskrit erwiesen, und zwar im Griechisch., Lat., Alts., Litauischen in der klaren Bedeutung Blau, im Sanskrit in der von Schwarzblau.

Danach ergiebt sich denn, dafs von den Blau- und Violettbezeichnungen drei als mehreren indogermanischen Sprachen gemeinsame zu bezeichnen sind — mithin hat der sprachliche Augendarwinist nirgends so unrecht, als mit der Behauptung, es lasse sich aus der Herleitung der Worte, ihrer Einstimmung und Nichteinstimmung in den verwandten Sprachen erweisen, dafs die Völker der früheren Zeit nur Schwarz und Weifs, Gelb und Rot gut gesehen und unterschieden hätten, Blau aber nicht.

Sechstes Kapitel.

Das Sehvermögen und die Farbenbezeichnungen bei den Naturvölkern.

Wofür die griechischen Philosophen und Maler als Beweis herangezogen sind, dafs sie nämlich erst um die Zeit Alexanders des Grofsen in den Vollbesitz des Sehvermögens in Bezug auf die Farbenunterscheidung gelangt sein sollen — uns hat sich die vollständige Haltlosigkeit dieser ganz unbegründeten Ansicht ergeben — was die sprachlichen Darwinisten nicht zu erweisen imstande waren, dafs nur Schwarz und Weifs, Gelb und Rot gemeinsame indogermanische Farbenbezeichnungen seien, andere, besonders Blau aber nicht — dafür sind nun Beweise bei den Naturvölkern gesucht worden, insofern diese Untersuchungen den ausgesprochenen Zweck haben, zu erweisen, dafs das Sehvermögen der Naturvölker und ihre Farbenbezeichnungen noch auf einer Stufe stehen, welche den Schlufs rechtfertigt, dafs beide sich erst allmählich entwickelt haben. Da nun die alten Kulturvölker in allen wesentlichen Beziehungen auf der Stufe gestanden haben sollen, auf welcher die Naturvölker noch jetzt sich befinden, so sind nach unseren Gelehrten die Hottentotten als die natürlichen Erklärer der homerischen Dichtungen anzusehen.

Die Ehre, den Gedanken angeregt zu haben, beansprucht der deutsche Gelehrte Krause (Carus Sterne) mit den Worten, welche er zu seiner Kritik der Gladstone-Geigerschen Theorie geschrieben: »Meine Kritik bewies, dafs der homerische Sprachmangel den Farbeworten gegenüber sich in derselben Art auch bei heute lebenden Naturvölkern vorfindet, und dafs die Prüfung derselben nach dieser

Richtung wünschenswert wäre. Es ist daher durchaus falsch, wenn neuerdings behauptet wird, Magnus oder Virchow u. s. w. hätten diese Untersuchungen zuerst angeregt. Zwar hat im selben Jahre (1877) Holmgren, wahrscheinlich ohne meine Arbeit zu kennen, ebenfalls die Prüfung des Sinnes der Naturvölker angeregt, allein bei ihm handelt es sich um ein ganz verschiedenes, leider immer wieder mit unserer Frage vermengtes Problem, nämlich um die statistische Feststellung der pathologischen Farbenblindheit der Naturvölker.« (Schlufsworte zu dem Aufsatz: Ein Problem der physiologischen Physik in seinen Beziehungen zur Ethnologie von Professor Dr. S. Günther, Kosmos, Jahrg. IV, Heft 8.)

Aus den Worten Krauses ergiebt sich nun aber, dafs er nur den Anlafs hat geben wollen zu Untersuchungen über den Sprachmangel an Farbeworten, welchen erst »die Entwicklung der Färberei« zu beseitigen Anlafs geworden ist. Immerhin scheint er nun aber doch eine Art von gleicher Unvollkommenheit der Färberei zur Zeit der homerischen Griechen und der Naturvölker unserer Tage annehmen zu wollen.

Aus diesen von Krause gezogenen Grenzen sind nun aber die Untersuchungen hinausgeführt worden, und Rabl-Rückhard gelangt zum Schlufs seiner Arbeit: »Zur historischen Entwicklung des Farbensinnes, Berlin 1880« (Zeitschrift für Ethnologie) zu dem Satze, dafs durch die Untersuchungen bei den Naturvölkern die Frage nach der geschichtlichen Entwicklung des Sehvermögens von dem historisch-linguistischen Gebiet völlig auf das physiologisch-naturwissenschaftliche hinübergedrängt worden ist. Lösen will er die Frage durch statistische Zusammenstellungen möglichst ausgedehnter Untersuchungsresultate an Lebenden.

Beschäftigen wir uns nun zuerst mit den Ergebnissen dieser Untersuchungen bei den Naturvölkern, so glauben die Augendarwinisten, gestützt auf die Untersuchungen und Arbeiten besonders von Holmgren, Almquist, Virchow, Pechuël-Lösche, Magnus beweisen zu können — wenigstens sagt das noch Prof. Günther in seinem angeführten Aufsatz vom Jahre 1880 — wir werden später sehen, dafs Virchow sich 1886 ganz anders ausgesprochen hat — »dafs« — ich gebe die Worte Günthers — »sämmtliche Völkerschaften eine weit gröfsere Empfänglichkeit für die langwelligen Farbentöne, Rot und Gelb bekunden und eine gewisse Indolenz für Blau und Grün, welche in einzelnen Fällen weit genug ging, um ohne sorgfältige Prüfung mit völliger Unkenntnis verwechselt werden zu können.«

Von der sprachlichen Entwicklung der Ausdrücke sagt Magnus (vgl. Rabl-Rückhard S. 219): »Stets sind die sprachlichen Ausdrücke für die langwelligen Farben viel schärfer ausgedrückt, als wie die für die kurzwelligen Farben.«

Und endlich heben wir als dritten jener Sätze die folgende Behauptung heraus: »Die Farbenterminologie kann so wenig ausgebildet sein, daſs die langwelligen Farben insgesamt dem sprachlichen Ausdruck des Rot und die kurzwelligen dem Dunkeln überhaupt untergestellt werden.«

Da wäre denn aber doch im ganzen Farbensehen und Farbenbezeichnen in Übereinstimmung.

Gegen diese Augendarwinisten und die Ergebnisse ihrer Untersuchungen sprechen sich nun aber Farbengelehrte entschieden aus, so wenn Rood sagt S. 104: »Bei vorhistorischen Menschenrassen, die jetzt noch auf der Erde vorkommen und deren Lebensweise von jener ihrer Altvordern nicht abweicht, sehen wir das Farbenunterscheidungsvermögen ganz gut ausgebildet, und sie sind oftmals ganz vernarrt in Farben.«

Nach Marty, »Die Frage nach der geschichtlichen Entwicklung des Farbensinnes« (Wien 1879), »teilen die Wilden Afrikas, Amerikas und Neuseelands die Augenwahrnehmungen mit uns« (S. 23).

Grant Allen führt in seinem Werke: »Der Farbensinn, sein Ursprung und seine Entwicklung« Leipzig 1880, ein groſses Beweismaterial an, und zwar aus den verschiedensten Erdteilen, von den verschiedensten Naturvölkern, welches ihn den Schluſs ziehen läſst: »daſs alle existierenden Rassen einen völlig entwickelten Farbensinn haben« — auch für die in dieser Beziehung so viel umstrittenen Farben Grün und Blau, welche dieselben sehr wohl kennen und zu benennen wissen — und — können wir hinzufügen — wo es ihrem Bedürfnis nicht entsprochen hat, verschiedene Namen zu schaffen, lernen sie das sofort thun, sobald ihre Teilnahme für jene Farben und ihre Abstufungen geweckt ist.

Bevor wir nun die Frage zum Abschluſs bringen, sei es erlaubt, Virchows Worte hier anzuführen, welche derselbe 1886 in Berlin in der Naturforscherversammlung gesprochen hat. Nach der Nationalzeitung vom 19. Sept. 1886 sind die Worte: »Erst vor wenigen Jahren tauchte die Frage auf, ob die Hellenen der homerischen Zeit die volle Befähigung der Farbenwahrnehmung besessen haben; darwinistische Schwärmer glaubten durch litterarische Nachweise darthun zu können, daſs das menschliche Auge sich erst seit jener Zeit allmählich zur Wahrnehmung aller Farben entwickelt habe. Die Untersuchung der Naturvölker hat den falschen Schlufs aufgedeckt: noch jetzt fehlen vielen Völkern, und ich darf vielleicht hinzufügen, auch dem unsrigen, ausreichende Farbenbezeichnungen, obwohl ihr Auge sehr wohl befähigt ist, auch schwache Schattierungen der Farben wahrzunehmen.« Zunächst sei bemerkt, dafs mit diesen Worten eigentlich recht wenig gesagt ist. Virchow hält offenbar weitere Untersuchungen bei Naturvölkern nicht mehr für nötig, er stellt nur fest, dafs »noch jetzt vielen Völkern — vielleicht auch dem unsrigen ausreichende Farbenbezeichnungen fehlen.« Meint Virchow damit die Bezeichnungen für feinere und feinste Abstufungen, so fehlen sie nicht nur »vielleicht« auch uns, sondern sie fehlen uns dann in der That und werden uns in Ewigkeit fehlen. Würde Virchow sich um die Sache genauer bekümmert haben, so würde er zu dem Ergebnis gekommen sein, dafs jeder Stoff eine andere Farbenabstufung bedingt: Seide und Sammet, Wolle und Leinwand, Hanf und Kattun, Papier und Holz werden gefärbt — mir liegt eine Seidenmusterkarte vor, von über 700 Nummern — und jede Farbenabstufung tritt in diesen Stoffen eigentümlich hervor — aber der Färber und Kaufmann giebt die Namen nach Gruppen, und er wie jeder Gelehrte steht vor der Unmöglichkeit, die einzelnen Abstufungen in den Gruppen mit besonderen Namen zu belegen.

Meint Virchow aber die Farben des Prismas oder Regenbogens, so hat unser Volk dafür die nötigen Farbenbezeichnungen zweifellos — aber eben von den Naturvölkern wird diese Zweifellosigkeit hin und wieder in Frage gestellt, wogegen allerdings selbst Magnus nicht leugnet, dafs »das Spektrum in seinen Hauptfarben vom Rot bis zum Violett überall erkannt und jede seiner Kardinalfarben mittels eines besonderen eigenartigen Empfindungsvorganges perzipiert wurde« (Magnus, Farbe und Schöpfung, Breslau 1881).

Haben aber die Naturvölker die Unterscheidungsfähigkeit für die Spektralfarben — und wo dieselbe nicht entwickelt ist, läfst sie sich ohne weiteres bei ihnen entwickeln, — so fällt damit der Wert der Untersuchungen bei den Naturvölkern in Bezug auf die geschichtliche Entwicklung des Farbensinnes in physiologischer Beziehung.

Was nun die sprachlichen Ergebnisse der Untersuchungen bei den Naturvölkern betrifft, so wage ich das Gegenteil von den Ergebnissen der Augendarwinisten nicht zu behaupten, dafs nämlich die Bezeichnungen für die Farben Grün und Blau so entwickelt

und fest sind, wie für Rot und Gelb. Aber ich will doch auch darauf
hinweisen, daſs ich volles Vertrauen in jene Untersuchungen nicht
setze, bevor nicht der Beweis gegeben ist, daſs dieselben hervorgegangen sind aus der vollen Beherrschung der Sprachen und der
Ausdrucksweise derjenigen Naturvölker, bei denen man Untersuchungen angestellt hat. Wenn bei uns Grün eigentlich das Ge-
wachsene ist, Violett den Namen von der Blüte des Stiefmütterchens
hat, Orange nach dem Aussehen einer Frucht benannt ist, die nicht
bei uns wächst, Schwarz mit sordes Schmutz sich zusammenstellt,
so kann ich mir sehr wohl die Möglichkeit denken, daſs aus der
nicht vollen Beherrschung der Sprache eines Naturvolkes das Vorhandensein eines Wortes für eine bestimmte Farbe geleugnet wird,
wo nur der Vorgang nicht erkannt oder vollzogen ist, die Farbenbezeichnung von dem Gegenstande zu lösen und sie in die Allge-
meinheit zu erheben.

Denn, wenn Ovahereros, Kaffern und Basutusstämme für »die
feinsten und verschiedensten Schattierungen der Viehfarben eine
ungemein ausgebildete Nomenklatur (über 26 Ausdrücke) sich geschaffen haben«, wenn sie die Spektralfarben zu unterscheiden vermögen, Grün und Blau kennen und gesondert benennen — wer mag
ernsthaft den Zweifel hegen, daſs sie dann nicht auch Grün und Blau
in den verschiedensten Abstufungen mit Namen zu belegen imstande
sein sollten — wenn sie das Bedürfnis danach empfunden hätten?
Aber sie haben dasselbe offenbar nicht empfunden. Die Gründe
dafür sucht Hochegger — »Die Geschichte und Entwicklung des
Farbensinnes, Innsbruck 1884«, — darzulegen, indem er betont, daſs
bereits Goethe die Einteilung der Farben des Spektrums nach der
Hinsicht vollzogen hat, daſs sich Rot, Orange und Gelb nach der
aktiven (positiven) Seite hin gruppieren, Blau, Violett und Blaurot
(Purpur — nach meiner Ansicht gehört von Purpur die eine Abstufung zur positiven, die andere zur negativen —) nach der negativen. Rot entwickelt nach Goethe die gröſste Wärme und Energie,
Gelb hat eine sanft reizende, behaglich stimmende, wärmende Eigenschaft. Zwischen Rot und Gelb steht der Eindruck, den Orange
auf das Gemüt macht.

Blau erregt eben nach Goethe in gröſseren Flächen das Gefühl
der Kälte und Vereinsamung, Violett hat, je dunkler es erscheint,
etwas Beunruhigendes, nach Nahlowsky ruft es das Gefühl des
Mangels hervor. Halte ich auch die Erklärung von Nahlowsky für
gesucht, so stimme ich doch Goethe im wesentlichen bei.

Grün endlich soll seiner physischen Wirkung nach in der Mitte stehen.

Nun meint Hochegger (S. 118), dafs sich aus der gröfseren Energie des sinnlichen Reizes durch die Farben die auffallende Stellung und Bevorzugung derselben bei den Naturvölkern und überhaupt bei Leuten erklärt, die hinsichtlich ihrer geistigen Ausbildung dem Naturzustande nahe stehen.

Von der geringeren Wertschätzung des Grün und Blau bei Naturvölkern sagt Hochegger S. 120: »Erstens sind diese Farben weniger reizend und herausfordernd, zweitens kommt der Umstand hinzu, dafs Grün in der Umgebung, in Wald und Flur in reichlicher Menge vorhanden ist, das Auge ruht mehr gleichgültig oder schweift ohne Halt auf diesem ruhigen, sanften, lichtschwachen Farbenkontinuum. Blau und Grün sind Flächenfarben, die anderen sind Grenzfarben. Auf Blau und Grün ruht das Auge aus, auf den anderen mufs der Blick verweilen.«

Haben wir so die Gründe dafür aufgesucht, welche uns erklären, dafs die Naturvölker wohl die Farben des Spektrums zu unterscheiden vermögen, für manche Farben und ihre Abstufungen eine erstaunliche Fülle von Bezeichnungen besitzen, für andere aber nicht, so ergiebt sich doch auch der Schlufs, dafs die Untersuchungen zwar nicht zu einem Beweis verwandt werden können, dafs das Sehvermögen sich erst allmählich entwickelt hat, noch weniger aber eine Behauptung rechtfertigt, nach welcher mit Virchow zu reden, der diesen verkehrten Schlufs selbst zieht, indem er durch die Untersuchungen bei den Naturvölkern die Behauptungen der Augendarwinisten widerlegt sein läfst — Darwinistische Schwärmer glaubten, aus litterarischen Nachweisen darthun zu können, dafs den Hellenen der homerischen Zeit die volle Befähigung der Farbenwahrnehmung gefehlt habe.

Und nun kehren wir zu Krause zurück, welcher die Ehre beansprucht, den Anlafs zu solchen Untersuchungen gegeben zu haben. Krause läfst die Entwicklung der Farbenbezeichnungen von der Färberei ausgehen — die physiologische des Sehvermögens legt er in unendlich frühere Zeiten zurück. Die Ansicht von Krause hat ein gewisses Recht, aber ein einseitiges: die Untersuchung bei den Naturvölkern in seinem Sinne konnte nur dahin führen, zu erweisen, welchen Einflufs die Färberei bei Naturvölkern auf die Entwicklung der Farbenbezeichnungen gehabt — eben bei den Naturvölkern — ein Schlufs auf den von ihm angenommenen Mangel der Bezeichnungen für Farben

bei Homer war schon verfehlt, es mochte das Ergebnis der Unter
suchung ausfallen wie es wollte, denn uns fehlt jedes Mittel festzustellen, welches die volle Zahl der Farbenbezeichnungen der Färber,
der Weber und Kaufleute zur homerischen Zeit gewesen ist: die
homerischen Gesänge sind von hochbegabten Dichtern geschaffen,
welche die kunstvollsten Heldengesänge zu gestalten und einheitlich
zu gruppieren verstanden, die Einheit der Charaktere durchzuführen
wufsten, den Schmuck und Glanz der Rede ihren Helden und holden
Frauen zu geben die Kraft hatten, über das Schicksal der Menschen
und die Wandlung in der Natur tiefsinnige Worte zu sprechen wufsten
und ihre Götter und Menschen in das Gewand des Krokos und des
Purpurs hüllten, aber unbekümmert darum schufen, ob die nach-
fahrenden Geschlechter der späteren Jahrtausende ihre Kenntnis von
der Färberei je als vollberechtigt würden gelten lassen, denn sie
gaben auch ihre Farbenbezeichnungen um des dichterischen Eindrucks
willen, den sie hervorzurufen beabsichtigt, nicht um damit die Färber
und deren Zunftgenossen zu ergötzen.

Und somit verlassen wir die Naturvölker, bei denen unsere
Gelehrten noch recht viele Untersuchungen anstellen mögen, denn
solchen Ansichten ist einmal der Geschmack unserer Tage zugewandt,
aber wir wünschen in diesem Falle, dafs die Gelehrten sich dann
etwas klarer darüber sind, zu welchem Zweck sie dieselben anstellen:
jedenfalls entbehrten die hier einschlagenden Arbeiten in ihrer Beziehung zu den homerischen Menschen mehrfach des folgerichtigen
Denkens.

<hr>

Siebentes Kapitel.

Das Farbensehen bei den Kindern.

Sucht der Engländer Lubbock in verschiedenen Beziehungen
die geistige Entwicklung der Naturvölker mit derjenigen der Kinder
auf eine Stufe zu stellen, so meinen die Darwinisten, dafs das Werden
des Kindes von dem Tage der Befruchtung an bis zu dem Tage,
an welchem der erwachsene Mensch sich der vollen Kraft des Seins
bewufst ist, die Entwicklung der Wesen von dem niedrigsten zum
höchsten Organismus selbst darstellt; somit war es nur natürlich, dafs
auch das Kind auf seine Ansicht von der Farbe befragt wurde.

Wir können uns kurz fassen. Der Franzose Cuignet und
der Deutsche Preyer haben hier ihre Untersuchungen angestellt.

Preyers Sohn hat im Alter von 23 Tagen einige murmelnde Laute der Zufriedenheit hören lassen, und er hätte beinahe gelächelt, als er an diesem Tage einen von der Sonne beschienenen Rosa-Vorhang erblickte; bereits am sechsten Tage hatte er sein Auge nach dem Fenster gewandt. In der 85. Woche seines Lebens vermag derselbe die Farben noch nicht zu unterscheiden, um die Zeit des 21. Monats werden die Lichtfarben von ihm bemerkt, am 758. Tage giebt das Kind, welches längere Zeit auf das Erkennen von Rot und Grün eingeübt ist, elf richtige und sechs falsche Antworten, am 763. Tage fünfzehn richtige und eine falsche.

Dann wird zu Rot und Grün Gelb und Blau, und später Violett hinzugefügt. Die nun folgende Aufstellung späterer Prüfung ergiebt für Gelb 34 richtige und 2 falsche Antworten, für Rot 32 richtige und 14 falsche; für Grün 21 richtige und 8 falsche; für Blau 27 richtige und 12 falsche — mit Violett macht Preyer die schlechtesten Erfahrungen — er würde ähnlich schlechte gemacht haben, hätte er Orange statt Violett geboten. Es wird also Violett am schlechtesten erkannt, Blau und Rot stehen sich fast gleich, Grün steht besser, Gelb wird am besten erkannt, Orange dem Kinde nicht gezeigt.

Preyer würde also die Entwickelung des Farbensehens nach der Reihenfolge Gelb, Grün, Rot, Blau aufstellen müssen — aber er thut das nicht, sondern behauptet nur, dafs Gelb diejenige Farbe sei, welche der farbenunterscheidenden Menschheit am frühesten zum Bewufstsein gekommen ist.

So lange nun dergleichen Untersuchungen um ihrer selbst willen angestellt werden, wollen wir ihnen nicht den Wert absprechen, aber abgesehen davon, dafs, wenn Preyers Untersuchungen als wissenschaftlicher Beweis für die Farbenentwickelung der Menschheit an sich gelten sollen, diese Ergebnisse sich den anderweitig angenommenen entgegenstellen würden, denn Preyer zieht mit seinen Untersuchungen die sonst behauptete Farbenentwickelung nach der Reihenfolge der Farben des Prismas in Frage — so sollte man doch bedenken, dafs man sich zu hüten hat, in Ergebnissen von Beobachtungen bei ganz kleinen Kindern Eigenheiten, welche man an Menschen einer früheren, aber in ihrer Weise hoch entwickelten Kultur aufgespürt zu haben vermeint, wiederzufinden. Schreckt man aber vor solchen angeblichen Errungenschaften der neuesten Forschung nicht zurück, dann kann man auch seine Studien über die Sprache Homers in die Kinderstube verlegen, statt dafs man bis jetzt

noch den alten, oft recht mühsamen Weg verfolgt, dieselbe aus der
Kenntnis der homerischen Dichtung heraus zu bestimmen, sowie
aus denjenigen Quellen zu schöpfen, welche der homerischen Zeit
etwas näher stehen, nach Zeit und Raum, nach Denken und Empfinden, als unsere Wickelkinder von dem 6. Tage ihrer Geburt an bis
zu dem 768. oder bis zu noch einigen Tagen später.

Dafs aber dergleichen Hinweise von mir auf das Verkehrte
solcher Schlufsfolgerungen, wie wir dieselben bei den Ansichten über
das Farbenunterscheidungsvermögen kennen gelernt haben, wohl
berechtigt sind, dafür führe ich des seltsamen Engländers Gladstone
eigene Worte an, mit welchen er sein Buch: »Der Farbensinn, mit
besonderer Berücksichtigung der Farbenkenntnis des Homer« (Breslau
1878) schliefst, wenn wir dort lesen: »Ist doch die Leistungsfähig-
keit unseres Sehorgans jetzt eine so grofse, dafs ein dreijähriges
Kind mehr von Farben weifs, d. h. sieht, als Homer, der Schöpfer
unsterblicher Werke, dessen Leistungen noch heute unübertroffen
dastehen.«

Und nun verlassen wir die Kinder und diejenigen ihrer Vertreter, welche an denselben ihre Weisheit für die Erklärungen der
homerischen Eigenheiten, wenn sich solche in Bezug auf das Farbensehen ergeben sollten, zu erproben geneigt sind.

Achtes Kapitel.

Das Farbenunterscheidungsvermögen der Tiere.

Zu bedauern ist, dafs weder in den homerischen Dichtungen
noch bei Hesiod oder in den ältesten Hymnen der Griechen sich
meines Wissens eine Äufserung über das Sehvermögen der Tiere
in Bezug auf die Farben findet: wir wissen nicht einmal, ob der
Stier der homerischen Zeit sich durch ein rotes Tuch hat in Wut
versetzen lassen, oder ob das erst der römische Stier gelernt hat,
nur haben nach der alten Überlieferung der Ebräer die Schafe der
Herden, welche Jakob hütete, ein erstaunlich fein ausgebildetes
Farbenunterscheidungsvermögen besessen. Aus der späteren hellenischen Zeit erfahren wir dann aber, dafs der Polyp, wenn er Fische
jagt, seine Farbe wechselt und sie derjenigen gleich macht, welche
die Steine haben, denen er sich nähert. Dasselbe thut er, wenn er
geschreckt wird.[145] Somit mufs der Polyp immerhin ein bereits

ganz achtungswertes Vermögen, die Farben zu sehen und zu unterscheiden, besessen haben, wenn er die gesehene Farbe anzunehmen imstande gewesen ist.

Gleiches soll auch der Black- oder Tintenfisch zu thun vermocht haben, von den Fischen aber eine Haifischart, welche nach ihrer rauhen Haut ῥίνη, Feile, heifst.[146]).

Gleiches vermag endlich nach Ansicht der Alten eine thessalische Schlangenart, das Renntier — das Chamäleon und der Eisvogel.[147])

Bemerkt sei übrigens, dafs Aristoteles diese Ansichten nicht als nur von ihm herrührend hinstellt, sondern sich ausdrücklich auf die Aussprüche anderer dabei beruft.[148])

Somit hat Wallace in Aristoteles seinen Vorgänger gehabt, wie Darwin in Empedokles aus Agrigent.

Von den neueren Forschern bietet Graber die Ergebnisse der umfassendsten Studien über diese Frage in seinem Buche: »Grundlinien zur Erforschung des Helligkeits- und Farbensinnes der Tiere, Prag und Leipzig 1884.« Wir lesen in der Schrift, dafs »die Tiere ein aufserordentlich intensiv entwickeltes Helligkeitsgefühl besitzen«, dafs »der Kontrast von Rot-Blau das Gefühl der Tiere im allgemeinen weit am stärksten affiziert, während Rot-Gelb und Gelb-Grün die geringste Wirkung nach sich ziehen« — sodann dafs »die Stärke der Bevorzugung einer Farbe vor einer anderen im allgemeinen um so gröfser ist, je mehr die Intensität derselben dem Helligkeitsgeschmack des Tieres entspricht; starkes Farbengefühl bedingt aber nicht starkes Helligkeitsgefühl, es tritt zuweilen bei schwachem Farbengefühl starkes Hellgefühl auf, und umgekehrt bei starkem Farbengefühl schwaches Hellgefühl.«

Die Tiere, welche Weifs lieben, sollen mit wenigen Ausnahmen Blau, diejenigen, welche Weifs scheuen, Rot lieben.

Besonders zu bemerken ist, dafs Ameisen und Daphniden auf Ultraviolett reagieren, wie überhaupt den meisten Tieren eine »feinentwickelte Ultraviolettempfindlichkeit« zukommt.

Sodann erfahren wir, dafs die Avertebrata auf Rot-Blau im ganzen mehr als die Vertebrata reagieren, dafs die im Spektrum benachbarten Farben gewöhnlich geringe Reaktionswirkungen verursachen, ausgenommen beim Stieglitz, der Biene, dem Hundefloh, der Ameise und Stechschnackenlarve.

Zu jenem Satz, dafs das Vermögen, die Farben zu unterscheiden, sich nach der Reihenfolge der Farben im Prisma entwickelt hat, bieten die Untersuchungen Grabers den Gegensatz, dafs nämlich der reaktive Erfolg der Wirkung von je zwei farbigen Lichtern im allgemeinen um so gröfser erscheint, je weiter dieselben im Spektrum von einander abstehen, oder je gröfser die Differenz ihrer Wellenlänge ist.

Da nun überdies die meisten Tiere eine fein entwickelte Ultraviolettempfindlichkeit besitzen, so weisen die Untersuchungen nicht nur für die Tierwelt die Ansicht zurück, welche das Farbenunterscheidungsvermögen in der Entwickelung von Rot und Gelb über Grün nach Blau vor sich gegangen sein läfst, sondern sie erwiesen auch die Tierwelt in Besitz einer Farbenempfindlichkeit, welche unseren Kindern ganz, den meisten Menschen so lange abgeht, bis sie für dieselbe ihr Auge entwickelt haben, was ihnen gewöhnlich nach einiger Zeit zu gelingen pflegt.

Neuntes Kapitel.

Die Farbe an den Bauwerken der Alten.

Waren die Untersuchungen bei den Naturvölkern in Bezug auf ihre Anwendbarkeit auf das Sehvermögen der Griechen zur homerischen Zeit nicht folgerichtigem Denken entsprungen, vermochte nur ein Gladstone ein Kind im Alter von drei Jahren in Bezug auf das Farbenunterscheidungsvermögen über Homer zu setzen, bewiesen uns die Untersuchungen bei den Tieren, dafs die Lehren der Augendarwinisten durch Untersuchungen bei demselben eine Bestätigung nicht finden, mithin niemals auf die Entwickelung des Sehvermögens der Hellenen des Homer auch nur vergleichende Anwendung zu machen erlauben, so ist die Thatsache um so erstaunlicher, welche sich uns darin zeigt, dafs sehr wohl verwendbarer Stoff aus der Untersuchung auf eine Weise beseitigt oder in das Gegenteil seiner Beweiskraft umgewandelt wird, dafs eine solche Art der Schlufsfolgerung an das Unverständliche grenzt.

Sehen wir davon ab, dafs die Benutzung der Blaufärbung mit Waid den Kelten bekannt ist auf ihrer Insel, wie Demokritus den Waid erwähnt — es ist doch wohl der Schlufs erlaubt, dafs nicht erst der Philosoph diesen blauen Farbestoff in das hellenische Gewerbe eingeführt hat — so bietet das alte Hellas in sinnfälliger Weise noch manche andere Farbe, deren Kenntnis manche neuere Forscher ihnen absprechen: zwingende Beweise dafür, dafs die

Bewohner des Landes die Farbe als Zierde wohl zu verwenden verstanden haben. Wir wissen, daſs an den Trümmern der Tempel in den griechischen Ländern — von denen einige nahe an die Grenze des 6. Jahrhunderts hinaufreichen — manche Bauglieder mit grünen Blättern bemalt waren, Blau der Hintergrund für die Reliefs bildete, blau auch die Triglyphen bemalt waren. Vasen auch mit violetten Figuren stammen aus dem 6. Jahrhundert.

Ist das aber der Fall, so kann man nicht wohl annehmen, daſs um die Zeit, in welcher die Griechen diese Farben zu künstlerischem Zwecke verwandt, dieselben die Farbe nicht als solche, also ihren Eigenschaften nach, gesehen haben, denn mir scheint, nur eine kurzsichtige Rechthaberei, wie Dreher solche in seinem Aufsatz: »Über den Farbensinn der Griechen« erweist, vermag zu dem »Wahrscheinlichkeitsergebnis« zu gelangen, daſs »die Griechen in dem von ihnen angewandten Ultramarin nur eine bestimmte Nüance von Grau wahrnahmen.« (Deutsche Lesehalle, 20. Juni 1880.)

Wenn Tsutschken und Ovahereros für Homers Farbenblindheit — wenn auch auf Umwegen, aber doch immerhin — in das Feld geführt werden und damit gegen den Hellenen der homerischen Zeit — so dürfen wir für die volle Seh- und Unterscheidungsfähigkeit der homerischen Menschen viel eher die Anwendung der Farbe bei den alten Ägyptern anführen, welche den Griechen der homerischen Dichtungen nach Zeit und Raum unendlich näher standen, als dies die liebenswürdigen Naturvölker des Nordpols oder des Äquators thun.

Deuten doch auf eine ansprechende Kenntnis von Ägyptens Land und Leuten die homerischen Dichtungen hin. Die Künstler aber des alten Ägyptens verwenden zu ihren Malereien von den frühesten bis zu den spätesten Zeiten die Farben Weiſs, Schwarz, Rot, Hell- und Dunkelblau, Gelb, Grün und Braun. Die Blätter der Bäume und Sträucher, das Gras u. s. w. sind in den Nachbildungen der Ägypter stets grün, das Wasser des Nil, und oft auch des Meeres, ist blau — letzteres auch einigemale grünlich, wie wir dasselbe gar oft in Wirklichkeit sehen, — Stahlgerät, wahrscheinlich phönizische Arbeit, ist blau, Kupfergeräte sind rot, der Löwe ist gelb, Rinder sind rot, braun, weiſs und scheckig dargestellt. Die Hautfarbe der fremden Rasse ist charakteristisch wiedergegeben bis auf die blauen Augen und blonden Haare des Vertreters der europäischen Indogermanen des Nordens oder Nordwestens.

Wir zweifeln jetzt nicht mehr daran, dafs die Kunst der Euphrat- und Tigrisebene aus frühester Zeit her ihren Einflufs auf die griechische geübt hat: unter den Trümmern der assyrischen Königsburgen zu Nimrud und Khorsabad sind nun aber Reste farbiger Bemalung aufgefunden worden, welche die Farben Rot, Blau, Weifs, Schwarz, Gelb und ein zartes Grün aufweisen, auf den glasierten Ziegeln Hellgelb, Braun, Rot, Orange, ein luftiges Blau und eigentümliches Grün. Die Birs Nimrud der altbabylonischen Zeit soll mit ihren sieben Stockwerken den sieben Sphären entsprochen haben: die farbigen glasierten Ziegel machen es wahrscheinlich, dafs Goldfarbe verwandt ist, entsprechend der Sonne, Silberfarbe dem Monde, Rot dem Mars, Blau dem Merkur, Gelb dem Jupiter, Weifs der Venus, Schwarz dem Saturn.

Zehntes Kapitel.

Der Handel mit farbigen Edelsteinen im Altertum.

Die Schätzung der Edelsteine um ihrer Farbe willen geht in die frühesten Zeiten zurück, sie sind selbst Totenbeigaben, nach den Gräberfunden aus vorgeschichtlicher Zeit zu urteilen, und zwar auch grüne, blaue und lilafarbene, Smaragde, Saphire und Amethyste.

Und Griechen wie Ägypter, Assyrer wie Chaldäer, die Völker Indiens als Besitzer der grünen, blauen und lilafarbenen Edelsteine, wie die Semiten und Indogermanen vom Westen des Indus bis zum Balkan und zu den Alpen kauften den Smaragd, Saphyr und Amethyst, — Plinius hat den Edelsteinen, ihrem Wert und ihrer Verwendung, ein ganzes Buch gewidmet und in seiner Darstellung für die ausführlichste Edelsteinforschung treffliches Material geliefert — bemalten ihre Ziegel, Stein- und Holzdenkmäler, ihr irdenes Geschirr, wie ihre Götterbilder, nicht weil sie Grün, Blau und Violett als dunkel- oder mifsfarbiges Grau sahen, sondern weil sie sich an der Pracht und Schönheit der Farben zu freuen wufsten, wie wir dies so lange zu thun pflegen, bis unser Auge für diesen Farbenzauber abgestumpft ist, oder ein gewandelter Geschmack anderen Gegenständen seine Teilnahme zuwendet.

Elftes Kapitel.

Sophokles über die Farbenworte.

Woher nun aber die seltsamen Behauptungen der Augendarwinisten?

Glaubte man früher, Goethe habe sich zuerst für die Ansicht
ausgesprochen, dafs die Griechen Farbenbenennungen zu gebrauchen
gewohnt wären, — wir werden die Ansicht bald näher kennen
lernen — welche der ausreichenden Schärfe in der Bestimmung entbehrten, so wird von Robertson Smith in der »Nature« (6. Dec. 1877)
wie von Krause in einer Anmerkung zu Grant Allens bekanntem
Buch die Behauptung aufgestellt, dafs bereits Sophokles diesen Mangel
in der Farbenbezeichnung empfunden und ausgesprochen habe. Die
Stelle, wo sich diese Ansicht befinden soll, lesen wir bei Athenäus
XIII 81 (bei Grant Allen verdruckt 31). Dieselbe lautet: »Sophokles
hatte den Vers des Phrynichos: »Das Feuer der Liebe glänzt auf
seinen purpurnen Wangen« — mit Hinblick auf den ihm Wein
reichenden Knaben — zitiert, und ein Schulmeister machte ihn darauf
aufmerksam, dafs wenn ein Maler die Wangen des hübschen Jungen
mit Purpur bemalen würde, derselbe nicht mehr schön aussehen
würde. Sophokles erwiderte darauf lachend: »Du weifst also noch
nicht, Fremdling, dafs Simonides unter Billigung aller Griechen gesagt
hat: »Aus ihrem Purpurmunde entsandte die Jungfrau die Worte«,
noch dafs der Dichter den Apollo goldhaarig nennt — noch was
er von rosenfingerig gesprochen hat.«

Im Gegensatz nun zu Robertson Smith und Krause vermag
ich in diesen Worten nichts zu finden, woraus sich ergiebt, dafs —
mit Grant Allen zu reden — die späteren Griechen — also zuerst
Sophokles — ihres mangelhaften Farbenwortschatzes sich bewufst
gewesen sind — wohl aber finde ich darin einen Spott über Leute
der Art, die nicht zu unterscheiden wissen, welche Farben ein Maler
zu verwenden hat und welche Farbenbezeichnungen einem Dichter
die Freiheit des Ausdrucks erlaubt, wenn derselbe einen bestimmten
Eindruck hervorzurufen beabsichtigt. Meine Ansicht, dafs es sich
hier um ein feines, ästhetisches Urteil handelt, nicht aber um die
Darlegung der Schwäche in den Farbenbezeichnungen, ergiebt sich
daraus, dafs Sophokles die Worte, welche die Herren Robertson
Smith wie Krause und Grant Allen gar nicht bieten — hinzufügt:
»Man darf das Schöne nicht mit dem Schönscheinenden vergleichen«,
— sowie: »Wenn der Maler die Haare des Gottes goldig gebildet

haben würde, und nicht schwarz, so hätte das Gemälde schlechter ausgesehen.«[148])

Aber der Versuch der Augendarwinisten, Sophokles' Worte als Beweis für die mangelnden Farbenbezeichnungen der Griechen anzuführen, ist mifslungen.

Zwölftes Kapitel.

Goethes Farbenbenennungen der Alten.
Schwankende Übersetzungen.

Von Goethe haben wir folgenden Ausspruch, von welchem die Augendarwinisten gern ausgehen (Farbenlehre Bd. 39 seiner Werke, S. 47): »Ihre (der Alten) Farbenbenennungen sind nicht fix und genau bestimmt, sondern beweglich und schwankend, indem sie nach beiden Seiten auch von angrenzenden Farben gebraucht werden.«

Sodann giebt Goethe ein Verzeichnis von den Farbenbezeichnungen der Griechen und Römer und sagt S. 50, nachdem er bemerkt, dafs die etwa noch vorzufindenden Ausdrücke seiner Aufstellung sich leicht einordnen liefsen, »dafs sich dabei« (also bei dieser Arbeit und doch wohl auch der schärferen Bestimmung seiner Zusammenstellung) »mehr und mehr ergeben wird, wie klar und richtig die Alten das Aufserihnen gewahr wurden und wie sehr als naturgemäfs ihr Aussprechen des Erfahrenen und ihre Behandlung des Gewufsten zu schätzen sei.«

Hier liegt ein Widerspruch vor: wenn die Alten klar und richtig gewahr werden und wenn ihr Aussprechen des Erfahrenen und ihre Behandlung des Gewufsten — hier also in Bezug auf die Farben und ihre Bezeichnung — zu schätzen ist, und dann doch gesagt wird, dafs ihre Bezeichnungen nicht fix und genau sind, so haben wir das Recht, zu vermuten, dafs Goethe in seiner Beurteilung irgendwo einen schweren Fehler begangen hat, dessen er sich nicht recht bewufst geworden ist. Und das ist in der That geschehen: Goethe hat offenbar seine Zusammenstellung nach einem Wörterbuche gemacht, und statt die Ergebnisse der gewonnenen Zusammenstellung scharf zu bestimmen, sich von dem mangelhaften Buche irre führen lassen. Sodann entbehrt sein geschichtlicher Überblick über die Farbenlehre und Farbenbehandlung der Alten der eingehenden Kenntnis und gründlichen Durcharbeitung des Stoffes, seine Übersetzung des Buches »von den Farben« ist zu willkürlich, um nicht eine neue Übersetzung notwendig erscheinen zu lassen.

Wie viel nun aber gerade bei mangelhafter Zusammenstellung in der genauen Erklärung der griechischen Farbenbezeichnungen bis jetzt versäumt ist, das zu erweisen wird eine Darlegung von Übersetzungen aus dem Kreise der Farbenbezeichnungen genügen. Die gebotenen Übersetzungen rühren von Müller und Steinhart sowie von Prantl her, also von Gelehrten, denen Einsicht, umfassende Kenntnis und Gewissenhaftigkeit in ihren sonstigen Arbeiten nicht abzusprechen ist. Die griechischen Farbenbezeichnungen selbst sind dem Timäus des Plato entnommen.

Es übersetzen nun aber

Müller und Steinhart ξανθόν mit Hochgelb, Prantl mit Gelb;

Müller und Steinhart ὄργινον mit Dunkelgrau, Prantl mit Braun.

(Goethe hat bereits φαιόν in seiner Übersetzung des Buches von den Farben bald mit Grau, bald mit Braun wiedergegeben.)

Müller und Steinhart γλαυκόν mit Himmelblau, Prantl mit Bläulichgrau;

Müller und Steinhart ωχρόν mit Blaſsgelb, Prantl mit Hellgrün — eine Übersetzung, welche denn doch eigentlich nur bei χλωρόν einen Schein von Berechtigung für sich haben würde.

Wird nun, wie berührt, Goethes Tadel über die Farbenbezeichnungen der Alten durch das Lob wieder aufgehoben, welches er denselben später spendet, — der Tadel selbst war veranlaſst durch ungenügende Beherrschung des Stoffes — so haben die Augendarwinisten kein Recht, für ihre Ansichten Goethes Worte zu verwerten: selbst Müller und Steinhart, sowie Prantl würden ihnen kein Material liefern, wenn sie die schwankenden Übersetzungen dieser Gelehrten für sich in das Feld zu führen die Absicht haben sollten, da dieselben, wie sich uns später ergeben wird, ohne das in dieser Hinsicht nötige eindringende Verständnis übersetzt haben, worauf schon an sich die von einander so abweichenden Übersetzungen hinweisen.

Dreizehntes Kapitel.

Gladstone und seine Anhänger, Geiger und Magnus.

Die Ansicht, welche die heutigen Augendarwinisten vertreten, daſs die Griechen der homerischen Zeit nicht alle Farben des Prismas gesehen und unterschieden, ist so recht eigentlich dem seltsamen

Anschauungskreise des Engländers Gladstone entstiegen. Hat derselbe auf einen angeblichen Mangel der homerischen Sprache in den Farbenbezeichnungen hingewiesen, und zwar in seinen homerischen Studien, welche Schuster bearbeitet und 1863 deutsch herausgegeben hat, so war es auch bereits Schuster, welcher — (vgl. Mützel, Zeitschrift f. d. Gymn.-Wesen XV S. 725 ff.) — dieser Ansicht nachging: freilich ging er nicht darauf aus, zu erweisen, dem homerischen Menschen habe die Fähigkeit des Farbenunterscheidens gefehlt, wohl aber suchte er den angeblichen Mangel an homerischen Farbenbezeichnungen aus einem epischen Stilgesetz zu erklären. Dieses angebliche epische Stilgesetz entwickelt Schuster aus den Worten Vischers, welche sich in seiner Ästhetik finden. Dieselben lauten: »Es ist ungleich mehr Umrifs- als Farbenfreude, was wir bei Homers Gebilden als Objekte des inneren Sehens geniefsen.«

Die Ansicht Vischers ist geistvoll, aber nicht zutreffend: die homerischen Gesänge erweisen die Freude des Menschen jener Zeit an den farbenvollen Erscheinungen ihres Daseins und sprechen dieselbe in weit reicherem Mafse aus, als die Sänger des Chanson de Roland und der Nibelungen dies thun. Goethes Hermann und Dorothea ist eine unendlich farbenarme Dichtung im Vergleich zur Ilias und Odyssee — nur dafs sie von anderen Schönheitsempfindungen, von einer anderen Neigung, die Eigenschaften hervorzuheben, ausgehend, als dieselbe in anderen Zeiten sich ausspricht, Farbenbezeichnungen da nicht bieten, wo wir dieselben zu finden gewohnt sind, sie aber auch in reicher Fülle da zu bieten wissen, wo wir solche nicht zu setzen pflegen.

Mit dem Zusammenbruch der Ansicht von Vischer ist aber auch das epische Stilgesetz von Schuster gefallen, zu dessen Aufstellung der von Gladstone behauptete angebliche Mangel von Farbenbezeichnungen bei Homer Anlafs geboten hatte.

Hatten wir sodann Gladstones seltsame Behauptung, dafs »in dieser unserer Zeit ein Kind von drei Jahren mehr von Farben weifs, d. h. sieht, als Homer« (soll wohl heifsen »gesehen hat«), bereits zurückgewiesen, so erübrigt, aus den leeren Behauptungen von Gladstone, welche sich in seinen Arbeiten finden, diejenige Ansicht herauszuschälen, welche die Frage nach dem Farbenunterscheidungsvermögen recht eigentlich geschaffen hat: wir entnehmen dieselbe der Gladstoneschen Schrift: »Der Farbensinn, mit besonderer Berücksichtigung der Farbenkenntnis des Homer, Breslau 1878« — wo wir lesen, dafs Homer bei Beurteilung der Farben sich der

Quantität des Lichtes, d. h. Weifs und Schwarz oder Hell und
Dunkel, als der beiden Hauptgegensätze bedient habe, und nicht der
Qualität des Lichtes, wie sie in den verschiedenen Farben sich äufsert.

Glaubte Lazar Geiger entsprechende Ergebnisse aus der Sprachforschung und Herleitung der Worte bieten zu können, — wir
haben die Ansichten der sprachlichen Augendarwinisten in ihrer
vollen Unhaltbarkeit bereits erwiesen — nicht minder aus der nach
seiner Ansicht hin und wieder unverständigen Verbindung von
Farbenbezeichnung und Gegenstand in dem Sinn und Verständnis
einer naturgemäfsen Anschauung — wir werden bald die Unhaltbarkeit solcher Ansichten näher kennen lernen, — so sucht Magnus
für die Behauptungen von Lazar Geiger und Gladstone Beweise aus
der Beschaffenheit des Auges zu gewinnen. Freilich stellt sich der
Lehre des bedeutendsten Augendarwinisten unserer Zeit Hochegger
entgegen, welcher behauptet, dafs die Zapfen der Retina wahrscheinlich die Farbenempfindung vermitteln, wie er den jetzigen Zustand
der Netzhautperipherie eher als eine Folge von Verkümmerung denn
als Weiterbildung erkennt, da der Mensch bei dem Steigen der
Civilisation an Sinnesschärfe viel eher zu- als abgenommen hat.

Also auch der Physiologe Magnus wird hier mit den Waffen
seiner Kunst bekämpft, was freilich nicht verhindert hat, dafs ihm,
wie Geiger und Gladstone, das Heer der geistreich sein wollenden
Forscher gefolgt ist.

Jedenfalls erscheint nun aber die Frage als eine berechtigte,
ob die Untersuchung über die geschichtliche Entwicklung des Farbensinnes nicht überhaupt in das Gebiet der Unmöglichkeit zu verweisen
ist, wenn die entscheidenden Urteile hierüber der Physiologie zu
entnehmen sind, da es kein Mittel in der Welt giebt, uns über die
Arbeit des Zapfens der Retina und den Zustand der Netzhautperipherie des homerischen Menschen aus der Physiologie jener Zeit
zu vergewissern.

Vierzehntes Kapitel.

Die Farbenbezeichnungen in Gewerbe und Dichtung; Pers und Pfirsichfarben.

Vermag die Physiologie die berührte Unmöglichkeit nicht zu
überwinden, so mufs ich doch, entgegen der Ansicht verschiedener
Forscher, den Satz als richtig anerkennen, dafs die Sprache, also in

unserem Falle die Farbenbenennungen, berechtigte Schlüsse auf das Sehen und Bezeichnen der Farben bei jenen Völkern zu ziehen erlauben, bei denen dieselben gefunden werden. So sagt denn auch Schröder: »Die Entwickelung des menschlichen Auges« (Berliner Klin. Wochenschr. 1879, Nr. 36), nach meiner Ansicht durchaus zutreffend, dafs, wenn man nachweisen kann, dafs ein und dasselbe Wort, z. B. Grau, zugleich zur Bezeichnung von Dingen gebraucht wurde, welche unserem modernen Auge von grüner und blauer Farbe erscheinen, der betreffende Schriftsteller und die Generation, welche mit ihm lebte, für jene Farben unempfindlich gewesen sind.

Aber eben, so richtig die Ansicht ist, so ist in der That nie ein Beweis dafür geführt worden, dafs der homerische Mensch Grau für Grün und Blau gesagt hat.

Bevor wir nun aber die geistreichen Scheinbeweise Geigers für eine entsprechende Farbenunempfindlichkeit auf ihr leeres Nichts zurückführen, sei es erlaubt, an einem Beispiele aus den Farbenbezeichnungen des Mittelalters und unserer Zeit zu erweisen, dafs mancher Forscher zu falschen Schlüssen geführt wird, weil er sich nicht die Mühe giebt, sein Material in vollem Umfange in das rechte Licht zu setzen und zu beachten, ob er den Stoff zu seiner Arbeit der Dichtung entnimmt, welche ihre Ausdrücke zu ihren bestimmten Zwecken in der ihr eigenen Weise verwendet, oder dem Ausdruck des Mannes, welchem die Beschäftigung mit seinem Gewerbe besondere Ausdrücke in den Mund legt.

So lesen wir im Chanson de Roland (Ausgabe von Léon Gautier, Tours 1875) V. 1978, 9:

Rollanz reguardet Olivier à l'visage
Teinz fut e pers, desculurez e pales.

Die Bedeutung der Worte, welche wir in den beiden Versen lesen, ist uns bei allen ohne weiteres klar bis auf pers, welches dem Zusammenhang nach einen ähnlichen Sinn haben mufs wie décoloré und pâle, denn es wird gebraucht, um das Aussehen eines Sterbenden zu bezeichnen.

Schlagen wir nun in den Wörterbüchern nach, so giebt uns Burguy in seinem Glossaire étymologique, 2. Aufl. Berlin 1870, für pers: bleu foncé, bleu sombre. Du Cange s. v. lmâ persus (persicus) color, ad caeruleum vel ad persicae mali colorem accedens.

Hier hat Burguy den Du Cange einfach ausgeschrieben oder dessen Worte umschrieben, denn seine Erklärung von pers pafst nicht auf das Aussehen des sterbenden Olivier. Burguy hat aber

keine andere Erklärung von pers, trotzdem er in seiner Grammatik
auch den uns bekannten Vers von Rutebeuf bietet:

> de flor la terre s'orgueille
> si se cuevre de flors diverses
> d' indes, de jaunes et de perses.

Es ist nun doch aber klar, dafs der Dichter in diesen Versen
die Blumen ihren verschiedenen Farben nach besingt: folglich verlangt der Gegensatz von Blau und Gelb die Übersetzung von pers
mit Rot, wie bekanntlich auch Walther von der Vogelweide die
Erde, nach dem Schmuck der Blumen, gelb, rot und blau genannt
hatte.

Damit ist aber die Übersetzung von Du Cange und Burguy
auch in diesem Falle hinfällig.

Hippeau Dictionnaire de la Langue française au XII° et au
XIII° Siècle, Paris 1873, sagt von pers: bleu foncé, livide, noirâtre.

Bartsch Chrestomatie de l'ancien français (VIII°—XV° S.)
L. 1872, übersetzt in seinem Glossaire bleuâtre.

Brachet in seinem Lexique zu Morceaux choisis des grands
écrivains fr. du XVI° Siècle, Paris 1875, giebt couleur intermédiaire
entre le bleu et le violet.

Léon Gautier übersetzt das pers des Chanson de Roland livide,
im Glossaire hat er violet, violacé et par extension pâle, livide. Im
übrigen umschreibt er Du Cange.

Es ist klar, Léon Gautier ist sich bewufst geworden, der sterbende Olivier kann nicht violet, violacé ausgesehen haben — deshalb fügt er hinzu: par extension pâle, livide.

Wir finden pers aber auch bei Wace in le Roman de Brut.
Dort lesen wir:

> li pere fu de si grant ire
> de maltalant devint tuz pers.

Hat von den Verfassern der Wörterbücher eigentlich nur Léon
Gautier um des Zustandes willen, in welchem sich der sterbende Held
befindet, die sonst von pers gebotene Bedeutung zu wandeln gesucht,
so kümmern wir uns jetzt um die Erklärungen, welche die Wörterbücher des späteren und jetzigen Französisch von dem Worte bieten.

Das Dictionnaire von Thibaut giebt pers dunkelblau, das Dictionnaire de l' Académie française bietet pers, perse, de couleur entre
le vert et le bleu. Minerve aux yeux bleus. Un chaperon de couleur perse. Hierzu sei bemerkt, dafs das Lexikon der Akademie
erklärend bemerkt: chaperon de drap, d'écarlate.

Und nun suchen wir die Bedeutung des Wortes Pers selbst fest-zustellen. Zunächst ist es zweifellos, dafs pers seinen Namen von persica, nämlich malus, hat, unserer Pfirsich. Da nun auch wir nach unserem deutschen Sprachgebrauch von Pfirsichfarben zu reden pflegen, so haben wir das Recht zu fragen, was wir unter dieser Farbenbezeichnung verstehen. Um das festzustellen begab ich mich in Geschäfte verschiedener Art. In einem Putzgeschäft wurden mir Blumen und Blätter vorgezeigt, künstliche, welche gefärbt waren, die aus dem Weifsgrünen in das Gelblich-Grüne übergingen.

In einem Handschuhladen wurden mir als pfirsichfarbene Handschuhe solche bezeichnet, welche aus dem Hellroten in das Vollrote eingehen.

In einem Leinwandgeschäft wurde mir endlich Vollrot als Pfirsichfarben bezeichnet, und zwar als Farbe von Bettzeug.

In zwei der gröfsten Schnittwarengeschäfte legte man mir als pfirsichfarbene Stoffe solche vor, deren Farbe aus dem Fahlen in das Rötlich-Gelbe einzugehen schien.

Einige Wochen später wurde mir in einem dieser Geschäfte pfirsichfarbener Sammet gezeigt, der aus dem Roten in das Violette überging.

Woher nun diese Verschiedenheit der Bezeichnungen? Gehen dieselben aus falscher Anschauung hervor? Haben wir auch hier einen Mangel in der Fähigkeit, Farben zu unterscheiden und zu be-nennen, festzustellen? Von alledem kann keine Rede sein. Suchen wir also die Gründe für diese Verschiedenheiten auf.

Es ist klar, dafs, wenn man einem Gegenstand Farbenbezeich-nungen entnimmt, eben die auffälligsten Eigenschaften desselben dazu den Anlafs geben werden.

Am Pfirsich ist nun aber auffallend 1. der Flaum der noch unreifen Frucht, welcher fahl aussieht und einen gelblichgrünen Schimmer aus dem Untergrunde hervor bietet.

Diesem Aussehen entspricht aber pers als Beiwort des sterben-den Olivier wie als Farbenabstufung, wie mir solche in dem Putz-geschäft gezeigt wurde.

Wenn der Pfirsich totreif ist, so zeigt er eine braunrote Farbe, welche in das Blaue übergeht, von fern gesehen fast einen violetten Farbenschein giebt. Dieser Farbe entspricht 2. die Bezeichnung Pfirsichfarben im Sammet, und im Roman de Brut in dem Aussehen des Zornigen und Wütigen, der — wie wir zu sagen pflegen — braun und blau vor Wut ist.

An der Frucht fällt die vollrote Farbe der Fasern auf, welche vom Kern aus in das Fleisch einzudringen und dieses rot zu färben scheinen. Dieser Farbe entspricht jenes Pfirsichfarben, das mir in dem Leinwandgeschäft gezeigt wurde, sowie auch das Aussehen der Blumen, welche Rutebeuf den gelben und blauen entgegensetzt.

Viertens endlich bietet die Blüte des Pfirsichbaumes die Möglichkeit der Farbenbezeichnung. Die Blütenfarbe des Pfirsichs wird als hellrosenrot angegeben — und in dieser Färbung wurden mir Stoffhandschuhe gleichfalls mit der Bezeichnung pfirsichfarben vorgelegt; auf diese Farbe weist auch die Erklärung des Chaperon de coleur perse, des Lexikon der Akademie hin, wenn dasselbe von dieser Kappe sagt: chaperon de drap, d'écarlate.

So stehen wir denn vor der überraschenden Thatsache, dafs sich die Farbenbezeichnungen der Dichter und der Gewerbsleute aufserordentlich gut decken, wenn man sich eben nur die Mühe giebt, das gesamte Material zusammenzutragen, welches Gewerbe und Dichtung bieten: freilich hat die Feststellung' dessen, was Pers und Pfirsichfarben bezeichnen, mehrere Wochen Zeit zu Nachfragen in den Geschäften und dem Aufsuchen des Gebrauches des Wortes bei den Dichtern und in dem sonstigen Sprachgebrauch gekostet, aber auch dafür den Beweis ergeben, dafs die Erklärungen der Gelehrten, in dieser Beziehung also, sich von nicht gewöhnlicher Oberflächlichkeit erwiesen, veranlafst durch zum Teil vollständige Unkenntnis des Thatsächlichen. Aber auch das wollen wir als Ergebnis dieser Untersuchung festhalten, dafs immerhin vor Klarlegung der Bedeutung von Pers und Pfirsichfarben auf ein mangelndes Farbenunterscheidungsvermögen oder auf einen Mangel in Ausdruck und Bezeichnung hätte geschlossen werden können: nur würde eine solche Ansicht nicht der Wirklichkeit, sondern der mangelnden Kenntnis entsprossen sein.

Endlich sei noch darauf hingewiesen, dafs ich in meinem Aufsatz: »Die Farbenbezeichnungen des Chanson de Roland und der Nibelungen Not« in der Zeitschrift für Völkerpsychologie u. Sprachwissenschaft Bd. XVIII 2 noch andere Berichtigungen bisher falsch erklärter französischer Farbenbezeichnungen gegeben habe.

— — · — —

Fünfzehntes Kapitel.

Blau, nach Geiger.

Unter den Farbenbezeichnungen des Altertums ist diejenige von Blau in der neueren Zeit durchweg verkannt worden, hat dieselbe den Augendarwinisten den meisten Stoff für ihre Behauptungen geboten. Wir erinnern uns, dafs Geiger das Sehen von Blau und Schwarz über Grün sich entwickeln läfst. Er sagt in seinem Werke: »Ursprung und Entwickelung der menschlichen Sprache und Vernunft«, Stuttgart 1872, S. 307:

»Κύανος ist bei Homer der Stahl, jedoch von der Farbe benannt, wie alle Metalle: dafs die des Stahles für schwarz angeschaut wurde, zeigt das hinzugefügte Beiwort schwarz μέλας Il. 24, 35.« Sodann fährt er fort: »κυάνεος heifst an zwei Stellen stählern (Il. A 26, Σ 564), sonst das Schwarz der Brauen des Zeus, und der Hera, der Haare des Hektor, der Barthaare des Odysseus.

In der Ilias Ω 93, 94 wird κυάνεος dem Trauergewand der Thetis gegeben und dann hinzugefügt: es gab nirgendwo ein schwärzeres Gewand als dieses.«[149]) Geiger fügt hinzu: »wo also κυάνεος das tiefste Schwarz bezeichnet.«

»Der Sand auf dem Meeresboden unter der Scylla wird gleichfalls so genannt.« (Od. M 243.)

»Am häufigsten ist das Wort«, fährt Geiger fort, »vom Wolkendunkel gebraucht, von der Sturmwolke, der Wolke, mit der Apollo unsichtbar macht, daher: die schwarze Wolke des Todes umhüllte ihn (Il. Y 418) und bildlich (Δ 274 ff.) die Wolke des Fufsvolks,« — wie der Ziegenhirt von fern eine Wolke sieht, schwärzer (μελάντερον) als Pech, über das Meer ziehen, Sturm bringend, so bewegten sich die dunklen Reihen φάλαγγες, geführt von Aias. Ebenso (Π 66) wenn dann die schwarze Wolke der Troer (κυάνεον Τρώων νέφος) die Schiffe umzieht, wozu die ähnlichen Worte im eigentlichen Sinne Od. M 75 zu vergleichen sind.

Κυανοχαίτης soll »mit schwarzem Haupthaar« heifsen, κυανῶπις demnach mit schwarzen Augen.

Eine ganz andere Bedeutung freilich trägt Gladstone in diese Farbenbezeichnung hinein: der seltsame Forscher sagt von κυάνεος in der angeführten Schrift S. 28, 9: »Meiner Ansicht nach bedeutet es 1. gefertigt von, und 2. in Farbe gleich Bronze.« Sodann sagt er: »Ich glaube mit Bestimmtheit annehmen zu können, dafs mit χέανος Bronze gemeint ist, welche gewöhnlich dunkel und nicht hell ist.«

Seine Ansicht tiefer zu begründen, hält der seltsame Gelehrte allerdings nicht für nötig, aber der Pflicht durfte er sich denn doch nicht entziehen, uns auseinanderzusetzen: da in den homerischen Gesängen χαλκός Bronze ist, diese aus einer Verbindung von neun Teilen Kupfer und einem Teil Zinn besteht, braunrot bis gelb aussieht, je nach der Art der vollzogenen Verbindung der Metalle und dem Glanz des im Licht der Sonne sich widerspiegelnden blinkenden Metalles, warum Homer ein in diesem Falle so seltsames Wort wie κυάνεος für das Mischmetall, das Erz setzt.

Beweise aus den nachhomerischen Schriftwerken, dafs κυάνεος in der That Blau bezeichnet, gebe ich nur einige. Wir entsinnen uns, dafs Demokritus das κυανοῦν, das Ultramarinblau also, als eine Mischung aus Waid ἰσάτις und Feuerrot πυρώδης bezeichnete, Plato läfst das Blau aus Glänzend, Weifs und gesättigtem Schwarz entstehen. Nach der Schrift über die Farben entsteht eine ultramarinblaugleiche Färbung der Luft, wenn man dieselbe in der Tiefe sieht.[150])

Plut. nennt in Plac. Phil. I. 6. p. 485 den Himmel schön und dessen Farbe schön, »denn mit Blau ist er gefärbt«, setzt er ausdrücklich hinzu.[151])

Dafs Plutarch dem Regenbogen die Farben Ultramarinblau κυάνεον und Dunkelgrün πράσινον gegeben, haben wir bereits besprochen.

Fernere Beweise dafür, dafs κυάνεος blau bedeutet, sind die Bezeichnungen κυανός der Lasurstein, lapis lazuli, wie von Plato Phaed. 113, 6 angeführt wird; der blaue Kupferocker giebt die Farbe zum Anstrich, die wir bei Paus. finden 5. 11. 2. Aristoteles und Älian reden von der blauen κυάνεος — Amsel, und von der Kornblume sagt noch Schiller in der Ausdrucksweise der Alten und mit Hinzufügung der deutschen Übersetzung: »Flechtet auch blaue Cyanen hinein.«

Wir wenden uns jetzt zum Aussehen des Stahles.

Der Stahl wird nach der Odyssee in der Weise hergestellt, dafs glühendes Eisen in kaltes Wasser getaucht wird. Neben dieser den Hellenen bekannten Art der Eisenhärtung scheint es aber eine andere Art von Herstellung des Stahles gegeben zu haben. Der Stahl wird nach Riedenauer: »Handwerk und Handwerker in der homerischen Zeit. Erlangen 1873« (S. 111), nämlich κύανος nur genannt an dem Schilde des Agamemnon, einer kyprischen, d. h. phönizischen

Arbeit, und an den Wänden des phäakischen Königspalastes, an dem zweiten Schilde des Achilles und an dem des Herakles.

Dafs aber der Stahl in das Blaue eingeht, beschreibt Goethe, und Rood sagt: »Wenn man das Licht zu wiederholten Malen auf Metalle, wie Silber oder Stahl fallen läfst, so bekommt Silber auf diese Weise eine gelbe Tinte, der Stahl dagegen spielt dann in Blau.« Da nun in den ägyptischen Basreliefes von Ramses II. aus der Zeit des 12. Jh. vor unserer Zeitrechnung die Waffen der Ägypter rot, die der Philistäer blau gemalt sind, so ist allerdings der Schlufs gerechtfertigt, dafs an den Stellen, wo bei Homer der Stahl κύανος heifst, damit phönizische Arbeit gemeint ist: der homerische phönizische Blaustahl ist eine Art Vorgänger des berühmten Stahles von Damaskus.

Wie kann nun aber, wenn κυάνεος bei Homer blau heifst, zur Erklärung oder Verstärkung des Gesehenen schwarz hinzugefügt werden?

Zunächst wollen wir uns erinnern, dafs die äufserste, tiefste Grenze von Rot über Braun ebenso zu Schwarz führt, wie von Grün und Blau die tiefste Abstufung in das Schwarz eingeht — umgekehrt sich aber auch aus Schwarz wieder Braun und Rot, Grün und Blau entwickeln können. Nun ist aber das Verhältnis von Schwarz und Blau ein besonders inniges. Das tiefste Schwarz zeigt, wenn es ein glänzendes ist, stets einen Blauschimmer. Das können wir alle Tage an der Steinkohle sehen, das sehen wir an dem schwarzen gesalbten Haar, besonders wenn ein Lichtschein darauf fällt, das sprechen wir auch sonst aus, wie denn neulich eine süddeutsche Behörde nach einem Verbrecher mit bläulichem Haar fahnden liefs — und darauf haben auch unsere Vorfahren hingewiesen, als sie die Mär vom Ritter Blaubart sich erzählten, der also einen so schwarzen, glänzenden Bart hatte, dafs derselbe in das Blaue überging, den blauen Schimmer zeigte.

Somit weist in den berührten Fällen Blau auf glänzend schwarzen Untergrund hin, aus dem dasselbe hervorgeht.

Und in diesem Sinne ist κυανοχαίτης mit blauem Haupthaar ebenso als berechtigte Farbenbezeichnung zu betrachten, wie dies κυάνεος blau als Zusatz zu den Brauen, wie unser Blaubart beweist. Wie sich das Blau zu unserem glänzenden Schwarz der Kohle gesellt, so wird es in den homerischen Dichtungen mit dem schwärzesten Pech in Verbindung gebracht, mit dem glänzendschwarzen Gewande der Meeresgöttin Thetis, dem Sande des Meeres, welcher, wenn eine Naturanschauung in der Bezeichnung wiedergegeben wird, so schlammreich ist, dafs er dunkelschwarz aussieht und demnach in das Blaue schimmert — von entsprechend aussehendem Flufs- und Meeressand spricht Virgil wiederholt — endlich in dichterischer Verstärkung des Dunkels der Wolke — auch wir sprechen von schwarzen Wolken — welche als so schwarz bezeichnet werden, dafs sie in das Blaue schimmern; von dem pechschwarzen Nebel Londons aber wufsten erst jüngst alle Zeitungen zu erzählen.

Beiläufig sei bemerkt, dafs der Blauschimmer des glänzenden Schwarzes in weiterer Beziehung auch das Beiwort Violett von der Wolle der Schafe des Kyklopen erklärt. Die Wolle der Schafe ist als schwarz und fett gedacht, dafs sie in das Blaue schimmert. Nun ist aber das Schwarz des Schafes aus dem Braun hervorgegangen, und so gelangen wir durch Mischung von Schwarz, Braun und Blau zu jenem Violett, welches der Wolle der Schafe gegeben wird, nach der Freiheit des Dichters, welcher den hervorzurufenden oder hervorgerufenen Eindruck durch ein entsprechendes Wort in kühner Steigerung des Gesehenen zu bezeichnen weifs, wo wir mit den kalten Augen des täglichen Lebens und der gewöhnlichen schmucklosen Rede das entsprechende Wort des Dichters zu gebrauchen uns scheuen.

Deshalb wird sogar dem Blaustahl auch einmal das Beiwort schwarz, μέλας, und zwar im Hinblick darauf gegeben, dafs derselbe so tiefblau erscheint, dafs dieses Blau in Steigerung seines Gehaltes, wie ihn der Dichter der Farbe beilegt, zu Schwarz wird.

Sechzehntes Kapitel.

Phönizisch Rot und Purpur.

Als Farbenbezeichnungen, welche gleichfalls ihrer Bedeutung nach nicht recht erkannt sind, haben wir das phönizische Rot und die Ausdrücke für Purpurfarben zu nennen, mit welchen das phönizische Rot zumeist verbunden zu werden pflegt. Die Farbenbezeichnungen sind bei Homer φοινικοῦς und φοινικόεις, sodann πορφύρεος, πορφυρόεις, und endlich ἁλιπόρφυρος, wofür wir bei den Philosophen ἀλουργόν und ἀλουργές fanden.

Machen wir uns zuerst mit φοινικοῦς, der Bezeichnung des phönizischen Rot bekannt, welches in dem französischen Wort ponceau als Farbenbezeichnung noch heute im Gebrauch ist. Die

Farbenabstufung nun, welche mit dem phönizischen Rot bezeichnet wird, entspricht im wesentlichen unserem Scharlach, sie ist nicht ganz von Karmin und Karmosin zu scheiden.

Den Stoff zu dieser Färbung lieferte »ein kleines erbsengrofses Insekt« — mit Delitzsch in seinen Farbenstudien zu reden — »welches sich durch Anbohren und Ansaugen einer Eichenart und einiger anderer Pflanzen ernährt. Man hielt dieses Insekt gemeinhin für eine Beere (κόχχος) des Baumes selber und nannte es deshalb coccum; die Eiche, an der er sich findet, heifst davon quercus coccifera.«

Nun berichtet uns Delitzsch weiter, dafs bereits das mosaische Gesetz die Beere als Wurm und die von ihm kommende Farbe als Glanzwurmfarbe bezeichnet. · Der Wurm heifst aber im Persischen Kirm — wir würden demnach das Karmin, das Delitzsch aus dem nach seiner Ansicht »stammverschiedenen« kirmiz, kirmisi herleitet, als verschiedene Bezeichnung fassen können, wenn nicht Ascoli (in seinen Vorlesungen über die vergleichende Lautlehre, Halle 1872, S. 57) uns die Wahrscheinlichkeit nahe legte, dafs gotisch vaurms Schlange, Wurm, durch die Zwischenstufe hvaurms (hvurmi) hierdurch mit dem gleichbedeutenden sanskritischen kṛmi = karmi übereinstimme; seinerseits würde das lat. vermis ebenfalls durch kvermi damit zusammenfallen.

In der Anmerkung 1, S. 58 sagt Ascoli dann: »Ist vermi = kṛmi, so hätten wir in der italienischen Sprache den merkwürdigen Fall von zwei verschiedenen Fortsetzern des ursprünglichen karmi, beide in derselben besonderen Bedeutung und ohne eine Ahnung von der Verwandtschaft, die unter ihnen stattfindet; nämlich: vermiglio scharlachrot (verni-clo, der Scharlachwurm) und cremisi karmesin (= sanskr. kṛmi-ǵa, die vom Wurm Erzeugte) ein in verhältnismäfsig später Zeit aus Asien importiertes Wort.

Der Name Scharlach entstammt dem Türkischen, er ist seit dem Mittelalter für den Farbstoff des Coccusinsektes in Gebrauch. Das Insekt ist die Eichen- und Cactusschildlaus, coccum ilicis und coccum cacti: erst die Neueren haben coccus.

Plinius gelangt von dem Rot des coccum über das Rot der Rose zum Purpurrot.

Das Buch über die Farben erklärt im 2. Kap. das φοινιχοῦν folgendermafsen : »Das Schwarze und Schattige mit Licht gemischt giebt phönizisch Rot (Scharlach), das Schwarze, was mit dem Lichte der Sonne und demjenigen des Feuers gemischt wird, sehen wir phönizisch Rot werden.

Das Schwarze, wenn es in Brand gesetzt ist, wandelt sich in die Farbe phönizisch Rot. Die rauchigen Flammen und die Kohlen, wenn sie durchgebrannt sind, zeigen sich in der Farbe phönizisch rot.«[152])

Das Buch der Farben stellt das phönizisch Rot stets in den Gegensatz zum Rotbraun mit einem Blauschimmer, ἀλουργές, aber obgleich dasselbe gleichfalls einen Blauschimmer hat, so sollte es doch eigentlich vor dem Vollrot mit dem Blauschimmer, πορφυροῦν also, für den Vergleich zunächst zurücktreten, wie denn auch Aristoteles die Scheidung von πορφυροῦν und φοινιχοῦν ausdrücklich vollzieht, denn nach ihm ist das Licht des Leuchters nicht weifs, sondern vollrot mit dem Blauschimmer (πορφυροῦν) und regenbogenfarbig in der Umgebung, phönizisch rot aber nicht; dazu bemerkt er: »denn was man sieht, ist als gebrochenes (durch seine Brechung) schwach (matt also), und der Spiegel ist schwarz.«[153]) Da nun Aristoteles aus dem Schwarz, der Verneinung des Lichtes, und dem Weifs die Farben entstehen läfst, so ist eben nach ihm das phönizisch Rot als eine hellere Abstufung des Vollrot mit dem Blauschimmer zu erklären.

Demnach stellt sich dasselbe unserem Scharlach etwa gleich, ist also als Gelblichrot mit einem Blauschimmer als Doppelfarbe zu erklären.

Übrigens wufste auch Plinius von dem Verhältnis dieser Doppelfarbe zum Purpur zu berichten, nur erwähnt er bei dieser Gelegenheit nicht auch ausdrücklich den Schimmer, welcher eben die Eigentümlichkeit des Purpur ist.

Wir gehen zum πορφυροῦν über. Plutarch giebt die Farben des Regenbogens in den Gruppen φοινιχοῦν, also phönizisch Rot an, ἀλουργές καὶ πορφυροῦν, Rotbraun und Vollrot mit dem Violett- und Blauschimmer, Aristoteles weist aber darauf hin, dafs das Purpurrot dunkler ist als das phönizisch Rot.

Die Purpurfarbe entstammt der Purpurschnecke. Delitzsch sagt darüber in seinem Aufsatz: »Farben der Bibel«, in Herzogs Realencyclopädie: Die echten Purpurschnecken sind Murex trunculus und der mit Stacheln und Röhren von gröfserer Länge versehene Murex brandaris. Die in der Nähe des alten Tyrus gefundenen Schalenreste stammen alle von Murex trunculus und die bei dem unteritalischen Taranto und im Peloponnes gefundenen von Murex brandaris. Der Farbestoff, welcher von diesen Schaltieren gewonnen wird, ist nicht ihr Blut, sondern der schleimige Saft einer ihnen mit allen Schnecken gemeinsamen Drüse. Dieser Saft ist nicht unmittelbar

rot oder violett, sondern weifslich, aber unter Einwirkung des Sonnen-
lichtes färbt er sich wie eine photographische Substanz durch Gelblich
und Grünlich hindurch bis zur Purpurfarbe, welche ein Gemenge
aus rotem und violettem Licht ist, und diese Mischfarbe von teils
mehr blauem, teils mehr rotem Ton ist unvertilglich.«
Von den alten Gelehrten sagt uns Plinius (H. N. IX 62), dafs
das Rot des Purpur von Tyrus dann für preiswürdig gilt, wenn es
geronnenem Blute gleicht und von oben gesehen in das Schwarze
fällt, von der Seite aber angesehen das auffallende Licht zurückstrahlt.

Vom Blaupurpur — in Wirklichkeit dem Rotbraun mit dem
Violettschimmer — berichtet Plinius, wie Delitzsch übersetzt, es sei
eine düstere (nach anderem Ausdruck eine kalte) Farbe, welche dem
zürnenden Meere gleiche; Plinius sagt aber an der Stelle eben nur
(purpurae) color austerus in glauco et irascenti similis mari (Plin.
9. 36. 60). »Die Farbe des Purpurs ist im Blau herb und streng
und gleicht dem zürnenden Meere.«

Haben wir so die beiden Hauptabstufungen des Purpurs gehabt,
so erfahren wir noch aus Guhl und Koner: »Das Leben der Griechen
und Römer, 2 Aufl.«, — dafs durch mehrmaliges Eintauchen und
Mischen des Saftes der beiden Schneckenarten die Alten verschiedene
Abstufungen zu erzielen verstanden haben, deren Zahl auf dreizehn
angegeben wird — und zwar ist dies nach der Verschiedenheit des
Schimmers der Fall, welcher nach den Beiworten zu urteilen, von Lila
bis in das Violette ging, denn darauf deuten die Worte: amethystina,
ianthina, violacea: Lila, Hyacynthenfarbig und Violett.

Sodann sagen Guhl und Koner noch, dafs das Purpurgewand,
gerade angesehen, einen schwächlichen, hoch gehalten oder von
unten betrachtet, einen hellen Glanz zeigte.

Hier sind sich die Gelehrten nicht recht klar, was sie sagen
wollen. Gerade angesehen zeigt der Purpur in einigen seiner lichteren Abstufungen den Glanz, besonders wenn das Zeug gewölbt
liegt, auf der Höhe der Wölbung, von der Seite aber angesehen
und der Faltung entlang den Blauschimmer in den verschiedensten
Abstufungen bis zu Violett. Abgesehen nun davon, dafs man diese
Versuche in jedem grofsen Zeugladen nach einiger Übung im Farbensehen selbst anstellen kann, so erklärt in entsprechender Weise auch
das Buch von den Farben die Purpurfarbe des Murex, wenn es sagt:
»Auch das Meer erscheint der Purpurfarbe ähnlich, wenn die Wogen
hoch anschwellen und bei dem Brechen sich beschatten und verdunkeln. Denn da die Strahlen der Sonne schwach auf diese

gebrochenen Wogen des Meeres treffen, so bewirken sie, dafs sich eine dunkelrote Purpurfarbe mit rotblauem oder, wie wir sagen, violettem Schimmer (ἀλουργές) zeigt.«[154])

Übrigens behandeln das purpurfarbige Aussehen des Meeres des Südens Goethe wie Rood, und nach von Martens gleicht der Purpur mit dem Blauschimmer der Farbe des Meeres beim Anzug eines Sturmes, da alsdann die dunkelblaue Farbe des Mittelmeeres durch den dunklen Himmel getrübt wird und die Wogen sich erheben, mithin in das lichtere Gebiet emporsteigen.

Hatten wir die Purpurfarbe eine Doppelfarbe genannt, so ergiebt sich die Richtigkeit dieser Bezeichnung auch aus den Worten des Aristoteles, wenn wir demselben das phönizisch Rot gesellen, denn er sagt: »Durch Nebel und Rauch gesehen, sieht die Sonne phönizisch rot aus«,[155]) das Licht, wie bemerkt, der dunkleren Umgebung wegen, in der Umgebung purpurfarben, πορφυροῦν. So bestätigt Aristoteles nicht nur die Ansicht, dafs Purpur wie phönizisch Rot Doppelfarben sind, sondern auch meine in den Zeugläden gewonnene Anschauung giebt Einstimmung, dafs Scharlachrot wie die Purpurfarben ein Blau aufweisen, welches rotem Untergrunde in verschiedenen Abstufungen entstammt, aber auch ein Violett auf rotbraunem Untergrund.

Lösen sich so die Rot-, Blau- und Violettpurprätsel, so sind doch noch nicht alle Beziehungen klargelegt, welche das Wort Purpur ergiebt.

So singt Horaz in der 1. Ode des vierten Buches von Venus und ihren Purpurschwänen:

Tempestivius in domum
Paulli, purpureis ales oloribus,
Comissabere Maximi,
Si terrore jecur quaeris idoneum.

Auch Rood spricht in seiner Farbenlehre von weifslichem Purpur.

Da nun Aristoteles ausdrücklich sagt, dafs die Schwäne stets weifs sind — er hat die schwarzen neuholländischen eben nicht gekannt — da Rood nicht wohl als unkundig der Farben oder als blaublind bezeichnet werden kann, so bleibt nun zu erwägen, was es mit dem weifslichen Purpur und den Purpurschwänen des Horaz auf sich haben kann.

War uns bei dem Purpur der Blauschimmer als besondere Eigentümlichkeit dieser Farbe erschienen, so haben wir einen Schritt weiter zu gehen und in weiterem oder ursprünglichem Sinne den

Schimmer als Purpur selbst zu bezeichnen, der nur als besondere Bezeichnung sich an die unruhig bewegten Farben geheftet hat, welche den beiden berührten Schneckenarten, sowie dem Wurm, welcher das phönizische Rot giebt, entstammen: zeigt sich doch dieser Schimmer an diesen Stoffen besonders auffallend, und da das Blau, wie das Rot in dieser Farbe eine besonders fesselnde Verbindung eingingen, so scheute man keine Mühe und Kunst, die verschiedensten Abstufungen des Rot mit der blauen oder violetten Schimmerfarbe hervorzurufen. Dafs auch Federn diesen Purpurschimmer haben können, bemerkt das Buch über die Farben, welches sagt, nachdem es von der Entstehung der Purpurfarbe im Meere gesprochen hat — »und man kann auch sehen, wie das bei den Federn geschieht.«[156])

Dafs der Purpur ursprünglich gar keine Farbe an sich, sondern nur den Schimmer einer unruhigen Unter- oder wir wollen einmal sagen Grundfarbe bezeichnet, wird durch die Herleitung des Wortes zur Gewifsheit erhoben, soweit eine solche die Herleitung überhaupt bieten kann.

La Roche führt freilich πορφύρω auf φέρω zurück, und zwar in der Bedeutung färben, aber Curtius gr. Etymol. 5. Aufl. S. 303 giebt die Wurzel φρυ an, aus welcher er πορφύριος ableitet. »Setzen wir dafür«, sagt er, »als Grundbedeutung wallen, brennen an, so erklärt sich hieraus trefflich sowohl πορφύρω, φερ: φρυ = πυρ, skt. prush als πόρφυρος. purpurn.« »Die Sprache fafste«, fährt er fort, »wie es scheint, die Wogen der Gewässer, das Flackern des Feuers und das Schimmern der roten Farbe als synonym.«

Setze ich einfach statt »das Schimmern der roten Farbe«, das Schimmern der unruhigen Farbe, so unterschreibe ich die Erklärung von Curtius Wort für Wort. Und auch dieses Schimmern im ausgedehntesten Sinne erlangen wir durch Vaniček, bei dem wir φυρφερ — πορφύρω (intensiv) wogen, aufwogen, aufwallen, unruhig sein, schimmern, schillern, denn auch finden. Purpur ist also ursprünglich der Schimmer der Farbe, und da nach dem Buch über die Farben das Meer ähnlich der Purpurfarbe aussieht, wenn die Sonne auf die sich hebenden Wogen scheint und die niedergehenden Wogen des gelbroten Lichtes zum Teil entbehren, ebenso wie man einen entsprechenden Vorgang bei den Federn sehen kann, so hat Horaz auch die fliegenden Schwäne purpurfarbig zu nennen das Recht gehabt, denn das Licht der Sonne wird gebrochen und damit verdunkelt, wenn es nur die Höhen des Schwanengewandes bestrahlt, in die Neigungen des bewegten Flügels aber nicht zu dringen vermag, also dafs ein Schimmer den im Lichte der Sonne glänzenden Schwan zu umgeben scheint, welchen das im Farbensehen ausgebildete Auge vielleicht sogar als einen gelbrotbläulichen zu sehen vermag. Somit würde ich die Landschaft, welche ich im Januar dieses Jahres von Schnee bedeckt im Sonnenschein vor mir liegen sah, da um die weite weifse Schneefläche ein bläulicher Schimmer spielte, im Sinne des Sprachgebrauches der Alten eine Landschaft mit Purpurschnee zu nennen das Recht gehabt haben.

Doch wir verlassen nun das Gebiet jener Bezeichnungen, bei denen eine falsche Auslegung zu falschen Ergebnissen gelangen mufste, um diejenigen farbigen Einzelerscheinungen in der Natur zu behandeln, auf welche die Augendarwinisten sich für ihre Zwecke zu beziehen pflegen, und zwar zunächst den farbigen Bogen am Himmel, den Regenbogen also.

Siebzehntes Kapitel.

Der Regenbogen.

Anlafs, den Regenbogen in den Kreis ihrer Ansichten von dem mangelnden Farbenunterscheidungsvermögen der Hellenen der homerischen Zeit zu ziehen, ist den Augendarwinisten das Beiwort geworden, welches der Regenbogen in der Ilias führt. Wir lesen nämlich im 17. Gesange der Ilias v. 547, dafs Zeus den purpurfarbenen Regenbogen den Sterblichen vom Himmel herab ausbreitet,[157]) wie allerdings auch die Wolke vier Verse weiter in einem Vergleiche angeführt, purpurfarbig genannt wird, in welche Wolke Athene sich hüllt, die Männer zum Kampf zu erregen.

Die Scholiasten erklären nun das $\pi o \varrho \varphi v \varrho \acute{e} \eta$ als Beiwort des Regenbogens mit $\pi o \iota x \iota \lambda \eta$ bunt, andere geben die Erklärung glänzend. La Roche ist der Ansicht, dafs, da $\pi o \varrho \varphi v \varrho \acute{e} \eta$ auch Beiwort der Wolke ist, welche dem Regenbogen, wie erwähnt, zur Vergleichung dient, das Wort mit dunkel zu übersetzen ist. In seiner Schrift, »Die Bezeichnungen der Farben bei Homer, Linz 1880«, will La Roche $\pi o \varrho \varphi v \varrho \acute{e} \eta$ als Beiwort des Regenbogens mit unruhig übersetzen.

Es ist offenbar, dafs bei allen diesen Übersetzungen, bunt, glänzend, dunkel, unruhig der Bedeutung des Wortes Zwang angethan wird. Purpurfarben ist Rot mit Blauschimmer, und da $\pi o \varrho \varphi v \varrho \iota o \varsigma$ der allgemeine Ausdruck für die Purpurfarbe ist, so kann sowohl das Rot in dem Gegenstand, zu welchem sich πορφύρεος gesellt, den Blauschimmer haben, als das Wort auch auf Rotbraun mit dem Violettschimmer hinweisen kann: der Dichter aber vermag den Eindruck des Blau oder Violett in seiner Vorstellung bis zu dem Grade zu steigern, dafs Athene in der Vorstellung und Sprache des Dichters sich in das schwarzblaue Dunkel der Wolke zu hüllen vermag, ohne gesehen zu werden.

Aber nicht Homer allein legt dem Regenbogen die Benennung purpurfarbig bei, in welcher Bezeichnung das Rot als Haupt- oder Grundfarbe bedeutsam hervorgetreten sein mag, sondern auch der Araber des Koran nennt denselben Bogen des Himmels rot, und wenn die Edda auch den Regenbogen dreifarbig nennt, so hebt sie doch die rote Farbe in demselben ganz besonders hervor, denn wir lesen bei Holtzmann, Deutsche Mythologie S. 183, L. 1874 über die Brücke Bifröst, also den Regenbogen: »Das Rote im Bogen ist brennendes Feuer; es ist darin, damit die Riesen sich davor fürchten, sonst würden sie den Himmel stürmen.«

Als weiteren Stoff zur Regenbogenfrage und der Bezeichnung der Farben desselben würden sich in diesem Sinne aus meinen Werken, »Wendische Sagen, Märchen und abergläubische Gebräuche«, Graz 1880, sowie »Die Mythen, Sagen und Legenden der Žamaiten (Lithauer)«, Heidelberg 1883, die Überlieferungen darbieten, dafs die Wenden und Lithauer von der sagenhaften Brücke ihres mythischen Königs als einer roten sprechen, wie denn auch die Lithauer und ihre Brüder, die Žamaiten, erzählen, dafs der Regenbogen aus dem Blute des Engels der Sonne und des Regens entstanden ist, oder aus dem Blute der Žemina und Melina, des Perkunas und Lituwanis, also der Göttinnen der Erde und des blauen Himmels, des Gewittergottes und des Gottes des Regens.

Nun wäre ja immerhin die Möglichkeit denkbar, dafs die wendische und lithauische Überlieferung in dieser Beziehung auf eine Zeit zurückgeht, in welcher Wende und Lithauer den Bogen des Himmels nur als einen roten zu sehen vermocht hat — in der Sprache der Augendarwinisten zu reden. Es könnte dann dieser Teil der Überlieferung, insofern er auf die sagenhafte Brücke Bezug hat, erstarrt sein: ja, ich sehe nicht ein, wenn man zu solchen Annahmen bereit ist, warum man nicht im Sinne der sprachvergleichenden Mythologie in die Zeit der Gemeinsamkeit der Semiten und Arier an der Hand dieses Beiwortes Rot für den Regenbogen zurückgehen sollte, um daraus auf das Sehvermögen der Semiten und Arier vor ihrer Trennung weitgehende Schlüsse zu ziehen, denn selbst im Hesekiel (I 26—28) wird der Regenbogen im Gewölke mit einem Manne verglichen, dessen Aussehen von den Hüften aufwärts wie Glüherz war, von den Hüften abwärts aber wie Feuer.

Indes ich verwahre mich vor der Zustimmung zu solchen Träumereien: erklärt uns doch mittelbar die Edda, warum in der Sagensprache der verschiedenen Völker und der verschiedenen Zeiten das Rot im Bogen besonders hervorgehoben wird: dieser Grund liegt aber in den Eigenschaften der Farbe Rot und den sich daran knüpfenden Vorstellungen.

Überdies, da nach der lithauisch-žamaitischen Überlieferung der Bogen als aus dem Blute der kämpfenden Götter des Regens und Gewitters, des blauen Himmels und der Erde entstanden bezeichnet wird, so hindert allein die Einfügung der Göttin des blauen Himmels, dessen Gestaltung die Melina, die Blaue, nach Namen und Wesen ist, im Sinne der Herren Gladstone-Geiger-Magnus in diesem Falle an Urzeiten zu denken, in welchen die Menschen nur Rot, nicht aber auch Blau gesehen haben sollen.

Ja! hätten wir keinen anderen Beweis für meine Behauptung, dafs, wenn die Sagenerzähler und Dichter in dem Bogen das Rot bedeutsam hervorheben, sodafs sie ihn geradezu nur als den Roten bezeichnen, sie dies aus allen anderen Gründen thun, als aus dem Mangel des Sehorgans, es würde Homer selbst uns denselben bieten.

Abgesehen davon nämlich, dafs πορφύρεος eine Doppelfarbe bezeichnet, mithin Homer mit Absicht nicht einfach ἐρυθρόν, rot, gesagt haben wird, wie der Dichter des Koran oder die Sagenerzähler der Lithauer und der Wenden dies gethan haben, sondern mit seiner Bezeichnung auf Rot und Blau hingewiesen haben wird, so finden wir noch eine andere Erwähnung des Regenbogens in der Ilias, aus welcher die Kenntnis der Mehrfarbigkeit desselben vonseiten der homerischen Sänger sich durchaus klar und deutlich ergiebt. Wir finden diese Stelle im 11. Gesange der Ilias v. 26—28, wo es von den Schildzieraten heifst: »Auf jeder Seite reckten sich je drei Drachen aus Stahl nach dem Halse hinaus, den Regenbögen gleichend, welche Kronion in den Wolken befestigt hat.«

Da es nun nicht wohl möglich ist, dafs den sechs Drachen, — je drei auf jeder Seite, sechs Regenbögen, je drei auf jeder Seite, — entsprochen haben, so müssen wir die Mehrheit des Wortes ἶρις auf die Streifen des Regenbogens beziehen. In diesem Falle würden

wir zu mehreren Streifen des Regenbogens gelangen: diese Streifen
können aber nur Farbenstreifen sein. Daraus folgt aber mit zwingen-
der Notwendigkeit, dafs Homer im Regenbogen verschiedene Farben
gesehen hat, auf welche hinzuweisen er ebenso berechtigt ist, wie
wir ihm als Dichter das Recht nicht versagen dürfen, zwei Farben,
oder auch nur eine, so bedeutsam hervorzuheben, wie er das mit
seinem Beiwort gethan hat.

Mit meiner Erklärung ist aber eine Deutung der angeführten
Verse der Ilias beseitigt, welche La Roche als die wahrscheinliche
erscheint, dafs nämlich in der bezeichneten Stelle der Ilias die Regenbogenstrahlen mit den Drachen wegen des Farbenspieles des schillernden
Stahles verglichen werden, — denn die blauen Stahldrachen sind
fest auf den Schild geheftet, und die Streifen des Regenbogens
schillern nicht beliebig durcheinander, sondern sind an das Gewölbe
des Himmels befestigt.

Wer eines Dichters Worte nicht in ihrer Eigenheit erkennt,
der vermag aus denselben auch keine richtigen Schlüsse zu ziehen,
denn bei willkürlicher Deutung würden wir dahin gelangen können,
zu behaupten, dafs der altgriechische Dichter den Regenbogen bald
nur als einfarbigen zu sehen vermocht hat, bald als einen schillernden, während Virgil und Ovid bereits je 1000 Farben darin zu
unterscheiden gewufst haben, da wir doch jetzt darin eigentlich
nur 6, oder Newton zuliebe 7, mit Hülfe der Photographie aber
etwa 8 oder 9 zu sehen vermeinen. Denn Virgil sagt allerdings
Aen. VII 701 ff.:

Iris mit Saffranschwingen im tauigen Lauf durch den Himmel
Gegen die Sonn' hinziehend den tausendfarbigen Bogen,
Flieget hinab, und das Haupt ihr umschwebt sie.[159])

Doch die 1000 Farben Virgils und Ovids, die eine Farbe des
Regenbogens der Lithauer und der Wenden, des Korans und des
Hesekiel — warum gehen die Augendarwinisten nicht so weit, zu
behaupten, dafs die Ebräer der ältesten Zeit auch noch nicht einmal
das Rot im Regenbogen zu sehen vermocht haben, da von dem
Bogen des Friedens nach der Sündflut eine Farbe allerdings nicht
erwähnt wird? — die Doppelfarben Homers, die drei Farben der
Edda gehören allein der berechtigten Ausdrucksweise des Dichters
und Sagenerzählers an — mit dem Farbenunterscheidungsvermögen
derselben haben sie nichts zu schaffen.

Achtzehntes Kapitel.

Die Farbe des Himmels.

Allein dem Mangel an richtigen Gesichtspunkten, welche eine gesunde Erklärung des Dichters und Sagenerzählers bedingt, ist endlich der letzte scheinbar überzeugendste Beweis für die Blau- und Grünblindheit der Völker, nicht nur der homerischen Zeit, sondern auch der alten Semiten und Inder entsprungen, wenn die Sprachforscher und Augendarwinisten weder bei Homer noch in den Veden, weder im alten Testamente noch im Koran eine Stelle gefunden zu haben glauben, in welcher der Himmel als blau, oder das Gefilde als grün bezeichnet ist. Zunächst ist nämlich nicht zu leugnen, dafs im alten Testamente Beziehungen des Saphirs auf die Farbe des Himmels nicht wohl zu beseitigen sind — dafs der homerische Sänger das verschiedene Grün der Landschaft zu seinen Zwecken künstlerisch zu verwerten weifs, haben uns die Homererklärer bereits gezeigt — das wäre also das Sehen des Blau des Himmels und des verschiedenen Grün des Gefildes — so ist doch selbst dann, wenn diese Beziehungen nicht erwiesen wären, der Schlufs ein verfehlter, welcher allein aus dem Nichtvorkommen einer uns geläufigen Bezeichnung Eigentümlichkeiten anderer Völker und anderer Zeiten zu erschliefsen sich anschickt.

Wohin eine solche Art von Schlufsfolgerungen führen würde, dafür seien nur einige wenige Beweise gegeben.

Nach Geoffroy z. B. »De la connaissance des couleurs dans l'antiquité« findet sich Blau bei Corneille gar nicht, hat La Fontaine nur einmal azur, wie das Chanson de Roland dieses Blau und das Blau überhaupt nur da hat, wo es vom Schilde geschlagen wird.

Blau hat aber auch das Nibelungenlied nach meiner Arbeit darüber nicht ein einziges Mal, denn sein Zerbläuen hat mit der Blaufarbe nichts zu thun, da bliuwan schlagen heifst: nur durch Anähnlichung der Laute ist die Bedeutung des Blau in das Wort hineingetragen. Aber das Nibelungenlied hat auch Gelb nicht — nach Preyer sogar die erste Farbe, welche der Mensch als solche erkann᾽ hat. Damit sind wir aber nach der Art der Schlufsfolgerung unserer Augendarwinisten zu dem blaublinden Corneille und zu den gelb- und blaublinden Dichtern des Nibelungenliedes gelangt, ja unser Goethe hat nach den Farbenbezeichnungen, die er in Hermann und Dorothea verwandt, zu urteilen, nur bräunliche und rote Farben zu sehen vermocht, blaue, rötlich-blaue, grüne und grünliche, nicht aber gelbe, orangene und violette.

Der Himmel hat vor Jahrtausenden ebenso in blauer Wölbung die Erde umschlossen, wie er das noch heute thut, und wenn die Völker, ihre Sagenerzähler und Dichter nicht so viel von dem blauen Himmel singen und sagen, wie das unsere Dichter zu thun pflegen, so haben wir den Grund dafür nicht in ihrem Auge, sondern in ihrem Geschmack zu suchen.

Neunzehntes Kapitel.

Unterschied in den Farbenbezeichnungen der Epiker, Lyriker und Dramatiker.

Haben wir nicht umhin gekonnt, die Ansicht zu bestätigen, daß die Sprache auch des Dichters als beweiskräftig für einen Mangel im Sehvermögen seiner Zeitgenossen zu betrachten sein könnte, so leitet sich doch solcher Mangel nicht ohne weiteres aus dieser oder jener dichterischen, uns vielleicht zunächst auffälligen Verwendung gewisser Bezeichnungen her: die Erklärung eines Dichters verlangt eben die Darlegung der Absicht, aus welcher derselbe, gewisse Eindrücke in der Vorstellungswelt hervorzurufen, unter Umständen abweichend von der gewöhnlichen Rede des alltäglichen Lebens auch gewisse Farbenbezeichnungen setzt oder vermissen läßt: einen Schluß auf die Beschaffenheit seines Sehorgans zu ziehen, darf nur der wagen, welcher trotz Berücksichtigung dieser Verhältnisse den Beweis unumstößlich geführt, daß der Dichter und seine Zeitgenossen durchweg in der Bezeichnung verschiedener Farben nach seinen Darlegungen geirrt haben.

Es erübrigt, daß ich jetzt die Gründe dafür gebe, daß ich in dem nun folgenden Teil meines Werkes die Farbenbezeichnungen nicht Homer allein entnommen habe, von dem seit Gladstone die Untersuchungen der Augendarwinisten recht eigentlich ihren Ausgang genommen, sondern den gesamten griechischen Epikern von Homer bis einschließlich Quintus Smyrnäus, Lyriker und Dramatiker aber nur beiläufig berücksichtigt habe.

Wie mir scheint, unterliegt es keinem Zweifel, daß der epische Dichter in höherem Maße die Gebilde seiner Einbildungskraft mit der wirklichen Welt in innige Beziehung zu setzen sich zu bemühen hat, als der Lyriker und Dramatiker. Ist das aber der Fall, so muſs die wirkliche Welt sich in der epischen Dichtung besser erkennen lassen, als dies in den Schöpfungen der Lyrik und Dramatik möglich ist. Wird diese Ansicht als richtig anerkannt, so werden auch die Farbenbezeichnungen des Epikers mehr Anspruch darauf erheben können, daſs sie das Wesen und die Farbe der Dinge dieser Welt bei aller Freiheit des Dichters schärfer wiedergeben, als die Beiworte der Lyriker und Dramatiker, welche mehr die persönlichen Anschauungen des Dichters und die augenblickliche Stimmung desselben wiederzugeben bestimmt sind.

Nun haben wir aber die Möglichkeit, aus den Heldendichtungen der Griechen für unsere Untersuchung Stoff zu gewinnen, welcher den Schöpfungen eines ungeheuren Zeitraumes entnommen ist; setzt man die Zeit des Homer auf die Zeit von 950 bis 900 an, diejenige des Quintus Smyrnäus auf die zweite Hälfte des vierten Jahrhunderts unserer Zeitrechnung, so bietet sich uns ein Stoff dar, welcher mit Berücksichtigung der Quellen, aus denen er geschöpft ist, gewisse Eigenheiten eines Volkes erkennen zu lassen die Möglichkeit den Schöpfungen desselben entnimmt, die das dichterische Spiegelbild des Volks- und Vorstellungslebens sind über einen Zeitraum hin von mehr als 1200 Jahren. Somit ist durch meine Arbeit die volle Gelegenheit gegeben, Fragen, wie die berührte, von den verwegenen Folgen einer subjektiven Laune zu befreien. Deshalb habe ich die Mühe nicht gescheut, nicht nur die Epiker, welche in diesem langen Zeitraum geschaffen, zu lesen und die Farbenbezeichnungen aus ihren Schöpfungen auszuziehen, sondern auch jedes Wort, welches irgend welche Beziehung zur Farbe hat, in dem Zusammenhange auf seine Bedeutung hin zu untersuchen, in welchem dasselbe gefunden wird.

Und nun wenden wir uns den Farbenbezeichnungen im einzelnen zu.

Die Farbenbezeichnungen der Epiker.

Zwanzigstes Kapitel.

Schwarz.

Der folgende Teil der Arbeit schickt sich an, die Farbenbezeichnungen der griechischen Epiker in ihren Verbindungen mit
Hauptwörtern zu bieten, oder die Hauptwörter allein, wo dieselben
Beziehungen zu einer Farbe erwiesen. Schwarz mag den Anfang
machen mit allen der Schwarzgruppe angehörenden Worten.

1. a) *μέλας* schwarz.

Der Ursprung des Wortes *μέλας*, sowie die verschiedenen
Farben und Abstufungen, welche den diesem Worte entsprechenden
Bildungen in den verschiedenen Sprachen zukommen, sind von mir
bereits behandelt worden (siehe S. 57); wir untersuchen jetzt die
Verwendung des Wortes bei den griechischen Epikern. Es findet
sich dort als Beiwort von den Schafen (Accus.) *ὄιν* Il. 10, 215, vom
Lamm (Accus.) *ἄρνα* Il. 3, 103, dem Adler *αἰετός* Il. 21, 251, den
Robben *φῶκαι* H. H. I 77.

Das Wort gesellt sich der Haut des Stieres, welche durch das
dichte Haar schwarz wie Wolle erscheint *δέρμα ταύροιο λάχνῃ
μέλαν*, Apol. I 325, dem Maul der Hunde, welche *πυρροί* feuerrot,
rotgelb genannt werden, Ep. Gr. fr. Antim. 98, dem Blut *αἷμα* Il.
4, 149, dem geronnenen Blut *βροτόν* Od. 24, 109, dem Herzen
ἦτορ Q. Sm. 5. 379, der Wunde des Philoktet Q. S. 9, 376.

Von Pflanzen und deren Teilen steht es bei Epheu *κισσός*
H. H. 7, 40, den Trauben *βότρυες* Il. 18, 562, der Rinde (nach
Aristarch), der Eiche *τὸ μέλαν δρυός* Od. 14, 12.

Zu Steinen gesellt es sich bei dem Stein im Felde *λίθος*
Il. 7, 265, dem Stein der Grenze Il. 21, 405 und dem heiligen
Stein *λίθος ἱερός* Ap. 2, 1172.

Von Erzeugnissen, welche den Einfluß von Natur und mensch-
licher Thätigkeit bekunden, treffen wir *μέλας* schwarz bei dem Wein
οἶνος Od. 9, 196 — derselbe Wein wird v. 208 *ἐρυθρός* genannt —
dem Schiffe *ναῦς* Il. 1, 140, dem Stahl *κύανος* Il. 11, 24, dem
Schwert *ἄορ* Q. S. 2, 543, dem Eisen *σίδηρος* H. E. 151, der Asche
τέφρη Il. 18, 25, dem Aschenhaufen *σποδιή* Od. 5, 488.

Ordnen wir jetzt die Beifügung μέλας zu den Elementen (im Sinne der Alten), so gesellt sich das Wort zu der Erde γαῖα Il. 2, 699, der Erde, welche unter den Füfsen aus dem Wasser hervorscheint Od. 11, 587, dem Festland ἤπειρος Od. 14, 97, der Insel Kerkyra Ap. 4, 569, die schwarz durch den Wald, κελαινὴ ὕλη, der dunkel ist, erscheint, — dem Staub κόνις H. H. 3, 141.

Auf das Element des Wassers bezogen gesellt es sich zu dem Wasser des Aisepos, des reifsenden Gebirgsstromes vom hellespontischen Phrygien (nicht aber von Klein-Mysien, wie Ebeling und einige andere Gelehrte angeben) ὕδωρ Αἰσήποιο Il. 2, 825, zu der Woge des Meeres κῦμα Od. 5, 353, der aufschauernden Meeresfläche φρίξ Od. 4, 402, dem Meer πόντος Ap. 1, 922, dem Regen ὄμβρος Ap. 3, 126, und durch den Superlativ μελάντατος auf die höchste Steigerung des Eindrucks hinweisend, welchen derselbe, aus der schwarzen Wolke hervorströmend, zu machen imstande ist.

Dem Element der Luft, dem Nebel und Rauch, wird es gegeben wie der Wolke νέφος Il. 4, 277, welche schwärzer als Pech genannt wird, dem Rauch καπνός Q. S. 10, 194, und Sturm λαῖλαψ Q. S. 6, 368.

Von Nacht, Abend und Dunkel steht es bei der Nacht νύξ Il. 9, 65, dem Dunkel der Nacht νυκτὸς κνέφας Ap. 4, 437, dem Abend ἕσπερος Od. 1, 423, der Dunkelheit (der Mitternacht?) ζόφος Ap. 2, 921.

Von nicht der Wirklichkeit angehörenden Dingen, bei Gestaltungen einer übersinnlichen Welt, sowie in übertragener Bedeutung findet sich μέλας schwarz bei dem Hause der Vergangenheit δόμος λήθης Q. S. 4, 167, dem Chaos χάος, welches vom Himmel herabsteigt Ap. 4, 1693, der Todesgöttin κήρ Il. 3, 454, den Keren des Todes κῆρες θανάτοιο Il. 2, 834, dem Tode θάνατος Il. 16, 687, der schwarzen Wolke des Todes νέφος Il. 16, 350, den Qualen ὀδύναι Il. 4, 117, dem Kummer ἄχη Q. S. 9, 367, dem Verderben ὄλεθρος Q. S. 2, 486, dem Geschick πότμος Q. S. 6, 51, dem Pfad οἴδμα.

Bevor wir diejenigen Fälle noch besonders behandeln, in welchen uns μέλας in der Bedeutung von schwarz, einem Substantiv gesellt, etwa auffallend erscheint, gehen wir jetzt zu den Zusammensetzungen des Wortes über.

b) παμμέλας ganz schwarz,

als Beiwort von ταῦροι Od. 3, 6 und ὄις Od. 10, 525, den Stieren und dem Schafe.

c) *ἀμφιμέλας* auf beiden Seiten, ringsum schwarz
gesellt sich nur zu *φρένες* Zwerchfell Il. I 103 u. s. w. Das
Zwerchfell steht aber nur in übertragener Bedeutung. Von den Gelehrten wird die Zusammensetzung des Wortes bestritten oder ge-
billigt. Nach der Erklärung der Alten ist dies *μέλας* oder *ἀμφιμέλας*
gesetzt, weil das Zwerchfell in der Tiefe liegt oder aber um zu
bezeichnen, dafs der Zürnende dunkel aussieht, der Nacht vergleichbar.
Köppen läfst die schwarzgrüne Galle, welche bei dem Zürnenden
erregt wird, das Beiwort rechtfertigen. Mir scheint, dafs die Beobachtung, dafs der Zürnende durch das erregter und deshalb dunklere
vom Herzen ausströmende Blut die Anwendung dieses Beiwortes
auch für *φρένες*, im Sinne der Alten, — denn wir würden dafür
Herz sagen — erklärt. In diesem Falle würde Schwarz auf die tiefste
Steigerung von Rotbraun hinweisen.

d) *μελάμβροτος* voll schwarzer Menschen,
so wird Äthiopien *Αἰθιόχεια* nach der Farbe seiner Bewohner genannt
Q. S. 2, 32, wie das äthiopische Land bei Eur. frg. Arch. 2.

(e) *μελαγχροίης* schwarzhäutig
wird Odysseus, an sich ein *ξανθός*, ein Held mit gelbem Haar,
nach der Farbe seiner Haut genannt Od. 16, 175. Das Beiwort ist
im Sinne unseres Rothaut, gelber Mensch, Weifsgesicht zu verstehen,
— es bezeichnet somit den schwarzen Schimmer, in welcher die
von der Farbe der Gesundheit strotzende rotbraune Haut des Odysseus in höchster Steigerung des Eindruckes, welchen dieselbe hervor-
ruft, erscheint — wie wir nach der Steigerung des Schimmers der
Haut bis zu Rot und Gelb die Indianer und Chinesen benennen,
die Schwarzen uns von gleicher Anschauung die Weifsen.

f) *μελανόχροος*
wird in derselben Bedeutung der Herold Eurybates genannt Od. 19, 246.

g) *μελανόχρως,*
die dritte Bildung des Wortes in derselben Bedeutung, wird den
Äthiopiern gegeben *Αἰθιοπῆες* Q. S. 2, 642, aber auch den Waben
κηροί Q. S. 3, 224, in der Il. 13, 589 den Bohnen. Von der faba
vulgaris, der Saubohne, lehrt uns die Pflanzenkunde, dafs sie dicke,
schwarzwandige Hülsen hat.

h) *μελάνυδρος* schwarzwassrig,
vom Wasser der Quelle gesagt Il. 9, 14.

i) μελάνδετος schwarz gefaſst,

vom Griff oder der Scheide, werden Od. 17, 718 die φάσγανα, die Schwerter genannt, auch heiſst so das Bronzeschwert ἄορ χάλκεον H. A. 221. — Nach den Schol. wären die also bezeichneten Hefte nach dem Eisen oder einer dunklen Holzart schwarz genannt.

k) μελάγχιμος wird mit schwarz übersetzt.

Xenophon und Pollux führen von der Bedeutung schneefrei, von Hasenlagern, in welchen der Schnee weggeschmolzen ist, zu Schwarz, aber eine solche Erklärung ist gesucht. Da nun von Quintus Smyrnäus der Sturm λαῖλαψ und der Regenguſs ὄμβρος schwarz genannt werden, da der zweite Teil des Wortes, χιμος also, sich in χεῖμα Sturm, Regenguſs wiedererkennen läſst, so bin ich geneigt, »schwarz wie der Regenguſs« zu übersetzen. Gegeben wird μελάγχιμος dem Gift ἰός Ap. 4, 1508.

l) μελαίνω mache schwarz, μελαίνομαι werde schwarz, nur Pass.

Schwarz sind die Trauben geworden, σταφυλαί H. Asp. 300; daſs auch die Frucht des Ölbaumes durch die Tropfen des Winterregens schwarz wird, erfahren wir aus Q. S. 4, 263. Das Wort wird zu den Kiefern der Drachen gesetzt γένεια H. A. 167 und der Haut der verwundeten Aphrodite, von welcher es heiſst μελαίνετο δὲ χρόα καλόν Il. 5, 354, wo der Scholiast es mit πελιδνοῦτο erklärt; er trägt also die Färbung von Fahl bis in das Blaue in das Wort hinein: das heiſst aber denn doch der Bedeutung des Wortes Zwang anthun, deshalb ergänze ich mit anderen Homererklärern αἵματι.

Auf die Elemente im Sinne der Alten bezogen, finden wir μελαίνομαι von der Erde und dem Äther gesagt αἶα καὶ αἰθήρ Q. S. 6, 166; sodann von dem Boden der Erde beim Pflügen Il. 18, 546 und Q. S. 5, 63; Kerkyra Κίρκυρα wird schwarz durch einen dunklen Wald Ap. 4, 569.

m) μελάνω = μελανέω, μελαίνομαι.

Das Verbum steht auf schwachen Füſsen, denn Bergk hält es für einer Vermutung von Aristarch entsprossen: er schreibt demnach Il. 7, 64 nicht μελάνει δέ τε πόντον ὑπ' αὐτῇ, wie Aristarch, sondern μελανεῖ δέ τε πόντος ὑπ' αὐτοῦ, die Form als intransitives Präsens oder als Futurum fassend. La Roche liest μελάνει δέ τε πόντος ὑπ' αὐτῆς. Sind für uns die grammatischen Untersuchungen hier nicht von besonderer Wichtigkeit, so ist es doch der vom Dichter geschilderte Vorgang, daſs die Farbe des Meeres schwarz erscheint unter dem Einflufs des Zephyr und seiner die Wogen kräuselnden Gewalt.

Gehen wir nun auf diejenigen Farbenabstufungen näher ein, zu deren Bezeichnung wir μέλας verwandt gefunden haben, so ist es in Steigerung des Eindrucks für Rotbraun gesetzt, Braun und Schwarzbraun bei den Schafen, dem Lamm, den Stieren, Adlern, Mäulern der Hunde, dem Blut, dem Herzen, den Trauben, dem Wein: den Äthiopiern, Odysseus, Eurybates, den Waben — denn κηρός ist zwar in der Odyssee mit Wachs, sonst aber auch, je nach der Verwendung, mit Waben zu übersetzen.

μελάνδετος wurde vom Bronzeschwert gesagt, auf den Übergang aus dem Kupferrot in Schwarz hindeutend, wenn das Wort nicht, wie wir es erklärt, auf eine Scheide schwarzen Aussehens sich bezieht.

Das Schwarz der Wunde des Philoktet haben wir uns wohl aus dem graubraunen Aussehen derselben hervorgegangen zu denken.

Aus Grau in Steigerung der Abstufung in das Dunkele hinein gelangen wir zu Schwarz bei den Robben, der Rinde der Eiche, dem Schiff, — wenn nicht an einen gelbbraunen Teeranstrich derselben zu denken ist — der Asche, dem Staub.

Das Graugrün des bewegten Meeres führt in höchster Steigerung der Farbenabstufung zu Schwarz, auch wohl des Wassers der Quelle. Freilich kann wohl auch das Gebirgswasser durch das Graubraune oder Chokoladenbraune seines Aussehens, veranlafst durch den Untergrund, Anlafs zu der Bezeichnung schwarz geben.

Das Dunkelgrün wandelt sich in Schwarz bei dem Epheu.

Wolken und Rauch gehen aus dem Graublauen in das Schwarze über.

Sturm, und zwar der die Wolken herbeiführende, Chaos, Abend, Nacht werden nach ihrem Mangel an Licht als schwarz bezeichnet.

Der Gebrauch des Schwarz als Farbenbezeichnung, im übertragenen Sinne, ist, wie in entsprechenden Fällen bei anderen Farben, einer besonderen Behandlung, als dieser Aufgabe fernliegend, nicht zu unterziehen.

Sehen wir nun von der Schärfe in der Verwendung der Farbenbezeichnungen ab, wie sie die Augendarwinisten zwar erträumen, wie dieselbe aber nicht einmal in allen Fällen der Philosoph giebt, keineswegs auch stets der Gewerbtreibende, da er mehr als eine seiner Bezeichnungen auch da noch beibehält, wo sich die Abstufung der Farbe längst unter seinen Händen gewandelt hat, am wenigsten aber der Dichter, welcher seine Worte um bestimmter Eindrücke willen, die er hervorzurufen beabsichtigt, wählt und setzt, so finden wir unter den Worten, welchen *μέλας* schwarz gegeben ist, eigentlich nicht eins, bei welchem wir bei gewisser Freiheit der Rede schwarz nicht auch zu setzen uns erlauben dürften.

So erinnere ich für den Übergang von Rotbraun, Braun und Schwarzbraun nur an den vino nero der Italiener — Plinius giebt dem Wein H. N. XIV 9 (11) die Farben albus, fulvus, sanguineus, niger — Weifs-, Braun-, Rot- und Schwarzwein — das Graugrün des Wassers finden wir als Schwarz wieder in Schwarzwasser, schwarze Elster, und das Gebirgswasser mag gleichfalls durch seinen Untergrund, wie bemerkt, als schwarz angesprochen werden.

Das schwarze Ägypten verdankt seinen Namen dem Aussehen der Acker- und Schlammerde aus dem Hochland von Abessynien.

Das Dunkelgrün wandelt sich auch bei uns in Schwarz in Schwarzwald, Schwarzpappel u. s. w.

Auch wir sprechen von schwarzen Wolken, schwarzem Rauch, einer rabenschwarzen Nacht u. s. w.

Somit können die Beziehungen der Bezeichnungen der griechischen Epiker in der Gruppe Schwarz keineswegs ungewöhnliche genannt werden.

--- --- ---

Einundzwanzigstes Kapitel.

Dunkel.

Wir gelangen zur Gruppe Dunkel in seinen verschiedenen Abstufungen, insoweit die Worte dieser Gruppe Anspruch auf eine volle oder annähernd gesicherte Beziehung auf die Farbe erheben können.

1. *νύξ* die Nacht,

als tiefste Abstufung des Dunkels, für diese Arbeit natürlich nur in den Fällen zu beachten, wo *νύξ* sich der Farbenbezeichnung schwarz etwa gleichsetzt. Bekanntlich wird auch das lateinische niger auf Nacht zurückgeführt.

Mit Nacht *νυκτί* hüllt Hephaistos den Idaios ein Il. 5, 23, Ares bedeckt die Schlacht mit Dunkelheit oder Nacht Il. 5, 507, *νύκτα ἐκάλυψε μάχῃ*, einen leichteren Grad der Dunkelheit giebt Q. S. mit den Worten *ἑσπερίη νύξ* 10, 198.

2. *ἀμφιλύκη* Zwielicht, Dämmerung,

wird von den Sprachforschern seinem zweiten Bestandteile nach auf *λυκ* lucco, W. ruk' scheinen, leuchten zurückgeführt. Weder Herleitung noch Bedeutung können für zweifelhaft gelten. Die Ilias stellt das Wort Gesang VII 433 zur Nacht *νύξ*, nachdem bemerkt ist, dafs es noch nicht Morgen war. Ap. 2, 671 weist auf diese Abstufung des Schwarzes und des Dunkels der Nacht zum Grauen des Morgens, wenn er ausführt, dafs die Erwachenden Zwielicht, *ἀμφιλύκη*, jene Zeit nennen, wo es noch nicht Licht ist, und nicht mehr ganz Finsternis herrscht.

3. *ἀμολγός* geben die Wörterbücher wieder mit Dunkel der Nacht, Dunkel (Melkzeit).

Die althergebrachte Verknüpfung mit *ἀμέλγω* melken ist unwahrscheinlich: abgesehen von allen anderen Bedenken ist die Nacht nicht die Melkzeit.

Soll der Ausdruck von »Molken als Bild der Dichtheit oder von der strotzenden Fülle des straffen Euters«, wie Ameis behauptet — was hat sich derselbe bei der letzteren Ausführung wohl gedacht, die auch Hentze gedankenlos stehen läfst, auf welche der sonst so klare Autenrieth verweist? — hergenommen sein, »oder von einem *μολγός* gleich *νέφος* und a privativum für wolkenlose Nacht (was am annehmbarsten erscheint)«, so würden wir das eine Mal zur Dichtheit oder strotzenden Fülle — doch wohl dem höchsten Grad der Dunkelheit der Nacht — geführt werden, das andere Mal aber zur wolkenlosen Nacht.

Nach einer anderen Herleitung kommt das Wort von *μολ*, *μλο* (*μλώσκω*) *βλώσκω* gehen, kommen, 'mluk sich verbergen, niedergehen — dunkel, *μολύνω*, *μελαίνω* schwärzen. Diese Herleitung giebt angemessene Bedeutung, denn das Wort findet sich stets in der Zusammenstellung *ἐν νυκτὸς ἀμολγῷ* Od. 4, 841 — und da Il. 15. 324 die Nacht in dieser Zusammenstellung noch das Beiwort *μελαίνη* hat, so ist an das tiefste Dunkel, an Schwarz zu denken. Das Schwarz der Nacht pflegt aber nie in durchaus wolkenloser Nacht zu herrschen, was Ameis hätte wissen müssen.

4. *κνέφας* das Dunkel.

Das Wort wird auf die Wurzel skap bedecken zurückgeführt. Die Dunkelheit *κνέφας* kommt herauf *ἐπὶ κνέφας ἦλθε* Il. 8, 500. Die Nacht führt die Dunkelheit auf die Erde Ap. 3, 744, sie ist der Gegensatz des Tages Ap. 2, 407, *οὐδὲ ἦμαρ — οὐ κνέφας*.

5. a) σκότος die Finsternis, das Dunkel.

Das Wort wird auf ska decken, bedecken, bergen zurückgeführt, es bezeichnet das Dunkel, welches dem Sterbenden die Augen umhüllt ὄσσε κάλυψε Il. 4, 503.

b) σκοτόεις reich an Finsternis, reich an Dunkelheit. Das Wort gesellt sich zur Wolke νέφος H. E. 555, zur Nacht νύξ Ap. 4, 60, zum Dunkel der Nacht ζόφος Ap. 2, 1105; — in übertragener Bedeutung zu γενέθλη Herkunft, Abstammung.

6. a) κελαινός dunkel, schwarz wird auf die Wurzel καρ kal hehlen, hüllen, bedecken zurückgeführt, als Beiwort wird es wie μέλας gesetzt. So gesellt sich das Wort zu αἷμα Blut Il. I 303, ἦτορ dem Herzen H. A. 429, der Haut δέρμα H. 6, 117, im Innern des Schildrandes, des Felles δέρος Ap. 2, 119, des Bären ἄρκτος, der Erde χθών Il. 16, 384, αἷα H. A. 153, dem Wald ὕλη Ap. 4, 569; dem Meer ἅλς Q. S. 7, 572, der Salzflut ἅλμη Ap. I 542, der Woge κῦμα Il. 9, 7, dem Wasser des Sees λίμνη Ap. 4, 608; — aber auch zu dem Sturm λαῖλαψ Il. 11, 747, dem Nebel ἀχλύς Ap. 2, 1103, dem Qualm λιγνύς Ap. 2, 1007, dem Saft der Eiche ἰκμάς φηγοῦ Ap. 3, 858, sowie den Todesgöttinnen Κῆρες Q. S. 6, 498.

b) κελαινεφής dunkel, schwarzwolkig, ein Beiwort des Κρονίων Il. 1, 397. Ist diese Bedeutung richtig, so ist ein Zwiespalt zwischen der Gestaltung des Himmels als Zeus oder Kronion als Gottheit und dem Beiwort nicht zu verkennen, es sei denn, dafs das Beiwort auf den zürnenden Zeus hinweisen soll. Deshalb auch mag Lehmann (Neustettin 1870) zu dem Schlufs gekommen sein, dafs κελαι ein Lokativ von einem vorauszusetzenden κέλος sei; demnach erklärt er »im Dunkel der Wolken (wohnend)«. Nun tritt aber κελαινεφής auch in der Bedeutung von Schwarz zu αἷμα Blut Il. 4, 140. κελαινεφής als Beiwort zu αἷμα läfst die Lehmannsche Erklärung als unmöglich erscheinen.

c) ἀκροκελαινιάω mit dunkler Oberfläche, Il. 21, 249 vom Skamander gesagt, also einer angeschwollenen Wasseroberfläche.

7. a) ἔρεβος die Finsternis, das Reich des Dunkels und des Todes.

Man ist geneigt, das Wort von ἐρέφειν herzuleiten, aber auch mit skt. rágas in der Bedeutung Finsternis, Nacht, zusammenzustellen: rágas wird auf rag färben zurückgeführt.

Mir ist dagegen Zusammenhang mit dem semitischen Ereb, Westen, und dann übertragen das ferne, dunkle Land, wahrscheinlich. So wandeln die Gefallenen in das Land des Dunkels — nach meiner Erklärung in das ferne, dunkle Land Il. 16, 327 βήτην εἰς Ἔρεβος u. ö. Ap. 4, 385 giebt demselben das Beiwort nichtig μεταμώνιον (eigentlich mit dem Winde?).

b) ἐρεβεννός dunkel, finster

gesellt sich zur Nacht νύξ Il. 5, 864, zu den Wolken νέφεα Il. 22, 309, dem Dunkel, welches aus den Wolken sich bildet — ἐκ νεφέων ἐρεβεννὴ φαίνεται ἀήρ Il. 5, 864.

c) ἐρεμνός.

Dasselbe Wort in derselben Bedeutung, aber gewandelter Form, findet sich bei der Ägis αἰγίς Il. 4, 167, der sagenhaften Gestaltung der Gewitterwolke, der Erde γαῖα Od. 24, 106, aber als Totenland. Der Abend ἕσπερος heifst finster, dunkel bei Ap. 4, 1290, Zetes und Kalais schütteln ihre dunklen Flügel πτέρυγες Ap. 1, 229. Q. S. giebt das Beiwort den Keren 1, 651, auch findet es sich bei λίνα, den Netzen der Jäger, wohl in übertragener Bedeutung, ebenfalls bei Q. S.

8. a) ὄρφνη die Dunkelheit.

Das Wort wird auf ἐρέφω und weiterhin auf die Wurzel rap bedecken, bedachen zurückgeführt. Fick stellt das altnord. iarpr fuscus hierher. Wenn diese Gleichsetzung richtig ist, so würde hiermit die Verwandtschaft in der Anschauung mit ὄρφνινος, welches wir bei den Philosophen in der Bedeutung von Braun kennen gelernt haben, gegeben sein.

Nach Q. S. umhüllt die Nacht ihre Gestalt mit Finsternis καλυψαμένη δέμας ὄρφνῃ schreitet Äneas im Dunkel dahin ἐν ὄρφνῃ 13, 326. Dem Wort wird die Zufügung λυγρή traurig, elend gegeben bei Q. S. 3, 79; gleichgesetzt werden ὄρφνη und χάος Q. S. 2, 641.

b) ὀρφναῖος finster, dunkel

begegnet uns als Beiwort zur Nacht νύξ Il. 10, 83 und zu den Gewändern φάρεα Ap. 8, 863.

c) ὀρφνήεις reich an Dunkel, Finsternis

ist das Beiwort der Nacht νύξ bei Q. S. 3, 657.

9. a) ζόφος Abend, Dunkel

wird auf das semitische zaphom Mitternacht zurückgeführt. Als Abenddunkel begegnet es uns Od. 3, 335 — φάος οἴχεθ᾽ ὑπὸ ζόφον, das Licht ging hinab in das Dunkel Apol. 1, 452, fügt ausdrücklich noch das Scheiden der Sonne hinzu κλίνοντος ἠελίοιο. Das dunkle Reich des Todes erlost sich Hades Il. 15, 191, Ἀΐδης δ᾽ ἔλαχε ζόφον ἠερόεντα, die ganz allgemeine Bedeutung von Dunkel hat das Wort bei Q. S. 1, 393 ζόφος μιν ἔκρυψε.

b) ζοφερός dunkel

ist Beiwort des Chaos H. Th. 814, bei Ap. 3, 1265 des Äthers ζοφεροῖο κατ᾽ αἰθέρος.

10. δνοφερός dunkel

wird aus der früher berührten Wurzel skap hergeleitet, das Wort soll aus einem angenommenen γνοφερός entstanden sein, indem δ für γ eingetreten wäre. Ist die Herleitung nicht so klar, wie sie erwünscht wäre, so ist es doch die Bedeutung. Das Wort gesellt sich zur Nacht νύξ Od. 13, 269, zur Erde γῆ H. Th. 736, der Scholle βῶλος Ap. 3, 1055, dem Pech πίσσα H. Tr. 248, dem Wasser der Quelle ὕδωρ H. 915, der Zunge des Drachen H. Th. 826; Q. S. giebt das Wort auch der Dunkelheit ὄρφνη.

11. νεφέλη die Wolke,

wird aus na und bhas, die nicht leuchtende, erklärt. In der Bedeutung von Dunkel tritt sie uns entgegen in der Ilias 5, 186, wo sich nach den Worten des Pandaros eine Gottheit mit derselben die Schultern eingehüllt hat, um sich unsichtbar zu machen νεφέλῃ εἰλυμένος ὤμους.

12. a) ἀχλύς Nebel, Dunkel,

von der Wurzel ak ank dunkel, in Il. 5, 127, wo das Dunkel von den Augen genommen wird ἀχλὺν — ἀπ᾽ ὀφθαλμῶν ἕλον. Mit Nebel und Dunkel ἀχλύϊ einhüllen und dadurch unsichtbar machen hat Q. S. 2, 582. Die Nacht hüllt die Gestirne mit Nebel und Wolken ein Q. S. 2, 627 ἀχλύϊ καὶ νεφέεσσι — welche Worte auch Ap. 4, 1406 gleichsetzt.

b) ἀχλύω dunkel, finster werden

sagt die Od. 12, 406 vom Meer πόντος.

c) ἐπαχλύω verdunkelt, finster sein

findet sich bei Ap. in Beziehung auf den Mond μήνη 4, 1480, das Meer θάλασσα 14, 461 Q. S.

d) ὑπαχλύνω allmählich dunkel werden

sagt Ap. 1, 67 bei dem Himmel οὐρανός.

e) *ἀχλυόεις* nebelreich, reich an Dunkelheit
wird von Ap. 4, 927 die Luft *αἰθήρ*, mit der Hinzufügung durch
Rauch *καπνῷ* genannt.

13. a) *σκιά* der Schatten.

Das Wort wird auf die Wurzel *σκα* decken, bergen, zurückgeführt. Wir haben das Wort nur insoweit zu beachten, als es sich
auf ein Verdunkeln bezieht. So steht das Wort H. H. 5, 100 bei
dem Brunnen *φρίαρ*.

b) *σκιάω* beschatten, verdunkeln.

Das Wort findet sich Od. 2, 388 *σκιόωντο τε πᾶσαι ἀγυιαί* —
die Strafsen wurden alle dunkel, — nachdem die Sonne unter-
gegangen war.

c) *σκιάζω* beschatten.

Il. 21, 232 von der breitscholligen Flur gesagt *ἄρουρα*, welche be-
schattet, verdunkelt wird.

d) *ὑποσκιάω* allmählich beschatten, dunkel machen.

Dunkel werden die Gefilde *ἄρουραι* Ap. I 451.

e) *σκιόεις* schattenreich, dunkel

werden die Berge genannt *οὔρεα* Il. 1, 157 heifst der Hain *ἄλσος*
Ap. 2, 404, wird von den Gemächern gesagt *μέγαρα* Od. 1, 365,
den Behausungen *ἔναυλοι* H. H. 4, 74, dem Altar *βωμός* Ap. 4, 1716.

f) *βαθύσκιος* tiefschattig

heifst die Höhlung, die Schlucht, der Schlund *κευθμών* H. H. 3, 229,
die Luft, der Dunst *ἀήρ* Q. S. 6, 645.

g) *δάσκιος* sehr schattig

wird als Beiwort dem Wald *ὕλη* gegeben H. H. 27. 7.

h) *πάλίσκιος* dichtbeschattet

heifst die Höhle *ἄντρον* H. H. 3, 6.

i) *δολιχόσκιος* langschattend,

wenn wir nicht für die Herleitung und die daraus folgende Übersetzung langschaftig, weitgehend uns entscheiden, wird von der
Lanze *ἔγχος* gesagt Il. 5, 280.

14. *ἀμαυρός* dunkel

gilt für eine Zusammensetzung von *α* mit aufhebender Kraft und
der Wurzel *μαρ* leuchten, glänzen, schimmern: das Wort wird dem
Schattenbild *εἴδωλον* beigefügt Od. 4, 824: die Bedeutung »un-
schimmer« ist gesucht und unhaltbar.

15. λυγαίος dunkel, finster

ist Zusatz zur Nacht bei Ap. 3, 857 νύξ, wie zu den Wolken νίφεα Ap. 1, 214.

16. πυρίκαυστος im Feuer gebrannt, schwarz, vom Pfahle σκῶλος Il. 13, 564.

Da die berührten Worte die verschiedenen vom Dunkeln in das Schwarze eingehenden Farbenabstufungen bezeichnen, bei ursprünglich verschiedener Unter- oder Grundfarbe, so genügt es, zur Erklärung ihrer Verwendung in dieser Beziehung auf das bei μέλας schwarz Gesagte hinzuweisen.

Erstaunlich reichhaltig ist die Fülle dieser Bezeichnungen, sodafs wir zu jedem der behandelten Worte und zu der Farbenabstufung, auf welche sie hinweisen, ein vollständig entsprechendes deutsches Wort nur mit Mühe zu bieten vermögen.

Zweiundzwanzigstes Kapitel.

Braun.

Μορφνός wird als Adjektiv mit dunkelfarbig, schwarz übersetzt, — nach der Herleitung von ὄρφνη, wie Hesychius will, aber auch schnell, räuberisch von μάρπτω — die Scholiasten gehen auch auf μορφή zurück und gelangen zu schöngestaltet — als Substantiv mit Sumpfadler, von Autenrieth und Ebeling, — Adlerart, welche in Sümpfen und Thälern wohnt, von Seidler-Capelle, die sich für diese Angabe auf Aristoteles H. A. 9, 32 berufen. Zunächst sei bemerkt, dafs es einen Sumpfadler bei Aristoteles nicht giebt. Dafür läfst uns aber Aristoteles keinen Zweifel übrig, welcher Art der Adler angehört, dem er das Beiwort μορφνός giebt; das aber ist nach ihm die zweite Art, ὁ πλάγγος καλούμενος, von dem Aristoteles sagt, dafs ihn Homer bei dem Auszug des Priamos erwähnt, also Il. 24, 316. Von diesem Adler berichtet Aristoteles, dafs er in Waldschluchten horstet, in Bergthälern und am See (οἰκεῖ δὲ βήσσας καὶ ἄγκη καὶ λίμνας). La Roche macht nun aus diesem Adler den Schwarzadler, nach dem Zusatz in der Ilias ὅν καὶ περκνὸν καλέουσιν, denn περκνόν soll dunkel, schwärzlich heifsen.

Nun hat aber Aristoteles nicht nur einen Schwarzadler, den μελανάετος — dieser gehört aber zur kleinsten Art — μέγεθος ἐλάχιστος — sondern auch einen περκνόπτερος, den Bergstorch ὀρειπελαργός, welcher von Raben verfolgt wird.

Dieser Bergstorch oder Geieradler trägt auch Aas davon, hungert und schreit und wimmert immer.

Es ist klar, dafs die Homerwörterbücher mit ihrem Sumpfadler ebenso falsch gehen wie La Roche mit seinem kleinen Schwarzadler, den er mit dem schreienden und wimmernden Bergstorch, dem Geieradler, zusammenwirft.

Nach der Ilias ist nun aber der Adler, welchen Zeus sendet, sein Lieblingsvogel, dessen Kraft die gröfste ist (Il. 24, 310, 1.); er hat das Beiwort $\vartheta\eta\varrho\eta\tau\dot{\eta}\varrho$ der Jäger, $\mu o\varrho\varphi\nu\acute{o}\varsigma$ und $\pi\epsilon\varrho\varkappa\nu\acute{o}\varsigma$. Es ist kein Grund, dies $\pi\epsilon\varrho\varkappa\nu\acute{o}\varsigma$ mit Aristarch als Substantiv zu erklären, wohl aber geben die Worte $\mu o\varrho\varphi\nu\acute{o}\varsigma$ und $\pi\epsilon\varrho\varkappa\nu\acute{o}\varsigma$ als Adjektiva eine treffliche Kennzeichnung des Adlers, welchen Zeus sendet. Das aber ist der Steinadler, aquila fulva, falco fulvus, der König der Vögel.

Von ihm sagt uns Brehm, dafs sein Nacken und Hinterhals rostbraungelb sind, das übrige Gefieder an der Seite sehr gleichmäfsig dunkelbraun ist. Von dem Schwanz erfahren wir, dafs er in seinem Wurzeldritteil weifs ist, sodann schwarzgebändert oder gefleckt — das aber bezeichnet $\pi\epsilon\varrho\varkappa\nu\acute{o}\varsigma$ —- in der Endhälfte schwarz.

Somit ergiebt sich, dafs die Verwirrung, welche die neueren Forscher in die Bedeutung des Wortes $\mu o\varrho\varphi\nu\acute{o}\varsigma$ hineingetragen haben, recht eigentlich ihrer Bequemlichkeit und Willkür entsprungen ist, insofern wir von ihnen den Aristoteles wohl angeführt aber nicht gelesen, noch weniger die Mittel beachtet finden, welche uns derselbe zur Erkennung der verschiedenen Adlerarten, sowie des von ihm nach dem 24. Gesange der Ilias gekennzeichneten Adlers bietet. $Mo\varrho\varphi\nu\acute{o}\varsigma$ aber nehmen wir mit dem Recht einer vorsichtig wägenden Forschung in der Bedeutung von Braun als Farbenbezeichnung in Anspruch.

- - - - -

Dreiundzwanzigstes Kapitel.

Rot.

1. a) $\dot{\epsilon}\varrho v\vartheta\varrho\acute{o}\varsigma$ rot.

Die Herkunft des Wortes ist bereits behandelt (S. 54). Das Wort wird vom Weine gesagt Od. 9, 208. Da der also bezeichnete Wein auch $\mu\acute{\epsilon}\lambda a\varsigma$ genannt wird, so bezeichnet $\dot{\epsilon}\varrho v\vartheta\varrho\acute{o}\varsigma$ in diesem Falle eine dunkle Abstufung der Farbe, wie wir bereits bei $\mu\acute{\epsilon}\lambda a\varsigma$ erwiesen haben. Sodann finden wir das Wort bei $\chi a\lambda\varkappa\acute{o}\varsigma$ Il. 9, 365. Die alte Bronze hat neun Teile Kupfer, einen Teil Zinn, mithin ist an ein dunkles Rot stellenweise, je nach der vollzogenen Verbindung von Kupfer mit Zinn, mit leichter Neigung zu Gelb zu denken. Endlich steht das Wort noch bei νέκταρ Od. 5, 93. Da νέκταρ eigentlich nur für Meth eingetreten ist, wie ich in meinem Ganymedes (Libau 1881) erwiesen habe, so weist das Wort hier auf eine rotgelbe Färbung des berauschenden Honigtrankes hin, welcher dem Dichter in Steigerung des roten Teiles der Farbe zu Rot selbst wird.

b) ἔρευθος die Röte,

von den Wangen, bei Ap. 3, 122 παρειαί, welche die Röte erfafst ἕλεν Ap. 3, 963, der Röte des Obergewandes δίπλαξ Ap. 1, 728, der Röte als Farbe des Lebens, welche die fast fahle Farblosigkeit des Toten, χλοιρή ἀχροίη Q. S. 8, 209, vernichtet, die aber dem zum Leben Zurückkehrenden wiederkehrt Q. S. 9, 471 ἐπήλυθεν.

c) ἐρεύθω mache rot.

Die Erde mit Blut αἵματι röten Il. 11, 395; Hylas wird rot durch süfsen Liebreiz γλυκερῇσιν ἐρευθόμενος χαρίτεσσι Ap. 1, 1230; die Sonne rötet sich durch ihre ersten Strahlen πρώτῃσιν ἀκτίνεσσιν Ap. 3, 163; die Wolke wird rot durch die flammenden Strahlen der Sonne ἠελίου φλογερῇσιν ἀκτίνεσσιν Ap. 4, 126. Q. S. läfst den Boden von Troja sich mit Blut röten Τρώιον οὖδας Q. S. 1, 226, die Erde γαῖα 6, 453.

d) ἐρυθαίνω rot machen, röten.

Das Wort findet sich bei Ap. 4, 473, wo der Schleier καλύπτρη und das Obergewand πέπλος von Blut gerötet werden; von blutigem Schweifs läfst Q. S. ἱδρὼς αἱματόεις 4, 355 die Wangen rot werden, durch Blut die Strömungen des Flusses ποταμοῖο ῥέεθρα, von Mordblut der Wasser φόνῳ ὕδωρ Q. S. 9, 177. Das Rot des Mordblutes erscheint auch sonst bei Q. S. 8, 229 ἄδην δ' ἐρυθαίνετο λύθρῳ, der Staub κόνις wird davon rot 9, 147; das Rot der Sonne rötet die Hügel κολώνας 9, 529.

e) ἀμφερυθαίνω zu beiden Seiten, ringsum röten.

Die Scham αἰδώς rötet zu beiden Seiten die Wangen Q. S. 1, 60. Plato nennt das Rot eine Blutfarbe in der oft angeführten Stelle des Timäus.

2. a) αἷμα das Blut, unser Seim.

Die Herleitung des Wortes giebt keine Antwort auf das Aussehen des Blutes, dessen Farbe Plato dem Rot gleichstellt. Mit Blut wird der See rotgefärbt Batr. 220 ἐβάπτετο αἵματι λίμνη.

b) **αἱματόεις** blutig, mit Blut bespritzt, rot

gesellt sich den Tropfen φιάδες, also Blutstropfen, Il. 16, 459, den Vorboten des grofsen Blutvergiefsens, der Hand χείρ Il. 5, 82, dem blutreichen roten Nafs βροτός Il. 7, 425, welches Od. 24, 189 auch μέλας genannt wird.

Q. S. giebt das Beiwort der Wolke νέφος 10, 55, dem Rauch καπνός 12, 605, dem Schaum ἀφρός 6, 211: aus dem Blute des Memnon entsteht durch die Götter der paphlagonische Flufs Παφλαγόνειος ποταμός bei Q. S. 2, 560, offenbar nach der roten Farbe seines Wassers, denn blutreich, also rot überströmt er die Erde am Tage Memnons.

3. **βροτός** das aus der Wunde strömende geronnene Blut.

Das Wort wird auf die Wurzel mar gerinnen zurückgeführt. Dem Wort wird αἱματόεις, wie wir gehabt, und μέλας beigegeben, als eigentliche und beiläufige Farbenbezeichnung findet sich dasselbe nicht.

4. a) **φοινός** blutig, blutigrot.

Das Wort wird von bha, bhan verwunden, töten, hergeleitet, auf Blut und damit dessen rote Farbe hat es insofern Bezug, als nach der Herleitung des Wortes an durch die Wunde herbeigeführten Tod zu denken ist. Aus der Wunde aber quillt das rote Blut. Die Ilias hat das Wort als Zusatz zur Wange 16, 159 παρήιον αἵματα φοινόν, der Wölfe.

b) **φοίνιος** blutigrot

hat die Od. als Beiwort bei αἷμα 18, 97, wie Q. S. 3, 557.

c) **φοινήεις** blutfarbig, blutrot, eigentlich reich an Blut und damit an roter Farbe

ist ein Beiwort des Drachen δράκων Il. 12, 202, und des Mordblutes λύθρον Q. S. 3, 316, 7.

d) **δαφοινός** ganz blutig und damit ganz rot.

In dieser Bedeutung finden wir das Wort als Zusatz zum Gewande εἷμα αἵματι δαφοινόν Il. 18, 336, wie φοινήεις. Sodann findet sich das Wort als Beigabe zu dem Rücken des Drachen Il. 2, 308 δράκων ἐπὶ νῶτα δαφοινός. Als Zusatz zu κῆρες, den Todesgöttinnen, kann das Wort im eigentlichen, aber auch im übertragenen Sinne stehen A. H. 250; wahrscheinlicher ist allerdings, dafs an der betreffenden Stelle δαφοινός mit bluttriefend zu übersetzen ist, ganz blutig, da die Keren den Vers zuvor κυάνεαι, also blau genannt sind. In übertragener Bedeutung stellt sich das Wort auch zu πῆμα, dem Leid, Unheil H. H. 2, 126.

Sodann giebt Q. S. 2, 181 das Beiwort dem Tier *θήρ*. Von einzelnen Tieren wird es den Schakalen beigegeben *θῶες* Il. 11, 473, dem Fell, der Umhüllung vom Luchs *λαῖφος λυγκός* H. H. 19. 23, 4, der Haut des Löwen, welche Agamemnon umlegt *δέρμα λέοντος* Il. 10, 23.

Der Schakal, aus der Genossenschaft Hund, und die beiden Katzenarten, Luchs und Löwe, geben die Farbenabstufungen von Gelbrot — der Schakal heifst canis aureus, der goldfarbene Hund — bis zum Rotgelb und an den Haarspitzen Rotbraun, Braun, ja Schwarz. Somit würde *δαφοινός* als Beiwort dieser Tiere auf rotgelben Untergrund mit braunem Farbenschimmer, der sich zum Schwarz steigern kann, hinweisen.

e) *δαφοίνεος* ganz blutig und somit ganz rot.

Das Wort wird von Hesiod mit *δαφοινός*, von dem es sich nur durch Zugabe des *ε* lautlich unterscheidet, ganz gleich gesetzt in A. 159, wo das Gewand von Blut blutigrot, ganz rot genannt wird *εἷμα αἵματι δαφοίνεον*.

Von den übrigen Rotworten mag jetzt dasjenige voranstehen, welches eine dunkle Abstufung desselben bezeichnet.

5. *οἶνοψ* weinfarbig,

nach der Farbe des Weines des Südens dunkelrot, denn ein und derselbe Wein wird, wie bezeichnet, *ἐρυθρός* und *μέλας* genannt. Plinius hatte für Wein die Farbenbezeichnungen album, sanguineum, fulvum, nigrum. Die Rebe Kleinasiens liefert nach V. Hehn noch heute einen Saft von so »intensivem Dunkelrot«, dafs die Damen damit ihre Briefe zu schreiben pflegen.

Οἶνοψ weinfarben oder dunkelrot, ist eine Bezeichnung für die Farbe von Rindern *βόε οἶνοπε* Il. 13, 703; das Wort gesellt sich auch dem Meere *πόντος* Od. 5, 132, nach Ameis also aussehend unter der Glut des Blitzes.

Ameis hat sich in die Farbenbezeichnungen Homers nicht hineingefunden, denn das Meer heifst auch sonst dunkelrot, so Il. 2, 613; 23, 143, wo der Blitz dasselbe nicht rötet. Bei *πορφύρεος*, vollrot mit dem Blauschimmer, werden wir uns ausführlicher mit dieser Farbenabstufuug des Aussehens des Meeres zu beschäftigen haben.

6. *αἴθων* glänzend, funkelnd, strahlend (nach der Übersetzung von Seiler-Capelle),

wozu kein rechter Grund vorliegt. Ebeling giebt dunkelgelb, brandrot — das Wort wird auf idh entzünden, entflammen, brennen

zurückgeführt, kann mithin zum wenigsten nicht wohl dunkelgelb
heifsen, wohl aber mag sich die Bedeutung gelbrot aus der von
brennen entwickelt haben: und danach kann das Beiwort als Farbenbezeichnung je nach der Auffassung des Dichters bald mehr zur
Hervorhebung des Gelben, bald des Roten bis zum Braunen dienen.
Eben dieser Abstufung der Farbe vom Gelben durch das Rote in
das Braune hinein dient αἴθων als Beiwort zu Löwe, denn es wird
dem Fell desselben gegeben Il. 10, 24 δέρμα λέοντος αἴθωνος, sowie
dem Adler αἰετός Il. 15, 690, da der Adler an dieser Stelle der Ilias
die Schwärme der Wasservögel heimsucht —

ἔθνος ἐφορμᾶται, ποταμὸν παρὰ βοσκομενάων,
χηνῶν ἢ γεράνων ἢ κύκνων δουλιχοδείρων —

so haben wir ihn als Seeadler zu bestimmen. Die Farbe des Seeadlers
Haliaetus albicilla giebt uns die Naturgeschichte als eine kaffeebraune
an, diejenige des Steinadlers als eine dunkelbraune. Somit würde das
Beiwort αἴθων auf ein lichteres Braun sich beziehen. Das aber ist
besonders einer Art des Seeadlers eigen, dem Haliaetus leucoryphus
des Balkangebietes, von dem uns Brehm sagt, dafs er einen dunkelbraunen Ober- und einen lichtbraunen Unterkörper hat. Eben auf
dieses Lichtbraun weist aber αἴθων, wie mir scheint, zweifellos hin.

Sodann finden wir αἴθων bei den Rossen Il. 8, 2, 839, dem
Stier ταῦρος Il. 16, 488, den Rindern βόες Od. 18, 372.

Sodann gesellt αἴθων sich den Metallen, und zwar dem Eisen
σίδηρος und den Bronzebecken λέβητες Il. 9, 265. Die Bronze aus
neun Teilen Kupfer, einem Teil Zinn bestehend, geht aus dem Gelblichen in das Rote und Rotbraune über. Das Eisen hat dies Beiwort,
wo dasselbe für Axt oder Beil steht Il. 4, 485, in anderen Stellen
scheint σίδηρος mit αἴθων vereint auf einen Eisenblock hinzuweisen,
oder eine Eisenstange, wie sie in den Handel gebracht wurde, so
Il. 7, 473, wo die Männer sich den Zechstoff kaufen für Bronze
und Eisen αἴθωνι σιδήρῳ, ebenso Od. 1, 184, wo das Eisen als
Gegenstand des Handels angeführt wird ἄγω δ' αἴθωνα σίδηρον.
Il. 20, 372 wird die Kraft des Achilleus dem Eisen verglichen,
welches auch hier das kennzeichnende Beiwort αἴθων hat.

Somit ist die Behauptung von Ameis im Anhang zum Gesang 18
v. 372 der Odyssee einfach unwahr, dafs αἴθων bei σίδηρος nur
stehe, wo dasselbe Axt oder Schwert bezeichnet. Die vier Stellen
aus Ilias und Odyssee, welche er für seine Behauptung anführt, die
wir eben durchgesehen haben, beweisen uns, dafs mit σίδηρος einmal
die Axt bezeichnet ist — das Schwert aber nicht. Auch Ameis

unterliegt seiner Neigung, etwas beweisen zu wollen, mit Hintansetzung der Wahrheit — der Neubearbeiter seiner Ausgabe, C. Hentze, durfte aber dergleichen Behauptungen von Ameis ohne Nachprüfung nicht einfach in die Welt schicken.

Bei Hesiod Erg. 743 weist σίδηρος αἴθων auf ein schneidendes Werkzeug hin, da der Betreffende bei dem reichlichen Mahle der Götter sich die Fingernägel nicht bis zum Leben, wie wir sagen würden, damit abschneiden soll.[160])

Könnte nun αἴθων als Beiwort von Axt und schneidendem Werkzeug allerdings glänzend bedeuten, so ist das doch nicht der Fall bei dem Eisen als Handelsware, welches als Eisenklumpen, wie Achilleus einen solchen als Preis aussetzt, in den Handel kam. Diese unbearbeiteten Blöcke (vergl. dazu Riedenauer, Handwerk und Handwerker in den homerischen Zeiten — 8. 106) boten aber einen rostroten, rotbraunen Anblick dar, weshalb sich ihnen das Beiwort αἴθων gesellt: wurde das rostrote Aussehen beseitigt, so erschien das Eisen grau, und in Steigerung des Ausdruckes als schwarz. Da Homer den Gebrauch stehender Beiworte übt, so findet sich dann das αἴθων, das rostrote, in das rotbraune eingehende Aussehen des Eisens bei Homer auch wohl einmal nicht in der vollen Schärfe des stets Gesehenen auf bearbeitetes Eisen angewandt, ebenso wie bei Hesiod, ohne dafs das Wort damit seine Grundbedeutung umzuwandeln hat.

Nach diesen Erörterungen entheben wir uns der Mühe, mit Ameis weiter zu rechten, welcher, um sein »glänzen« zu erhärten, von des Adlers glänzendem Gefieder spricht, — er klammert sich bei solchen Behauptungen an Vischer und Schuster und deren epische Stilgesetze, welche zum Teil schwerer Verkennung des Wesens der homerischen Welt ihr Dasein verdanken. In diesem Sinne sucht er bei den Tieren, die uns bei Homer besonders oft begegnen, aufser anderen Momenten auch das augenfällige Moment des »Glanzes oder der sich spiegelnden Glätte« von Haut und Gefieder zur Geltung zu bringen und übersetzt den Eigennamen Αἴθων mit Glanzrappe, welche Übersetzung er damit erhärtet, dafs der König bei Sadowa einen glänzenden Rappen geritten hat. Aber auch Odysseus, ein Blonder und auch einmal ein μελαγχροίης, d. h. also ein Mann von so rotbrauner Haut, dafs ein Schwarzschimmer darüber läuft, wird als Αἴθων Od. 19, 187 von Ameis mit »der Glänzende« übersetzt — es legt sich aber Odysseus an der betreffenden Stelle den Namen bei, um seine Frau über sich zu täuschen, mithin würde das αἴθων

8*

des blonden und dann rotbraunen Odysseus für meine Erklärung des
Wortes sprechen, der falsche Name, den sich Odysseus beilegt, nichts
beweisen. Il. 2, 839 neigt dann Ameis wieder dazu hin, den Roſs-
namen *Αἴθων* mit Brandfuchs zu übersetzen. Nach diesen Darlegungen ziehen wir es vor, bei unserer der Wirklichkeit und der
Natur entnommenen Erklärung zu bleiben, daſs *αἴθων* als Farbenbezeichnung der Rotgruppe angehörend jene Abstufung bezeichnet,
welche aus dem Gelblichen in das Rote übergeht und aus dem
Rostroten in das Rotbraune und Braune.

7. *αἴθοψ* flammend, funkelnd, blitzend,

wie die Wörterbücher geben. Seinem Hauptbestandteile nach wird
das Wort von derselben Wurzel hergeleitet wie *αἴθων*. Das Beiwort gesellt sich dem Wein *οἶνος* Il. I 462. Wir haben über den
Wein und seine Farbe gesprochen; mithin kann *αἴθοψ* bei Wein
nur auf sein von uns erörtertes Aussehen sich beziehen, das vom
Roten über das Braune bis zum Schwarzbraunen, Schwarzen sich
erstreckt. Somit bezeichnet *αἴθοψ* rot, rotbraun. Der unendlich
überwiegende Kupfergehalt und das Aussehen desselben rechtfertigt
das Beiwort bei *χαλκός* Bronze Il. 4, 495, gleichfalls bei dem Rauch
καπνός Od. 10, 152, welcher unter dem Schein des Feuers und der
Sonne bei seiner Beschaffenheit aus dem Roten in das Dunkle einzugehen scheint.

In übertragener — und darum für uns in nichts beweisender —
Bedeutung findet sich *αἴθοψ* bei *λιμός* dem Hunger H. Erg. 363.

8. *αἰθαλόεις* rauchgeschwärzt, ruſsfarbig, schwarz.

Homer hat das Wort Il. 2, 403 bei *μέλαθρον* Dachgebälk.
Pantazoides erklärt hier das Beiwort so, daſs es dazu dienen soll,
im Gegensatz zu *ἀκάπνιστος* ohne Rauch, auf das Haus eines reichen
Mannes hinzuweisen, aus dessen Dachgebälk viel Rauch emporquillt.
Autenrieth billigt diese Erklärung des Griechen, daſs durch *αἰθαλόεις*
das fürstliche Haus als reiches bezeichnet werde. Aber die Erklärung
ist zu verwerfen, da *αἰθαλόεις* sich verschiedenen anderen Worten
gesellt, welche jene Übersetzung nicht ertragen. So hat Homer das
Wort auſser bei dem Männersaal *μέγαρον* Od. 22, 239 auch bei
der Asche Il. 18, 23.

Die Herkunft des Wortes, welches desselben Ursprungs ist wie
αἴθων u. s. w., führt zu Gelbrot, Rot, Rotbraun und erlaubt den
Übergang der Bedeutung aus dem Roten durch das Braune in das
Schwarze. In der Bedeutung Rot finden wir denn auch das Wort
bei H. Th. 72 als Zusatz zu Blitz *κεραυνός*; den Übergang in das

Rote durch das Braun in das Schwarze bezeichnet das Wort bei *καπνός* Rauch Ap. 4, 139 — braunschwarz würde es zu übersetzen sein, wenn es sich dem Grunde des Altares gesellt *θέμεθλα* Ap. 4, 118 — und endlich gebraucht Ap. das Wort wieder in der Bedeutung von Rot in der Beigabe zu *κεραυνός*, dem niederschmetternden Blitzstrahl Ap. 4, 597.

Somit vermögen wir *αἰθαλόεις* der Bedeutung nach nur insoweit von *αἴθων* und *αἴθοψ* zu scheiden, als das Wort bei der ursprünglichen Bedeutung Gelbrot, Rot, Rotbraun, später in das Braune und Braunschwarze überzugehen Neigung bekundet. — Die Wirkung des Feuers und des niederschmetternden Blitzstrahles, das Feuer und der Rauch, welche das Gebälk rotbraun, braun und braunschwarz gefärbt haben, lassen so die ursprüngliche Bedeutung des Flammenden in roter Glut ebenso zulässig erscheinen, wie die weitere des Rotbraunen, Schwarzbraunen.

Aber noch Apollonius hat die drei Farbenabstufungen mit einem und demselben Worte, mit *αἰθαλόεις* also, bezeichnet.

9. *μιλτοπάρῃος* mit Mennigfarbe versehen, rotgefärbt ist Beiwort der Schiffe *νῆες* Il. 2, 637. Herodot giebt an, dafs die Alten ihre Schiffe mit Mennig zu färben pflegten, nach Stein zu Her. 3, 58 hätte Herodot diese Nachricht selbst aber erst aus Homer geschöpft. Indes ist auch kein Grund vorhanden, anzunehmen, dafs die Griechen ihre Schiffe nicht bemalt haben, sei es mit Mennig oder phönizischem Rot mit dem Blauschimmer oder mit Blau, nur müssen sie der Farbe, um derselben bindende Kraft zu geben, fettige oder ölige Bestandteile zugesetzt haben. Der Mennig ist ein rotes Bleioxyd, sein Aussehen zeigt den Übergang von Fahlgrau zu Rostrot in das Rotbraune. Doch wir haben über das Aussehen und die Färbung der Schiffe später noch ausführlicher zu sprechen.

10. a) *ῥοδόεις*, nach den Homerwörterbüchern nach Rosen duftend; voll Rosenduftes: Seidler-Capelle bieten auch »voll Rosen«, Pape hat rosenfarbig.

Das Beiwort begegnet uns nur einmal in der Ilias 23, 186, und zwar bei *ἔλαιον* Öl. Wäre die Übersetzung der Homerwörterbücher richtig, so hätten wir darauf zu verzichten, *ῥοδόεις* als Farbenbezeichnung zu bestimmen.

Allein zunächst sei darauf hingewiesen, dafs die übrigen Zusammensetzungen mit Rose, wie *ῥοδοδάκτυλος*, *ῥοδόπηχυς* und der Eigenname *'Ροδόπη* bei Homer und in den homerischen Hymnen auf die Blütenfarbe der Rose hinweisen und auch bei Euripides

Iph. A. 1298 ῥοδόεις als Zusatz zu ἄνϑος ebenso wie das folgende ὑακίνϑινος auf die Farbe der Blüte hinweist. Somit ist wenigstens ῥοδόεις als Farbenbezeichnung nicht ohne weiteres zu beseitigen. Das Rosenöl mag immerhin passender als rosenfarbenes Öl bezeichnet sein, wie als Öl voll Rosen, wie Seiler-Capelle wollen.

Selbst unsere Augendarwinisten treten eigentlich mittelbar für ῥοδόεις als Farbenbezeichnung auf. Ist nämlich nach Gladstone-Geiger-Magnus das Sehvermögen der alten Völker nur mangelhaft ausgebildet gewesen, so war gleiches in weit höherem Grade mit dem Geruchsvermögen der Fall. Bei Homer soll nämlich von angenehmen Geruchsempfindungen nur ein-, höchstens zweimal die Rede sein. Abgesehen nun davon, dafs ein Nichterwähnen nie ein Nichtvorhandensein erweist, sei bemerkt, dafs doch wohl der Wein und das Räucherwerk, von dessen Duft Od. 9, 210 und 5, 60 die Rede ist — vom Wein wird der Duft geradezu ὀδμὴ ἡδεῖα genannt — als angenehm duftend deutlich genug gekennzeichnet sind, wie der unangenehme Geruch der Robben Od. 4, 406, 442, 446 und des Schwefels Il. 14, 415 als Folge des niederstrahlenden Blitzstrahles es ist. Somit steht angenehmer Duft zu unangenehmem Geruch wie zwei zu zwei, was also, wenn die Zahl entscheidet, beweisen würde, dafs der homerische Mensch ebensoviel Wohlgefallen am angenehmen, wie Mifsfallen am unangenehmen Geruch gehabt hat. Ist das aber der Fall, so sinken damit auch die weiteren hier aufgebauten Luftschlösser der Augendarwinisten zusammen, wie solche auch da allein deren Phantasie angehören, wo sie die Behauptung aufstellen, dafs z. B. der Hund noch heutigen Tages den angenehmen Geruch von dem unangenehmen nicht zu unterscheiden vermag — eine Behauptung, die nur einem menschen- und hundeunkundigen Mann entstammen kann, der Widerlegung aber nicht bedarf — sodafs der Hund dieser Forscher eigentlich so ziemlich — im Sinne ihrer falschen Ansichten — in der Entwickelung seines Riechorganes mit dem homerischen Menschen auf gleicher Stufe stehen würde. Hätten, wie bemerkt, die Herren Augen- und Nasendarwinisten mit ihren Behauptungen recht, so würde nichts übrig bleiben, als ῥοδόεις ausschliefslich als Farbenbezeichnung zu fassen, da von dem Wohlgeruch des Rosenöles als von dem homerischen Menschen bemerkt nicht wohl die Rede würde sein können: da das aber nicht der Fall ist, so müssen wir allerdings zugeben, dafs das Wort zum Hinweis auf den Duft gedient haben wird. Das Wort kann aber auch nur auf die Beimischung des Rosensaftes zum Öl — denn an Destillation ist wohl nicht gut zu denken — sich beziehen und somit mittelbar von selbst an Duft und Farbe zu erinnern bestimmt sein. Für ῥοδόεις mit der überwiegenden Neigung zur Farbenbezeichnung treten dann noch die erwähnten Worte ein, welche entsprechender Bildung entstammen. Pape übersetzt demnach auch rosig, rosenfarben.

b) ῥοδοδάκτυλος rosenfingrig, ist das gewöhnliche Beiwort der Morgenröte Ἠώς Il. 1, 477. Ameis billigt die Auffassung von Preller, welcher sagt, ἠώς heifst ῥοδοδάκτυλος, da die Morgenröte sich am Himmel durch eine Glorie von breiten rosigen Streifen ankündigt, die mit den Fingern einer ausgestreckten Hand verglichen werden (vgl. Anh. zu Od. 2, 1.). Allein da der erste Teil unserer Zusammensetzung sich auch dem Knöchel σφυρόν gegeben findet, dem Unterarm πῆχυς, dem Gewand πέπλος, so ist an die Erklärung von Preller und Ameis nicht wohl zu denken. Wohl aber mag das blafsrote Licht der Morgenröte das Seine dazu beigetragen haben, dies Wort der Eos besonders nahe zu legen, denn auf einen entsprechenden Vorgang der Anähnlichung der Farben, welche ein Naturvorgang bietet, und des Aussehens der Gottheit, welche aus demselben geboren ist, in Antlitz, Arm, Finger, Fufs und Gewand, mag bei Eos auch das saffran- oder krokusfarbene Gewand hinweisen, denn die Eos, die indische Uschas, die lateinische Aurora (für Ausosa), die litauische Aušra ist eben eine hohe Göttin gewesen, welche erst im Laufe der Zeit wieder zu jener Naturerscheinung herabgesunken ist, aus welcher sie einst geboren wurde.

c) ῥοδόπηχυς mit rosigen Armen, Unterarmen oder Ellenbogen, Beiwort der Εὐνείκη und Ἱππονόη H. Th. 247. 251; H. H. 316 giebt das Beiwort der Eos.

d) ῥοδόσφυρος mit rosenfarbenen, mit rosigen Knöcheln, hat Q. S. als Beiwort der Eos 1, 138.

e) ῥοδόπεπλος mit rosenfarbenem Gewande, ist Beiwort der Eos bei Q. S. 3, 608.

11. καλλιπάρῃος schönwangig, wird von Gladstone als das beste Beispiel eines entsprechenden Verhältnisses zwischen Gegenstand, Auffassung und Bezeichnung desselben angeführt. Nach der Ansicht des seltsamen Forschers entspricht das Wort unserem Rosenrot oder Rot.

Das Beiwort wird der Chryseis gegeben Il. 1, 143 und verschiedenen anderen Mädchen und Frauen besonders in der Ilias.

Wenn καλλιπάρηος für Rosenrot stehen soll, oder für Rot, so kann das sein, bewiesen hat es Gladstone, wie vieles andere von ihm als kühne Behauptung ohne Beweis in die Welt Gesandte, aber nicht. Göbel führt nun das Wort auf καϝ, καίω, καϝλός glänzend, brennend zurück.

Ist die Herleitung richtig, so würde man wenigstens zu roten Wangen gelangen können, obschon nicht zu rosenroten. Entspricht nun aber καλός unserem heil oder hell, so würden wir das Wort mit hellen, schönen Wangen zu übersetzen haben — und ich sehe nicht ein, was dem widerspricht: wie an dem Arme das Weifse der Farbe, aber auch das Rosenrote gepriesen wird, so kann auch das helle Antlitz als ein schönes vom Dichter verherrlicht sein.

Gegen Gladstones Übersetzung »rosenrot oder rot«, sprechen übrigens Zusammensetzungen wie καλλίθριξ von Rossen und Schafen, καλλιρέεθρος von dem Quell, καλλίροος von dem Wasser u. s. w. Gladstone und verschiedene Ergebnisse seiner Homerforschungen sind eben von der Wissenschaft zu lange ernst genommen worden.

12. νεότμητος — neu, frischgeschnitten

geht durch Vergleichung in die Bedeutung von Rot ein bei Ap. 3, 857, wo es von der Wurzel ῥίζα des Zauberkrautes heifst, dafs sie frischgeschnittenem Fleisch σαρκὶ νεοτμήτῳ ἐναλίγκιη vergleichbar sei.

Da bei jedem einzelnen Worte die uns zunächst etwa auffallenden Abweichungen in der Bezeichnung dieser Gruppe besprochen sind, so können wir uns der Mühe entheben, nach Abschlufs der Rotgruppe eine ähnliche, die scheinbaren oder wirklichen Abweichungen von unseren Ansichten zusammenfassende Besprechung zu bieten, wie nach der Behandlung von μέλας schwarz geschehen ist.

Vierundzwanzigstes Kapitel.

Rotgelb, Gelbrot (Orange).

Zwischen Rot und Gelb sind wir gewohnt die Mischfarbe Orange zu setzen, zu welcher uns in dem ersten Teile unserer Arbeit bereits μῆλοψ geführt hat. Unsere Farbenbezeichnung Orange entstammt dem Französischen, welches das arabische und persische N des Anlautes abgeworfen hat, und zwar wohl unter Einflufs des

anklingenden Wortes für Gold or, wie auch Goethe in ähnlicher
Anschauung die Verbindung Goldorange bietet. Die Goldfarbe ist
zwar eigentlich nur ein Gelbrot, aber die Dichter steigern zumeist
das Rot in der Farbe des Goldes so, dafs sie wie das Nibelungenlied von dem roten Golde singen. Da wir bei der Goldfarbe sowohl zu Rot als zu Gelb gelangen können, je unter Hervorhebung
dieser oder jener Abstufung der Goldfarbe, so haben wir darnach
das Beiwort nach dem Sinne der Stelle, wo wir dasselbe antreffen,
auch zu übersetzen, denn die Natur bietet eben gar selten die Mischfarbe in jener Reinheit, in welcher sie der Adept herzustellen vermag.

Der Goldfarbe gesellt sich die Farbe der Bronze, nach ihrem
unendlich überwiegenden Kupfergehalt aus dem Gelbroten in das
Rote und zuweilen Rotbraune übergehend.

1. a) χρύσεος goldig, goldfarbig.

Das Beiwort wird den Mähnen ἔϑειραι der Rosse gegeben Il.
8, 42, den Rofshaaren des Helmbusches Q. S. 1, 151 — κόρψν
κομόωσαν ἐϑείρῃσι χρυσέῃσιν. Ebenso werden die Rosse des Ares
ἵπποι so genannt H. A. 192. Wir haben zur Bezeichnung eines
entsprechenden Aussehens der Rosse den Ausdruck »Goldfuchs«,
und bezeichnen mittelbar damit, dafs dem Rot eine gelbe Beigabe
zugefügt ist. Da nun das Wort aber auch den Flechten des Apollo
πλοχμοί Ap. 2, 676 gegeben wird, mit welchen ausgerüstet er uns
in allen Bildungen entgegentritt, so dürfte rötlich als Übersetzung
am passendsten sein, weil das Rötliche eben auf eine Farbenabstufung
hinweist, wo bei überwiegendem Rot das Gelb nicht ausgeschlossen ist.

Das Licht der Sonne φέγγος wird Ap. 3, 1229 dem leuchten-
den, goldenen Helm verglichen; von den Strahlen des goldenen
Kranzes ist die Rede H. H. 32, 6 χρυσέου ἀπὸ στεφάνου. Das
Leuchten des goldenen Widderfelles wird mit dem Blitz verglichen
Ap. 4, 185 κῶας λαμπόμενον στεροπῇ ἴκελον, ebenso wird von dem
Blitzen des goldenen Reifen gesprochen ἀστράπτει πόρκης Ep. Gr. ·
fr. II. P. 5, wie von den goldenen Flecken φολίδες auf den Flügeln
des Zethes und Kalais.

Da wir das Licht und den Glanz desselben als gelbrot kennen,
so widersteht nichts, auch hier χρύσεος mit rötlich zu übersetzen.

Bemerkenswert ist χρύσεος gelbrot als Beiwort der Wolken
νέφεα H. H. 1, 98 — aber wenn wir Uhlands Worte: »golden und
rosig wehen die Wolken drüber her« als von besonderer dichterischen
Schönheit bezeichnen, so müssen wir dieses Beiwort auch dem Sänger
des homerischen Hymnus gestatten.

b) χρυσολόκαμος mit goldenen Flechten,

nach unserer Erklärung mit rötlichen, wird die Leto genannt H. H. 2, 27, wie wir bei ihrem Sohne Apollo, dem Sonnengott, solche kennen gelernt haben, in trefflicher Anähnlichung der Farbe der Sonne und der Haare der Gottheit.

c) χρυσοκόμης mit goldenem Haar,

also mit rötlichem, wird Dionysos genannt H. Th. 947.

d) χρυσῶπις goldäugig,

also mit rötlichen Augen, werden die Fische genannt Ep. Gr. Fr. Titan. 1, 4.

2. a) χαλκός Bronze.

Wir haben wiederholt auf die Bestandteile der Bronze der Alten hingewiesen, gelangen demnach zu einem gelbroten, vorzugsweise rötlichen (hin und wieder auch roten, rotbraunen) Aussehen derselben, je nach der Legierung, wie sich dieselbe vollzogen, und dem Gebrauch und Nichtgebrauch der Bronze. Das Wort wird von derselben Wurzel wie χρυσός hergeleitet, beide sollen von ghar glühen, glänzen, heiter sein herkommen, was möglich wäre, wenn sie keine Lehnworte sind, woran denn doch zu denken ist. Auf Gelbrot und Rötlich weist denn auch das Aussehen der Bronze hin, wenn sie mit dem Blitze verglichen wird ὥς τι στεροπή Il. 11, 65 und ἀστεροπή Il. 13, 244, oder mit dem Glanz des brennenden Feuers αὐγή oder der aufgehenden Sonne πυρὸς αἰθομένοιο ἢ ἠελίου ἀνιόντος Il. 22, 135.

b) χάλκεος aus Bronze, bronzefarbenen, rotgelben Aussehens.

Od. 7, 84 heifsen die Mauern oder vielmehr die Wände τοῖχοι: dieses Beiwort wird von dem Glanz αἴγλη der Sonne oder des Mondes ἠελίου ἠὲ σελήνης treffend gesagt, sonst besonders von Waffen.

Auch bei den Worten dieser Gruppe haben wir über einen von unseren Anschauungen besonders abweichenden Gebrauch der Farbenbezeichnungen nichts zu bemerken; hatte doch unser Uhland golden als Beiwort, welches uns bei der Wolke am fremdartigsten erscheinen dürfte, gleichfalls den Wolken gegeben.

Somit bilden Gold- und Bronzefarben die Übergänge von Rot zu Gelb, wofür wir als allgemeine Farbenbezeichnung Orange haben, nur dafs wir in diesem Falle in Anschauung und Sprache der Alten, die allgemeine Farbenbezeichnung in der Fülle der farbigen Erscheinungen der Natur gar selten zu verwenden pflegen. Eben in der

Verwendung dieser Farbenbezeichnung hat auch bei uns der Philosoph den Dichter nicht in seinen Kreis allgemeiner Bezeichnungen hineinzuführen vermocht, der Gewerbtreibende den Mann aus dem Volke, aber es wäre frevle Vermessenheit, zu behaupten, weil uns hier die Sprache des Philosophen und Adepten, des Stoffhändlers und Gewerbetreibenden nicht gerade besonders geläufig ist, wir vermöchten Orange als Farbe nicht zu sehen.

Fünfundzwanzigstes Kapitel.

Gelb.

Von Rot gelangen wir über Orange zu Gelb, welches uns in voller Reinheit ebenso selten entgegentritt, wie jede andere Farbe, aber wir werden diejenigen Farbenbezeichnungen in dieser Gruppe zu bieten haben, welche auf Farbenabstufungen hinweisen, die vom Rötlichen ausgehend durch ihren gelben Schimmer die Bezeichnung Gelb in dem Sprachgebrauch der Völker ebenso rechtfertigen, wie diejenigen Benennungen, welche eine Abstufung der Farbe bezeichnen, die bei gelber Hauptfarbe eine Neigung zu Fahl nicht verkennen lassen.

1. a) **Κρόχος** Krokus.

In der Ilias 14, 348 und auch sonst in den epischen Dichtungen der Griechen erwähnt, unter besonderer Hervorhebung seiner Kelchfarbe bei Ap. 3, 854, 5, wo das Zauberkraut seiner Blüte nach mit der Farbe des Krokus verglichen wird: ἄνϑος χροίη Κωρυχίῳ ἴχελον χρόχῳ.

Es entsteht zunächst die Frage, ob wir diesen Krokus, unseren Safran, oder nach arabischer Bezeichnung Azafran, als crocus sativus, wie Billerbeck will, oder nach Fraas als crocus vernus albiflorus zu bezeichnen haben. Nach meiner Ansicht haben wir uns für Billerbeck zu entscheiden. So wäre in den Kyprien die Farbenzusammenstellung: Krokus, Hyacinthe, Veilchen, Rose, Narcisse, Lilie eine unschöne — wir hätten nur Weifs oder Violett bei dem Krokus als als cr. vernus albiflorus, — Blau, Violett, Rot, bei Hyacinthe, Veilchen, Rose — Gelb, vielleicht auch Weifs, bei Narcisse, ebenfalls Weifs bei der Lilie. Diese Einfarbigkeit ist aber zu vermeiden, wenn wir in dem Blumengemälde das rötliche Gelb durch den Krokus vertreten sein lassen, also durch den crocus sativus.

Für Billerbecks Bestimmung spricht sodann das Wort χρυ-σαυγής, welches Sophokles Oid. Col. 691 dem Krokus beilegt, denn goldfarbig oder goldgelb kann nur der Crocus sativus genannt werden — endlich der Farbstoff, welchen der Krokus lieferte. Lucan nennt den Krokussaft rötlich, wenn er singt IX 808:

Utque solet pariter totis se effundere signis
Corycii pressura croci, sic omnia membra
Emisere simul rutilum pro sanguine virus;

das ist doch wohl der Saft des Crocus sativus — der Farbstoff selbst ist nach Leunis-Frank goldgelb — er wird aus den Fäden des Safrans gewonnen, und zwar des Crocus sativus, welche in getrocknetem Zustande von dunkelroter oder rotgelber, an den Spitzen weifser Farbe sind. Nun wissen wir aber, dafs Goldfarben in der Sprache der Dichter wohl auch für Rot — ich erinnere nur an den Ausdruck »rotes Gold« — wie für Rotgelb gesetzt wird. Aristoteles erläutert die Farbe des Goldes mit ξανθός καὶ πυρρός, Plato mit ξανθός. Demnach ist auch die Berechtigung vorhanden, diese Goldfarbe des Krokus als eine rötlichgelbe, rotblonde, gelbe zu bezeichnen, die Krokusfarbe also als eine hochrote — Viktor Hehn spricht in gewohnter Weise der Unfehlbarkeit von der gelben, dauernden Farbe des Krokus, während ihr bekanntlich die Dauer abgeht und sie nur in dichterischer Freiheit des Ausdrucks für Gelb stehen kann, — aber auch unter Hervorhebung des Gelbschimmers als eine gelbe.

Von entsprechender Anschauung ausgehend heben auch die Franzosen hier den Gelbschein so hervor, dafs ihnen Safranfarbe und Gelb zusammenfallen, wie wir denn bei denselben Redensarten finden wie être jaune comme du safran, comme le safran, comme safran; avoir la maladie ictérique, la jaunisse; avoir le visage jaune deckt sich mit le visage safrané.

Somit werden wir nach den Anschauungen der alten Philosophen und Dichter die Blüte des Krokus ihrer Farbe nach als Gelb mit der Neigung zu Rot bestimmen — denn diese bietet der Crocus sativus — die Krokusfarbe als Färbemittel als Hochgelb, Gelb mit einer leisen Neigung zu Orange oder Rötlich, aber auch als Gelb.

b) χροκήιος safranfarbig.

Das Beiwort wird den Haaren χαῖται des Keleos gegeben H. H. 5, 178, wo dieselben mit der Blütenfarbe des Krokus verglichen werden χροκηίῳ ἄνθει ὁμοῖαι. So singen auch unsere Dichter des Mittelalters von rötlichem Bart und gelbem Haar — eine Anschauung, zu deren Bezeichnung wir für das Haar des Hauptes jetzt das Wort

blond gebrauchen, welches Wort wir erst in der neuhochdeutschen
Zeit den Romanen entlehnt haben, das eine Farbenabstufung bezeichnet, wo das Gelb sich zu dem Fahl- und Aschgrau neigt.

c) *κροκόπεπλος* mit safranfarbigem, also hochgelbem Gewande.
Das bekannte Beiwort der Eos, also der Morgenröte, findet
sich Il. 8, 1 und sonst. Es könnte nun allenfalls zweifelhaft sein,
ob der Eos, der Göttin also, das hochgelbe Gewand als das kost-
barste seiner Art gegeben wird, oder der Morgenröte mit Bezug auf
ihr rotgelbes Licht. So ist es nicht zweifelhaft, da Il. 8, 1 gesagt
wird,[161]) dafs die Eos mit ihrem Krokosgewand sich über die ganze
Erde ausbreitet, dafs der Dichter an dieser Stelle bereits wieder im
Begriff ist, die Morgenröte selbst an Stelle der Göttin Eos treten zu
lassen. Aber der Vorgang ist nicht vollständig vollzogen, sodafs
wir sehr wohl das Recht haben anzunehmen, das hochgelbe Gewand
sei der Göttin auch hier als solches gegeben, immerhin wahrscheinlich mit Rücksicht darauf, dafs diese Farbe des Gewandes dem Aussehen der Naturerscheinung besonders nahe steht. Der alte hellenische Dichter sah nicht nur die farbigen Erscheinungen der Natur,
wufste nicht nur in der Anschauungsweise seines Volkes die Natur-
erscheinungen als Göttergestaltungen einem lebensvollen Wirkungs-
kreis einzuordnen, sondern auch aus diesen Göttergestaltungen wieder
zur Naturanschauung zurückzukehren und Göttergestalt wie Naturerscheinung durch ein entsprechendes farbenfrisches und farbenfrohes
Beiwort in einer gewissen Einheit zu verbinden.

Hesiod giebt das Beiwort »mit hochgelbem Gewand« *κροκό-*
πεπλος also, der Enyo und Telesto, *Ἐνυοῖ, Τελεστοῖ* Th. 273. 358.
Da Enyo eine der Gräen ist, die Telesto (oder Telestho) eine
Tochter des Okeanos und der Thetys, so ist hier von einer Beziehung auf das Aussehen der Naturerscheinung und eine Erinnerung
an dieselbe in dem Wesen der Göttinnen oder vielmehr Unholdinnen
nicht mehr die Rede. Wäre eben bei Hesiod Natur und Kunst so
innig verschmolzen wie in den homerischen Dichtungen, so würden
wir ein solches Beiwort bei solchen Wesen nicht finden.

2. *μελίχρως* honigfarbig.

Q. S. 3, 224 giebt das Beiwort den Waben *κηροί*. Da wir
das Wort an einer Stelle finden, wo der Dichter von den frischen
Waben des Bienenstockes redet, so haben wir auch dies honigfarbig
als eine Farbenbezeichnung zu bestimmen, welche auf ein hochrotes

Gelb, Gelb mit einer leisen Neigung zum Rötlichen hinweist, vielleicht aber auch auf Gelb oder Fahlgelb.

3. ξανϑός gelb, blond.

Das Wort wird aus der Wurzel skand leuchten, glühen, brennen hergeleitet. Wenn die Herleitung zu einer scharfen Bezeichnung der Auffassung bei Entstehung des Wortes führen würde, so würden wir bereits in der angenommenen Bedeutung der angenommenen Wurzel zu Gelb mit einer gewissen Neigung zum Roten gelangen.

Wie schon berührt, ist unser blond eine recht unglückliche Übersetzung dafür, denn das Wort, welches wir den Franzosen entlehnt haben, trägt in das Gelb einen aschgrauen Zug hinein.

Bei den Philosophen haben wir das Wort zur Bezeichnung von Gelb kennen gelernt, seiner Herkunft nach würden wir eher zu der Bedeutung von Rötlich gelangen. Demnach setzen wir unser Gelb und Rötlich als Übersetzung von ξανϑός auch hier als entsprechende Farbenbezeichnung wieder in seine Rechte ein.

Gelbes Haupthaar hat Achilleus κόμη Il. 197; sein langes gelbes Haupthaar schneidet er ab Il. 23, 141 ξανϑὴν ἀπεκείρατο χαίτην, gelbe Haare hat Odysseus τρίχες Od. 13, 399, und ξανϑός, von den Helden gesagt, deutet auf ihr gelbes oder rötliches Haar hin, wie aus Od. 15, 133 hervorgeht, wo es von Menelaus heifst, dafs er dem Haupte nach gelb sei κάρη ξανϑὸς Μενέλαος. Ein ξανϑός, ein Held also mit gelbem oder rötlichem Haupthaar, ist dann noch Meleager Μελέαγρος Il. 3, 284, Radamanthys Ῥαδάμανϑυς Od. 4, 564, Ganymedes Γανυμήδης H. H. 4, 202, Polyneikes Πολυνείχης Ep. Gr. Fr. Th. 1 und Polypoites Πολυποίτης Q. S. 12, 318. Von Göttinnen, Frauen und Mädchen wird es der Demeter gegeben Δημήτηρ Il. 5, 500, der Agamede Ἀγαμήδη H. 11, 740, der Ariadne Ἀριάδνη H. Th. 947, der Jolcia Ἰόλεια Hes. Fr. 70.

Wie von Menelaus so wird von dem Aisoniden das Haupt als ein gelbes, rötliches seinem Haar nach bezeichnet Ap. I 108, aber auch Wangen und Stirn heifsen so Ap. 4, 172 ἐπὶ ξανϑῇσι παρηίσιν und Ap. 2, 159 ξανϑὰ μέτωπα: ξανϑός als Beiwort von Wange, fordert aber die Übersetzung von rötlich, nicht aber von blond.

Gelb oder rötlich werden die Häupter der Rosse genannt ξανϑὰ κάρηνα Il. 9, 407, sowie die Rosse selbst ἵπποι Il. 11, 680.

4. ξουθός gelb mit der Neigung zu rotbraun.

Das Wort weist als Farbenbezeichnung auf ein mit Rotbraun
gemischtes Gelb hin, also auf die Farbe des ockerhaltigen Kieses.
Das Wort wird von derselben Wurzel hergeleitet, wie ξανθός, nach
Athenäus bezeichnet es eine Zwischenfarbe zwischen ξανθός gelb,
rötlich und πυρρός feuerfarben, gelbrot, rot: alte und neuere Anschauung decken sich in der Erklärung wieder ganz vollständig.
H. H. 33, 13 wird ξουθός von den Flügeln der Cicade gebraucht, Äschylus giebt das Beiwort der Nachtigall Ag. 1113. Die
Nachtigall sieht aber rötlich-graubraun aus, die Singcicade gelblich;
da nun die Flügel derselben mit vielen schwarzen Adern durchzogen sind, so gelangen wir zu der Farbenerscheinung, welche auf
eine Mischung von Gelb, Rot und Braun, also Gelb- und Rotbraun
hinzeigt.

5. a) ωχρος. ὁ

wird mit Blässe übersetzt, man leitet das Wort wie ἀχλύς von ak,
ank her — es soll demnach dunkel, farblos, blind, trübe heifsen —
eine Herleitung, aus welcher die Bedeutung des Wortes sich in
nichts ergiebt. Döderlein aber läfst das Wort aus α mit abschwächen-
der Kraft und χρώς Farbe entstehen — also die Farblosigkeit. Die
Herleitungen von Döderlein — in diesem Falle folgt ihm auch La
Roche — sind selten richtig. In der Ilias finden wir ὠχρός als eine
Art von Farbenbezeichnung in den Worten ὠχρός τέ μιν εἷλε πα-
ρειάς Il. 3, 35, Blässe erfafste ihm die Wangen. Dafs so übersetzt
werden kann, unterliegt keinem Zweifel. Nun sind aber ὠχρος,
ὠχρός und ὠχράω nicht zu trennen, bei den Philosophen haben wir
ὠχρός in der Bedeutung von Gelb als Grundfarbe kennen gelernt,
Plato erklärt es als eine Mischung von λευκόν und ξανθόν, was
eben ein Hellgelb ergeben würde, wie in der That die helleren Sorten
Ocker, welche arm an Eisen sind, auszusehen pflegen. Somit haben
wir das ὠχρος, ὠχρός und ὠχράω als fahlgelb zu bezeichnen, wie
in der That der Mensch des Südens, welcher an sich eine rötlich-
braune Färbung hat, dann aussieht, wenn ihm ein Schreck oder die
Furcht die Farbe der Gesundheit raubt. So breitet sich denn dem
Manne die fahlgelbe Farbe über die Wangen aus, welcher in der
Waldschlucht den Drachen sieht: in weiterer Steigerung des mit
dichterischer Freiheit zu Bezeichnenden gelangen wir dann aus dem
Gelben durch das Fahlgelbe zum Fahlen selbst, nicht aber zu blafs.

b) ὠχράω blafs, fahlgelb, gelb werden.

So heifst es vom Neoptolemos, dafs er diese Farbe nicht annimmt, Furcht und Schrecken sind ihm unbekannt Od. 11, 529
οὔτ᾽ ὠχρήσαντα χρόα κάλλιμον.

c) ὠχρός fahlgelb, hellgelb, gelblich, gelb
wird in der Batr. 81 dem Frosch als Beiwort gegeben und von dem
Leib δέμας des Frosches gesagt. In der That sind bei einigen
Froscharten gelbe Farben zu erweisen; so ist der Grasfrosch gelbbraun, der gemeine Laubfrosch ist unten gelblich, die gemeine Feuer-
kröte, welche in stehenden Gewässern gefunden wird, unten mit
orangegelben Flecken versehen. Unter Hervorhebung des Gelb und
bei dichterischer Freiheit in der Hervorhebung der am Frosch gesehenen gelben Farbe, kommen wir zu ὠχρός als einer entsprechenden Farbenbezeichnung, welche wir mit Hellgelb, Gelb, Gelbrot
wiedergeben können, ohne dafs wir genötigt sind, dem Frosch zuliebe die Bedeutung des Wortes in Grünlich zu wandeln.

6. μήλωψ weifs, glänzend,
der Herleitung zuliebe apfelfarbig, quittenfarbig, goldgelb übersetzt.
Die gewöhnliche Erklärung von μῆλον ist Apfel, Obst, aber
auch Quitte. Die Quitte μῆλον κυδώνιον wird nun aber erst bei
Alkman erwähnt. Hätte Viktor Hehn mit seiner Auffassung recht,
dafs die erste Erwähnung eines Tieres oder einer Pflanze bei einem
Schriftsteller mit der Zeit der Einführung von Tier und Pflanze aus
Asien in Europa so ziemlich zusammenfällt, so stände es um die
Übersetzung von μήλωψ mit quittengelb gar schwach — aber ich kann
mich der Ansicht nicht verschliefsen, dafs viele Behauptungen Hehns
derselben Art von Irrtum entsprungen sind, wie viele Sätze der
Augendarwinisten, nach welchen alles, was bei den Schriftstellern
nicht erwähnt wird, um jene Zeit als nicht vorhanden oder nicht
erkannt anzusehen ist.

Hatte sich Ameis zu der Übersetzung von quittenfarbig, d. i.
vollreif oder goldgelb veranlafst gesehen, so schliefst sich sein Nachfolger Hentze den Sprachforschern an, welche wie Autenrieth und
andere Gelehrte aus μαλός albus, weifs also, — freilich erklärt zwar
Hesychius μαλός mit weifs, andere übersetzen aber zottig, ein passen-
des Beiwort für den gehörnten Bock, während andere »Führer der
Herde« bieten[162]) — zu μήλωψ weifsglänzend gelangen. Freilich
Weizen — wir treffen, wie wir sehen werden, μήλωψ als Beiwort zu
πυρός — müssen die Herren nie gesehen haben, wenn sie das Beiwort

desselben von seinem weifsen Aussehen herleiten, denn wenn auch Viktor Hehn den Weizen als das weifse Korn im Gegensatz zu dem dunkleren Roggen bezeichnet sein läfst, so würde doch dieses Beiwort nur von dem roggenessenden Germanen oder Slaven ausgegangen sein können, als sie die Lieblingskornfrucht des Griechen, Römers und Kelten kennen gelernt, dasselbe also sich nicht wohl schon bei Homer finden können. Andere Forscher denken freilich daran, dafs die Weifse des Mehles den Namen Weizen geschaffen hat. Wie dem nun auch sei, so ist doch für uns sicher, dafs wir den Weizen als gelbrot, gelblich-rostrot sehen. Somit ist in dichterischer Steigerung des Eindruckes unter Hervorhebung des Gelb von dem Dichter des siebenten Gesanges der Odyssee der Weizen als ein gelbes Korn mit der Neigung in das Rötliche durch das Beiwort μήλωψ bezeichnet worden, vielleicht mit Beziehung auf das Aussehen der Quitte, vielleicht einer anderen Baumfrucht, und zwar des Apfels, der bereits in den frühesten Zeiten der semitischen und indogermanischen Sagenwelt bedeutsam hervortritt und bei seinem wachsgelben Aussehen und den roten Wangen die Abstufung der Farbe bietet, welche sehr wohl dem gelblich-rostroten Weizen gegeben werden kann, von dem wir in der Odyssee lesen 7, 104 ἀλετρεύουσι μήλοπα καρπόν.

In der Gelbgruppe finden wir somit keine Bezeichnung, welche wir als Farbenbenennung nicht auch in entsprechender Weise zu verwenden vermöchten, wie dies die homerischen Sänger gethan.

Wir haben uns jetzt demjenigen Worte zuzuwenden, dessen Grundbedeutung von verschiedenen Gelehrten verkannt ist, während sich dieselbe mit erfreulicher Sicherheit bestimmen läfst: es ist die Farbenbezeichnung χλωρός, welche auf fahlgelbe, gelbe Farbe hinweist, und auf den Übergang von Gelb zu Grün.

Sechsundzwanzigstes Kapitel.

Fahlgelb, Gelb, Gelbgrün.

a) χλωρός fahlgelb, gelb, gelblich grün, grünlich.

b) χλοερός poet. zerdehnt, in derselben Bedeutung.

Diese Farbenbenennung dient recht eigentlich zur Bezeichnung des Aussehens des aus der Erde aufstrebenden Keimes, welcher aus dem Weifsen in das Fahle übergeht, aus dem Fahlen in das Lichtgelbe, aus dem Lichtgelben in das Hellgrüne.

Eben für diese Übergangsfarbe hat die griechische Sprache das besondere Wort χλωρός, mit welchem wir uns seiner Herkunft nach bereits beschäftigt haben (vergl. S. 55), von dem wir wissen, dafs Demokritus dasselbe unter den Worten für die Grundfarben, und zwar zur Bezeichnung von Gelb aufführt.

Das Buch von den Farben giebt eine vortreffliche Erklärung der Abstufung, welcher diese Farbenbezeichnung dient, wenn es sagt: »Von den Pflanzen ist zuerst alles, was sich über der Erde befindet χλωρόν, fahlgelb, gelblich, gelblichgrün also, alles was sich unter der Erde befindet, Stiel und Wurzeln, weifs.«[188])

Bekanntlich fehlt uns eine dem χλωρός entsprechende Farbenbezeichnung. Um uns nun hier zu helfen, setzen wir meist Grün da, wo wir ein Fahlgelb mit grünlichem Schimmer sehen. So nennt z. B. der Brauer die Gerste, welche gekeimt hat und reif für die Darre ist, grün. Diese grüne Gerste ist nun aber dem Korn nach rötlichgelb bis weifsgrau, der lange Keim ist fahl, die Spitze des fahlen Keimes zeigt einen für ein ungeübtes Auge kaum wahrnehmbaren grünen Farbenschimmer, und davon hat die an sich grauweifse, rötlichgelbe, für die Darre reife Gerste ihren Namen.

Nach unseren früheren Entwickelungen bei verschiedenen Farbenbezeichnungen haben wir vorauszusetzen, dafs wir χλωρός als Beiwort da finden werden, wo es auf eine Farbenabstufung von Weifs und Fahl hinweist, auf Gelblich, Gelblichgrün, Fahl- oder Graugrün und Grün.

Als fahlgelb treffen wir χλωρός als Beiwort der Furcht δέος Il. 8, 77, die Farbe zeigt sich als Wirkung derselben Il. 10, 376. Über dieses Aussehen ist bei ὤχρος und ὠχράω gehandelt. In der Redensart, ἀπὸ χλωροῦ τάμνειν H. E. 743, das Trockene vom Lebenden wegschneiden, kann, da es sich um den Nagel handelt, welcher bis zum Leben weggeschnitten werden soll, das χλωρόν nur fahlgelb heifsen mit der Neigung in das Graurötliche hinein.

Q. S. 8, 208 vereint χλοερός und ἀχροίη Farblosigkeit, er gebraucht das Wort vom Aussehen des Toten. Somit tritt auch in dieser Beziehung das Fahlgelbe hervor. Χλωρός als Beiwort zu Ἀχλύς, Hes. S. 265, der Gestaltung der tiefsten, tödlichsten Betrübnis, mag gleichfalls fahlgelb übersetzt werden.

Sodann gesellt sich χλωρός dem Honig μέλι Il. 11, 631. Auch wir reden von dem Gelb des Honigs, als der Mittelfarbe desselben, denn der Honig geht aus dem Graugelben in das Gelbe und Gelbrote ein, je nach den Stoffen, welche die Bienen herbeigetragen haben, aber auch nach der Entwickelung der Brut in den Zellen. Da nun jedes

Gelb, sobald auch nur der Schatten darauf fällt, schon eine Neigung zu Grün zeigt, so haben wir gar keinen Grund, in der Zugabe von χλωρός zu dem Honig etwas anderes zu erblicken, als einen gut gewählten Ausdruck für das wirkliche Aussehen desselben. Von Metallen gesellt sich χλωρός bei H. A. 231 einem Stoff, Metall oder Erz, dem ἀδάμας, eigentlich dem Unbezwinglichen. Eben dieses so bezeichnete Metall wird H. Th. 161 auch πολιός, — unser fahl, — genannt. Es ist schwer festzustellen, was ἀδάμας für ein Metall gewesen ist. Das Wort hat bereits Homer als Eigennamen, als Stoffnamen aber erst Hesiod. Göttling will den Ausdruck als eine Bezeichnung nicht für Erz, sondern für Eisen, dann also ein besonders hartes, gelten lassen, wofür das mittelbare Zeugnis von Pindar zu sprechen scheint, da wir bei ihm lesen P. IV 71 τίς δὲ κίνδυνος κρατεροῖς ἀδάμαντος δῆσεν ἅλοις.

Wenn nun κύανος der Stahl der Semiten, χάλυψ derjenige der Indogermanen gewesen ist, so mag ἀδάμας auf eine zwischen beiden Arten liegende gehärtete Art von Eisen oder Stahl hindeuten, dessen Eigenart festzustellen uns unmöglich ist. Sicher ist, dafs χλωρός in diesem Falle als Beiwort nicht auf Grün hinweisen kann, wohl aber können wir es auch hier mit fahl, fahlgelb, gelblich übersetzen, wie denn das Metall, wie berührt, auch den Beinamen πολιός hat.

Das Wort χλωρός hat sodann mehrfache Beziehungen zur Pflanzenwelt. Da giebt uns nun La Roche an, dafs in diesen Beziehungen χλωρός das »Frischgrüne (im Gegensatz zu dem Dürren, Trockenen), Belaubte« bedeutet. Als Beweis für die Richtigkeit seiner Ansicht führt er zunächst χλωρόν als Beiwort von ῥόπαλον an Od. 9, 320, der Keule des Kyklopen, welche später als Hebebaum μοχλός bezeichnet wird, mit welcher Odysseus dem Kyklopen das Auge ausbohrt. Auch von der Keule im Feuer wird χλωρός gesagt Od. 9, 379, von der uns dann berichtet wird, dafs sie hell im Feuer glüht.

Da der Kyklop die Keule erst führen will, wenn sie ausgetrocknet ist, so weist das χλωρόν auf das Frische des Holzes hin. Der Dichter hebt also in der Keule den Gegensatz von schwer und leicht, von saftig und trocken, nicht aber von Grün und Gelb hervor. Und selbst wenn der Dichter das Frische am Stab besonders hat betonen wollen, so kann er doch nicht eigentlich von dem Grün des frischen Stabes haben sprechen wollen, denn erst das ausgetrocknete Holz des Ölbaumes sieht fahlgelb mit einer leichten Neigung zu Grün aus, wenn auf die geglättete Fläche ein dunkler

Schatten fällt, während das frische Holz des Ölbaumes der Rinde
nach fahl und fahlgrau aussieht, der Schnittfläche nach aber fahlgelb.
In das Fahlgraue und das Graugelbe mit einer Neigung in das
Graugrüne geht χλωρός ein als Beigabe zu den Zweigen ῥῶπες,
welche zur Herstellung des Lagers dienen Od. 16, 47. Da Od.
14, 47 bei ähnlichem Vorgang den Zweigen das Wort δάσεται, dicht
— also doch sicher belaubt — gegeben wird, so dürfen wir auch
Od. 16, 47 an frische Zweige denken.

Bei uns liegt nun aber ein Grundirrtum vor, wenn wir mit
jedem Zweig die Vorstellung Grün verbinden. Zunächst ist nicht
der Zweig grün, sondern der Schofs, die jungen Blätter sind gelb-
grün, die Blätter des Ölbaumes aber graugrün, der Zweig ist fahlgrau, fahlgelb, graugelb, graugrünlich und auch graurötlich. Bei
dichterischer Hervorhebung des Fahlen und Grauen am Zweige zwingt
uns nichts anzunehmen, dafs χλωρός als Beiwort der Zweige auf ein
volles Grün hindeutet. Grünbelaubte Zweige nennt die Odyssee
eben nicht χλωραί, sondern sie redet in diesem Falle von dichten
Zweigen δάσεται, bei denen man sich die gewöhnliche Farbe des
Aussehens eben einfach zu ergänzen hat: dieselbe wird aber eher
fahl-grau-grün, als rein grün gewesen sein.

Sodann finden wir χλωρός bei Hesiod A. 394 als Beigabe
von ὄζος, unserem Ast. Nach dem eben zu ῥῶπες Gesagten haben
wir durchaus keinen Grund, dem Ast das Beiwort grün zu geben,
welches wir den Zweigen versagt haben, denn den Ästen kommt
das Beiwort grün viel weniger zu als den Zweigen — abgesehen
davon, dafs Hesiod an der betreffenden Stelle auf das Aussehen des
Metalles, aus welchem der Ast gebildet ist, hingewiesen haben
kann — in diesem Falle würde χλωρός fahlgelb, gelb zu übersetzen
sein — eine Art der Anschauung und Bezeichnung, welche sich
bekanntlich bei Hesiod findet, denn er giebt einem Gegenstande
auch das Aussehen des Erzes, aus welchem derselbe gebildet ist, statt
desjenigen, welches derselbe in der Wirklichkeit aufweist.

Im H. H. 2, 45 ist sodann der Berg, über welchen Apollo
schreitet, χλωρόν und ζάθοιν hochheilig genannt. Dafs dieser Berg
mit Gras und Wald bewachsen sei, wie La Roche das behauptet,
entstammt dessen Einbildungskraft, — im Hymnus ist das nicht gesagt.

Da nun bei Homer mehrfach die Berge nach der Farbe des
Gesteins, aus welchem sie bestehen, genannt sind, so dürfen wir
auch hier an einen Berg von fahlgrauem und fahlgelbem Gestein
denken. Soll aber mit dem Beiwort auf den bäumebestandenen Berg

hingewiesen sein, so würden wir immer nur zu Fahlgrau, Fahlgrün und Graugrün gelangen, denn ein solches ist das Aussehen, welches die Sonne den Bäumen und ihren Blättern giebt, wenn sie ihre Strahlen auf dieselben herniedersendet, selbst bei uns, in farbigerer Glut aber im Süden. Wenn der Berg mit Ölbäumen bestanden ist, so wird das Fahle der Bäume und Blätter nur um so schärfer hervorgetreten sein.

Nach diesen Erörterungen haben wir keinen Grund, wenn wir χλωρόν als Beiwort von δένδρεα Bäume finden, wie Hes. inc. sed. fr. 229, von unserer Übersetzung Fahlgrau, Fahlgrün und Graugrün abzuweichen.

Χλωρός findet sich nun aber auch als Beiwort von σεῦτλον Beta maritima, der Meeresstrandrübe Batr. 62, sowie der Blätter πέταλα, des Weinstocks ἡμερίς Ap. 3, 220, sowie bei dem Lauch πράσον Batr. 54. Es ist klar, dafs hier χλωρόν die meiste Anwartschaft darauf hat, Grün zu bedeuten. Da nun aber von πράσον, Lauch also, die Farbenbezeichnung Grün, welche wir bei den Philosophen gefunden haben, herstammt, so haben wir daran zu denken, wenn der Dichter der Batr. trotzdem auch dem Lauch das Beiwort χλωρόν giebt, dafs er eine besondere Farbenabstufung damit hat bezeichnen wollen, welche sich nicht vollständig mit unserem Grün deckt, da andererseits zwei Grünbezeichnungen sich häufen würden. Die Möglichkeit dazu giebt dem Dichter die wechselnde Farbe der Triebe und Blätter, welche aus dem Gelblichgrünen und Graugrünen erst zum gesättigten Grün sich entwickelt.

Und so finde ich endlich auch auf kein volles Grün in der Stelle des Ap. 1, 546 hingewiesen, wo berichtet wird, dafs die Pfade des Schiffes im Meer weifs werden wie ein Pfad, welcher sich in der Ebene zeigt, die χλοερόν genannt wird. Der Scholiast des Dichters, welcher sonst oft recht seltsame Bemerkungen macht, sagt diesmal treffend:»Das Wasser wurde weifs wie ein Pfad« — offenbar zu ergänzen (weifs) aufschimmernd —»durch eine Ebene, Flur«, von welcher der Dichter das Wort χλοηφοροῦν gebraucht. Nun sind die Bilder des Apollonius meist gewählt und scharf gezeichnet. Die weifsen Pfade im Meere entsprechen dem Pfad in der Ebene, durch die Gefilde, welcher nach gewöhnlicher Bezeichnung grau, in dichterischer Hervorhebung eines hellen Farbenschimmers, welcher ihn umspielt, wohl mit dem Weifs des Schiffspfades verglichen werden mag. Das Meer wird an der betreffenden Stelle am Tage befahren — die Waffen blitzen unter dem Feuerstrahl der Sonne — mithin sieht

das Meer nicht grün, sondern fahlgrau aus. Demnach haben wir
auch der zur Vergleichung herangezogenen Flur das Beiwort Grün
zu versagen, wohl aber Fahlgrau dafür einzusetzen — wie wir die
sonnenverbrannten Ebenen des Südens oder diejenigen, auf welche
die Sonne in voller Glut herniederstrahlt, zu erblicken pflegen.

c) χλόος. ὁ die grüngelbe oder gelbgrüne Farbe,
nach den Wörterbüchern, — wogegen wir das Fahlgelb übersetzen, wie
Ap. 2, 1216 das Wort gebraucht, wenn er damit das Aussehen seiner
Helden in dem Augenblicke bezeichnet, wo ihnen die Farbe des
Lebens sich bleicht, wie das Chanson de Roland für solches Aus-
sehen die Worte teinz und pers hat, desculurez und pales.

d) χλωρηίς fahlgelb
ist Beiwort der Nachtigall ἀηδών Od. 19, 518. Ameis läfst nach La
Roche der Nachtigall den Beinamen χλωρηίς, der »grünen«, gegeben
werden, weil sie sich im Grünen aufzuhalten pflegt. Es ist erstaun-
lich, wie oft Ameis in der Erklärung Homers irre gegangen ist.
Welcher Vogel, aufser etwa demjenigen, der die Bedingungen seines
Daseins von den Lebensgewohnheiten des Menschen abhängig ge-
macht hat, lebt denn nicht im Grünen? Welchem unserer gefiederten
Freunde in Wald und Wiese, Hain und Flur würde demnach dieses
Beiwort nicht zukommen?

Anders Gladstone. Um zu zeigen, welches das Aussehen der
Nachtigall ist, giebt er aus Bolton, British Songbirds II 22 folgende
Beschreibung davon: »Kopf und Rücken sind einfach lohfarben,
vermischt mit Olivenfarbe, der Schwanz ist von tiefem Braunrot,
Kehle, Brust und Oberbauch sind hellaschgrau, der Unterbauch fast
weifs; die äufsere Fläche der Schwanzfedern ist matt rotbraun, ihre
innere braungrau.«

Da nun Homer nicht eine entsprechende Beschreibung in aller
Breite giebt, so hat Gladstone sofort das Urteil zur Hand: »Hiernach konnte die Vorstellung, welche sich Homer von der Farbe der
Nachtigall machte — nach χλωρηίς zu urteilen — eine nur unbe-
stimmte und mangelhafte sein.«

Wir brauchen uns aber um Gladstone und seine Seltsamkeiten
nicht zu kümmern, wenn wir die Farbe der Nachtigall einfach nach
einem naturgeschichtlichen Werke bestimmen. Da danach die Nachtigall, Lusciola luscinia, oben rötlich graubraun, der Sprosser, L. philo-
mela, oben düster olivenbraun ist, so kann nur der rötliche Schimmer

der Farbe der Nachtigall unter Hervorhebung des darin befindlichen Gelb, oder das Olivenfarbene des Sprossers, also Fahlgelb mit leichter Neigung zu Grün, den Anlaſs zu dieser griechischen Bezeichnung gegeben haben, welche dann aber auch als eine vollständig angemessene erscheint.

Somit beweist uns auch das vielumstrittene Wort χλωρός, daſs die Griechen die Farben überaus scharf zu sehen und zu unterscheiden vermocht haben, sowie, daſs ihre Farbenbezeichnungen auch da, wo bei einheitlicher Anschauung in der Hauptfarbe eine oder die andere Nebenabstufung einem Farbenworte sich mit eingefügt hat, fern sind von jener Vereinigung der Fülle von Anschauungen, welche wir bei dem französischen pers, bei unserem Pfirsichfarben gefunden, die für Fahl, Fahlgelb und Fahlgrün, Gelbgrün gesetzt werden, aber auch für Hellrot, Vollrot und Rotblau, ja selbst für Blaurot, je nach Gegenstand und Stoff. Somit finden wir die Vielfältigkeit der Farbe bei einem und demselben Wort zwar nicht bei χλωρός, welches nur Ausstrahlungen aus der Hauptfarbe mit bezeichnet, wohl aber bei pers und Pfirsichfarben, bei Worten also, die dem Mittelalter angehören und noch in unserer Zeit in Gebrauch sind.

Siebenundzwanzigstes Kapitel.

Grün.

Wir gelangen jetzt zu Grün: bei den Philosophen haben wir eine Grüngruppe aufstellen und verschiedene Farbenworte, dem Grün und seinen Abstufungen dienend, erweisen können, bei den Epikern ist das nicht möglich, denn nach meinen Darlegungen geht auch χλωρόν nicht in die volle Bedeutung eines reinen Grün ein.

Wie thöricht nun aber jeder Schluſs ist, welcher aus der Nichtverwendung der Farbenbezeichnungen für Grün im eigentlichen Sinne von unseren Augendarwinisten in Bezug auf das Sehvermögen Homers — und nach meinen Erweisen der Gleichheit der Farbenbezeichnungen von seiten der griechischen Epiker wäre derselbe auf die gesamte griechische Epik auszudehnen — gezogen wird, ergiebt sich eben daraus, daſs in diesem Falle auch auf eine Grünblindheit des griechischen Dichters der nachchristlichen Zeit geschlossen werden müſste, während man doch sonst bereits Aristoteles das Grün sehen läſst.

Bieten nun die Epiker zwar keine Farbenbezeichnungen für Grün, so haben sie doch das Grün selbst in seinen verschiedenen Abstufungen »an konkreten Beispielen zu versinnlichen gewußt«, wie wir aus der Odyssee in dem Abschnitt über die Grundfarben der Kunstgärtner unserer Zeit wie der alten Welt in Bezug auf die Blütenfarben erwiesen haben. Somit kann dies Nichtvorhandensein nie auf die Ursache eines unentwickelten Farbenunterscheidungsvermögens zurückgeführt werden, sondern es muß ästhetischer Anschauung entstammen. Daß aber allein der herrschende Geschmack dem Dichter die Farbezeichnung in den Mund legt oder verschweigen läßt, beweist eben das Fehlen der Grünbezeichnungen im eigentlichen Sinne bei den griechischen Epikern, aber auch die erstaunlich vielfache Verwendung derselben im slavischen Volksliede, worüber ich an anderer Stelle handeln werde.

Achtundzwanzigstes Kapitel.

Blau.

1. a) *κυάνεος* blau: ultramarin, aber auch indigo.

Als allgemeine Farbenbezeichnung für Blau tritt uns zunächst *κυάνεος* entgegen. Über die Herleitung des Wortes haben wir bereits gehandelt (S. 58, 9.), ebenso über den innigen Zusammenhang von Blau und Schwarz, auf den auch wir in unserer Sprache mittelbar hinweisen, wenn wir vom blauen Rabengefieder sprechen, Ritter Blaubart u. s. w.; als neulich eines unserer Witzblätter über den Ausdruck einer süddeutschen Behörde, nach welchem ein junger Mann als durch blaues Haar kenntlich bezeichnet wurde, spottend sich äußerte, bewies das große Witzblatt eben nur, daß seinem Leiter in diesem Falle Anschauung und Farbenbezeichnungen des eigenen deutschen Volkes fremd geblieben sind. (Vergl. übrigens S. 82—85.)

Hatten wir bereits bei Demokritus das Waidblau — ein Zusatz der Ausscheidung der Taube gab dem Waid die dunkelste Blauabstufung im Altertum — so haben doch die Epiker aus dem Wort *ἰσάτις* eine Farbenbezeichnung nicht gebildet: der griechische Epiker bezeichnet eben mit *κυανοῦν* die Blauabstufungen des Ultramarin und des Waid, wie auch unsere Dichter von Blau und nicht von Ultramarin oder Indigo reden, — ein Beweis, daß das griechische

Wort κυανοῦν sich gar frühzeitig zu einer allgemeinen Blaubezeichnung, und zwar von Vollblau bis Schwarzblau — also von Ultramarin bis Waidblau oder Indigo herausgebildet hat.

Freilich wäre nun immerhin noch denkbar, — und die Ansichten der Augendarwisten müssen ja eigentlich darauf hinauskommen — daſs κυανοῦν erst im Laufe der Zeit zu der Bedeutung von Blau gelangt ist. Es erscheint denn doch aber von vornherein eine Ansicht als unwahrscheinlich, wenn wir gemäſs derselben verschiedenen Worten eine feststehende Bedeutung je nur auf einige Jahrhunderte zuschreiben sollen. Freilich ist nicht zu leugnen, daſs ein und dasselbe Wort bei einem und demselben Volke auch wohl Wandlungen in der Bedeutung durchmachen kann, es sind dies aber solche, welche von dem Gegebenen ausgehen und nun bald eine höhere, bald eine niedere Stufe in der Entwickelung des Gegenstandes je nach der vorherrschenden Ansicht der Zeit bezeichnen. So ist Mähre bei uns noch immer das Pferd, so tief das also bezeichnete Tier auch heute in der Wertschätzung des Roſstäuschers stehen mag — und doch hat das Wort einst den Namen für eine Würde schaffen helfen, welche die nächste nach der königlichen ist.

Und nun behandeln wir zunächst den uns fremdartigen Gebrauch von κυανοῦν bei den Epikern.

So giebt Hesiod κυανοῦν als Beiwort den Männern des Südens, also offenbar den Äthiopiern, denn nach deren Stadt und Volk hin wendet sich die Sonne, wie die Worte des Dichters besagen. Als diese Stadt ist Meroe erkannt. Wir finden aber den Ausdruck κυάνεοι ἄνδρες mit Bezug auf die Äthiopier Hes. Erg. 527.

Dieses selbe Beiwort κυάνεος blau giebt nun aber auch Quintus Smyrnäus 2, 101 den Äthiopiern Αἰθίοπις, also mehr als ein Jahrtausend nach Hesiod.

Auſser den Ergebnissen meiner früheren Darlegungen ermöglicht uns eine sichere Erklärung dieses Beiwortes eine Nachricht bei Plinius. Derselbe berichtet nämlich — den Inselkelten muſs das Blau für eine feierliche und heilige Farbe gegolten haben — »die Weiber und Schnüre der Inselkelten bemalen sich die Körper mit Waidblau, um nackt und blau gefärbt bei gewissen heiligen Handlungen einherzugehen« — und nun giebt Plinius den überaus bemerkenswerten Zusatz — »indem sie das Aussehen (die Farbe) der Äthiopier nachahmen.« (Vgl. Pl. Hist. Nr. 22, 2. Similis (erg. herba) plantagini glastum in Gallia vocatur, Britannorum conjuges nurusque toto corpore oblitae quibusdam in sacris nudae incedunt Aethiopum colorem imitantes.)

Zu bemerken ist, dafs Plinius eine entsprechende Bemalung auch den Weibern anderer Barbarenvölker zuschreibt. Somit steht fest, dafs die Naturvölker des Altertums das Blau kannten und bei heiligen Festen zu verwenden pflegten — von den Äthiopiern aber sagt Plinius, dafs sie sich mit minium, also Mennig, färbten. Der Mennig aber ist eine rote Farbe.

Damit ist uns die Möglichkeit versagt, an eine gleiche Färbung bei Kelten und Äthiopiern zu denken. Überdies spricht Aristoteles von den Äthiopiern als den schwarzen μέλανες H. A. III 9, 517 a. 17. Somit kann das Blau der Äthiopier nur dem Schwarz ihrer glänzenden Hautfarbe entstammen.

Diese Gleichheit der Farbenbezeichnungen zwingt uns aber anzunehmen, dafs entweder der Grieche Hesiod, der Römer Plinius und der Kleinasiat Quintus Smyrnäus — und die letzteren beiden gehören bereits unserer Zeitrechnung an — Blau nicht von Schwarz zu unterscheiden vermocht haben — Plinius auch Blau nicht von Rot — oder wir stehen vor der Thatsache, anerkennen zu müssen, dafs die Griechen von der frühesten Zeit an Blau und Schwarz sehr wohl gesehen und unterschieden haben, dafs sie aber auch — wie wir das noch jetzt zu thun pflegen — Blau da gesehen haben, wo ein so glänzendes Schwarz sich zeigt, dafs ein blauer Schein über dasselbe hinläuft. Ist das aber der Fall, so wird mit Recht der geölten, glänzend schwarzen Haut des Äthiopiers das Beiwort blau gegeben, er selbst ein blauer Mann genannt.

Nichts aber beweist gleich deutlich und schlagend die Einerleiheit der griechischen Farbenbezeichnungen durch alle Zeiten ihrer Anwendung, als dafs Hesiod, der Dichter aus frühester hellenischer Zeit, wie Quintus Smyrnäus, der Dichter unserer Zeitrechnung, dasselbe Wort κυανοῦν blau in demselben Sinne verwenden.

Haben wir das κυανοῦν so in seine Rechte als Farbenbezeichnung bei den Äthiopiern wieder eingesetzt, so werden wir nunmehr uns auch leicht zu erklären wissen, wie H. H. 3, 194 der Stier ταῦρος das Beiwort hat erhalten können, ebenso wie Apollonius 4, 977 von den weidenden Kühen hat sagen können, dafs sich unter denselben keine blaue κυανέη befunden hat: wir haben nur eben das Glänzend, welches die Homererklärer so gern dem in Ilias oder Odyssee erwähnten Vieh beilegen, so auf die behaarte Haut zu beziehen, dafs eben das glänzendschwarze Haar von Stier und Kuh den Blauschimmer aufweist.

Mehrfach finden wir von dieser Anschauung aus *κυάνεος* den Haaren, auch der Götter und Helden gegeben; wir entsinnen uns, dafs Geiger diesen Gebrauch der Farbenbezeichnung gänzlich verkannt hatte. So finden wir *κυάνεος* bei den Augenbrauen des Zeus *ὄφρυες* Il. 1, 528 und der Here 15, 102, dem langen Haupthaare *χαῖται* des Hektor Il. 22, 402, den Barthaaren des Kinnes des Odysseus *γενειάδες* Od. 16, 176. H. H. 7, 15 giebt das Beiwort dem Haupthaar des Dionysos, H. A. 7 legt es den Augenlidern *βλέφαρα* der Alkmene bei.

Κυάνεος blau gesellt sich aber auch den Augen *ὄμματα* H. H. 7, 15, wie bei Quintus Smyrn. 14, 40. — Wir können hier an tiefblaue Augen denken, sei es der Iris, sei es der Pupille, wie denn z. B. die Pupille des Löwen ein tiefes Blauschwarz aufweist.

Von nicht der Wirklichkeit angehörenden Wesen gesellt sich *κυάνεος* den Drachen *δράκοντες* Il. 11, 26, welche den Regenbogenstrahlen verglichen werden, und auch H. A. 167 läfst die Drachen über den Rücken hin blau sein. Die Drachen sind übrigens aus Stahl gefertigt und rechtfertigen demnach schon dem Stoff nach das, Beiwort, wie aus dem über Stahl im allgemeinen und phönizischen Blaustahl im besonderen früher Bemerkten hervorgeht. Diesem Blaustahl ordnet sich auch das *κυανόπεζα* ein Il. 11, 629 als Beiwort des Tisches *τράπεζα*.

Wie wir nicht nur von schwarzem, sondern auch von blauem Blut reden, so giebt Ap. 4, 1516 das Beiwort *κυάνεος* den Tropfen *στάγες* des Blutes der Gorgo. Nach meiner Auffassung kommt nun unsere Bezeichnung »blaues Blut« nicht davon her, dafs unsere Adern graublau durch die Haut schimmern — das wäre griechisch *πελιδνόν* — sondern dafs das geronnene Blut den Blauschimmer zeigt. — Bekanntlich ist das träge Blut des wohlgenährten ruhigen Mannes weit dunkler als dasjenige des schlechtgenährten Wassertrinkers — die Adern, welche das rückströmende Blut führen, schliefsen ein dunkleres Nafs ein, als diejenigen, welche das Blut vom Herzen ausführen — das geronnene Blut bezeichnen auch wir als schwarz, auch wir sehen es vom Blauschimmer umspielt, mithin haben wir das Recht, in weiterer Freiheit der Rede von dem blauen als dem dunkleren Blut zu sprechen, welches wir den Vertretern unserer reicheren, wohlgenährten Stände beilegen, die zu manchen Zeiten der Adel allein vertrat. Eine Benennung, welche auch uns geläufig ist, haben wir auch bei Homer nicht als eine fremdartige zu bezeichnen, zumal wenn er dies Blut sagenhaften Wesen beilegt.

Κυάνεος gesellt sich sodann als Beiwort zu der Schar der Kämpfenden, welche so dicht gedrängt sind, dafs sie dem Dichter einem schwarzen Gewimmel, von dem auch wir reden, vergleichbar erschienen sein mögen. Sind wir in unserer Sprache bei diesem Ausdruck stehen geblieben, so steigert der griechische Dichter den Ausdruck in der dargelegten Anschauungsweise von Blau zu Schwarz und redet von den blauen Rotten *φάλαγγες* Il. 4, 282 und der blauen Wolke der Troer Il. 16, 64.

Von entsprechender Anschauung ausgehend in dichterischer Steigerung des Eindrucks finden wir dann *κυάνεος* blau der Wolke gegeben *νεφέλη* Il. 5, 345, *νέφος* Il. 23, 187 — wie auch Q. Smyr. sagt 2, 194 — dem Sturm *λαῖλαψ* Q. S. 13, 55, der Nacht *νύξ* Q. S. 3, 514, der Erde *γαῖα* Q. S. 2, 496, den Felsen *πέτραι* Ap. 1, 3, dem Meer *πόντος* Ap. 4, 842 und der Erde oder dem Meeressand, denn das Scholiast bezieht das Beiwort *κυανέη* Od. 12, 243 *ὑπένερθε δὲ γαῖα φάνεσκεν ψάμμῳ κυανέη* auf die Erde *γαῖα*, während verschiedene Homererklärer es dem Meeressand *ψάμμος* gegeben sein lassen, mithin *κυανέη* lesen. Ameis-Hentze bieten hier die etwas wirre Erklärung, indem sie mit dem Scholiasten *κυανέη* auf *γαῖα* beziehen und erklären: — »stahlblau durch den Grundsand, dem die Meeresfarbe beigelegt wird.« Danach hätten wir dem Sand die Meeresfarbe zu geben, die bei jenen Gelehrten als Erklärung die Worte aus Virgil multa flavus harena findet. Darnach wäre aber jene Meeresfarbe des Sandes — gelb.

Gladstone will in der behandelten Stelle dem *κυάνεος* die Bedeutung Blau absprechen, weil eine solche Farbenbezeichnung nicht dem sandigen Strand beigelegt werden könne, von dem eben das Meer zurückgetreten sei. Der farbenblinde Engländer Pole greift das auch auf und übersetzt *κυάνεος* in diesem Falle mit »Gelbbraun«, und zwar in seiner Schrift Colourblindness in relation to the homeric expression for colour, in der Zeitschrift Nature Oct. 31, 1878 — wo wir lesen »demnach gelbbraun — yellow-brown«.

Der Sand des Meeresstrandes sieht nun aber weifs und weifsgelb aus — Virgil sagt eben Aen. VII 31 multa flavus arena — und nicht gelbbraun, wie Pole will. Die Richtigkeit der Farbenbezeichnung ist eben wieder einmal auf seiten des Altertums und nicht auf derjenigen des farbenblinden Engländers.

Aber Gladstone und Pole konnten in diesem Falle überhaupt nicht zu einer richtigen Erklärung gelangen, denn Gladstone giebt die Lage, in welcher wir *κυανέη* als Beiwort zu *γαῖα* und *ψάμμος* lesen, einfach falsch an. Wir befinden uns Od. 12, 243 eben gar nicht auf dem Sande des Strandes, sondern zwischen der Scylla und der Charybdis. Die letztere speit das Wasser aus, dafs es bis auf die hohen Felsen spritzt, dann schlürft sie das Wasser wieder ein, dafs unten die Erde sichtbar wird, welche aus ψάμμος, also aus Sand besteht, wie Bekker und Düntzer die Stelle erklären: eben dieser Sand ψάμμος wäre nun κυανέη genannt.

Sind wir aber inmitten der Schrecken der Charybdis, so ist es nur natürlich, dafs der Dichter den Eindruck des Furchtbaren zu steigern den Hauptworten auch Beiworte giebt, welche dazu geeignet sind, diesem Zweck zu dienen: und so führt denn der Strudel, wofern der Dichter dieser sagenhaften Örtlichkeit die Farbe des Lebens giebt, in eine Tiefe hinab, wo die Erde aufblickt aus dem ringsaufgewirbelten Sand, der eben durch Beimischung von Schlamm und Meeresgewächsen die glänzende, tiefschwarze, in das Blaue schimmernde Färbung zeigt. So redet Propertius IV 7, 83 von dem schwarzen Sand, nigra arena, des Euphrat, Virgil von dem schwarzen Sand, nigra arena, des Nil (G. 4, 293 — nicht minder aber auch von dem schwarzen Sand mitten im Meere, medio ponto, wo die Woge den also bezeichneten Sand in die Höhe trägt, Georg. 3, 241 — unda — nigram alte subvectat arenam.

Haben wir das Beiwort κυάνεος in seinen Beziehungen zum Stahl bereits behandelt (vergl. Il. 11, 24, 26, 38, 39; 18, 564 —), so haben wir jetzt die Stellen zu bieten, wo das Wort den Gewändern gegeben wird.

Das aber ist der Fall bei Schleier κάλυμμα Il. 24, 94 und H. H. 5, 42, dem Obergewand πέπλος H. H. 5, 182, was auch Q. S. hat 3, 586.

Wir gelangen jetzt zu den Worten, bei welchen κύανος einen Teil der Zusammensetzung bildet.

b) κυανῶπις mit dunkelblauen Augen.

Nach unseren Erörterungen deutet das Wort auf die Farbe der Iris oder der Pupille. Das Wort wird der Ἀμφιτρίτη gegeben Od. 12, 60; Q. Smyrn. giebt es der Ἀρμοθόη 1, 44, einer Amazone. Demnach könnte das Beiwort der Meeresgöttin mit Bezug auf die Meeresfarbe beigelegt sein, aber da es auch eine Amazone führt, so ist es eben nicht nötig, besondere Beziehungen auf das Meer in dem Wort zu suchen.

c) κυανοχαίτης.

ein Beiwort des Poseidon (*Ποσειδάων*) Il. 13, 563, des Hades Ἀίδης
H. H. 5, 347, des Rosses Areion Ἀρίων Ep. gr. fr. Th. 4; aber
auch der Mähnen eines Rosses Il. 20, 224. Die früheren hierher
gehörigen Erörterungen erklären die Bedeutung des Wortes.

d) κυανοπλόκαμος mit glänzendschwarzen, blauschimmernden
Flechten.

Das Beiwort ist von Q. Sm. 5, 345 den Nereiden ἅλιαι gegeben, den Bewohnerinnen der Salzflut.

e) κυανόπτερος mit glänzendschwarzen, blauschimmernden
Flügeln,

ein Beiwort der Cicade H. A. 393. Da die Flügel der Singcicade
mit vielen schwarzen Adern durchzogen sind, so können nur diese
wegen ihres Blauschimmers den Anlafs zur Farbenbezeichnung gegeben haben.

f) κυανόπεπλος,

in dem erörterten Sinne von dem Obergewand der Leto gesagt
H. Th. 406, und der Demeter H. H. 5, 319.

g) κυανόπρωρος.

in dem erörterten Sinne von dem Vorderteil des Schiffes gesagt
ναῦς Il. 15, 693. — Q. S. nennt die Schiffe κυάνεαι 10, 256.

Da Homer die Schiffe mit Vorliebe als schwarze bezeichnet —
Riedenauer erklärt das Schwarz der Schiffe aus dem Anstrich mit
Pech, und zwar mit Hinblick darauf, dafs Il. 4, 277 eine Wolke
schwärzer als Pech genannt wird — so haben wir nicht einmal
nötig, nach unseren Darlegungen über das Verhältnis von Schwarz
zu Blau, an einen Blauanstrich der Schiffe zu denken — eine Annahme übrigens, der nichts im Wege steht.

Zur Darlegung der Leichtfertigkeit und Willkür, mit welcher
Gladstone arbeitet und folgert, sei hier auf seine früher berührte
verwunderliche Erklärung des Wortes hingewiesen. Das Beiwort
begegnet uns in Ilias und Odyssee zwölfmal. Die häufige Anwendung des Wortes kennzeichnet es somit als ein stehendes Beiwort.
Ein solches Beiwort hat nun aber die Eigenschaft, dafs es sich zuweilen da findet, wo es nicht recht hingehört. Somit würde auch
das Vorkommen von κυανόπρωρος als Beigabe zu ναῦς wohl einmal
eine Verwendung haben finden können, wo es nur formelhaft steht,
nicht der Lage scharf entsprechend.

Mit Verkennung dieser Thatsache schliefst nun Gladstone daraus, dafs, während in der Ilias alle zwölf Schiffe des Odysseus mennig-, also rotgefärbt heifsen, in der Odyssee des Helden Schiff *κυανό-πρωρος* genannt wird — eben dieses Beiwort auf Bronzefarbe hinweist.

Dafs andere Dichter die Ilias, andere die Odyssee, noch andere den Schiffskatalog geschaffen haben, mithin in den homerischen Dichtungen eine Nichtübereinstimmung selbst in wichtigeren Dingen als in der Farbe eines Schiffsschnabels sich leicht von selbst erklärt, — übrigens ist es wieder Gladstone, welcher in derselben Schrift aus der Verwendung der von ihm nicht verstandenen Farbenbezeichnungen Schlüsse auf die verschiedenartigen Zusammensetzungen von Ilias und Odyssee im Sinne der Liedergelehrten ziehen möchte — beachtet der seltsame Gelehrte bei solchen Behauptungen nicht, um eben wieder einen selbstgeschaffenen Erfolg verzeichnen zu können: wir aber haben mit Gladstones Erklärung *κυάνεος* »1. gefertigt aus Bronze; 2. in Farbe gleich Bronze« und seiner Übersetzung »bronzefarbene Schnäbel« nach den früheren und jetzigen Erörterungen nichts mehr zu thun. Ein Verfahren, aus der selbst geschaffenen Bedeutung eines Wortes weitreichende Schlüsse zu ziehen, richtet sich von selbst.

Dafs Ameis-Hentze in dem *κυανόπρωρος* wieder die Meeresfarbe erblicken wollen, ist uns von ihrer Art der Anschauung aus erklärlich, zu widerlegen — nach allen den gebotenen Erörterungen, nicht mehr nötig.

h) *κυανοκρήδεμνος*.

in dem erörterten Sinne von dem Schleier der Thetis gesagt Q. S. 5, 115.

2. a) *γλαυκός* blau, mit der Neigung zum Hellen, hellblau.

Das Wort wird aus gar heiter, hell sein, glänzen hergeleitet. Wenn die Herleitung richtig ist, so würde sie nur den Teil der Farbenabstufung erklären, welcher sich als das Helle dem Blau gesellt.

Seiler-Capelle versichern uns, dafs diejenigen falsch urteilen, welche *γλαυκός* als eine Farbenbezeichnung erkennen und mit »bläulich« übersetzen. Wir werden uns sofort vom Gegenteil der Ansicht von Seiler-Capelle überzeugen.

Zunächst erinnern wir uns, dafs Plato *γλαυκόν* aus einer Mischung von *κυανοῦν* und *λευκόν* hervorgehen liefs: Blau und Weifs gemischt giebt Hellblau. Da nun *γλαυκίδιον*, *γλαυκίσκος* einen bläulichen Seefisch bezeichnet, *γλαύκωμα* die bläuliche Haut über dem

Augenstern, γλαύκιον eine bläuliche Pflanze, einen blauäugigen See-vogel, γλαῦκος einen bläulichen, efsbaren Seefisch, so haben wir danach das γλαυκός als eine hellere Abstufung von Blau zu erkennen, welche nach Grau und Weifs neigen kann.

Diese Bedeutung, die Bezeichnung der Farbenabstufung des Hellblau, des Blau in seinem Übergang zu Grau widerspricht in nichts der Vorstellung, welche wir vom Meere haben können, wenn Il. 16, 34 γλαυκός zu θάλασσα gesetzt wird, bei Hes. Th. 440 Beigabe von δυσπέμφελος (zu ergänzen: Meer) ist, also dem schwer zu be-schickenden Meere, und bei Ap. 1, 182 endlich dem Schwall der Wogen οἶδμα sich gesellt.

b) γλαυκῶπις.

Die Bedeutung des Wortes ist eine vielbehandelte, die Sprach-forscher übersetzen jetzt lichtäugig, strahlenblickend, strahlenäugig. Zur Stütze ihrer Übersetzung führen sie mit Vorliebe die Worte der Scholiasten zu Apollon. Rhod. I 1280[164]) an.

Die Scholiasten teilen uns mit, dafs χαροπόν und γλαυκόν synonym verwandt werden. Beide Worte finden zur Bezeichnung des Glänzenden ihre Verwendung. So steht ihnen denn διαγλαΐσ-σουσιν für φωτίζουσι oder διαλάμπουσιν.

Nach ihrer Meinung sagt in diesem Sinne Apollonius χαροπί von der Eos, γλαυκῶπις Euripides vom Monde, erhält Athene des-halb eben dieses Beiwort.

Zunächst ist nun darauf hinzuweisen, dafs die Scholiasten des Apollonius Rhodius alles eher als gesunde Erklärer sind, wie denn ihre Ansichten oft so krausem Denken entspringen, dafs eben nur Gladstone dieselben darin übertrifft. Was nun ihre Ansichten in diesem Fall betrifft, so haben wir zuzugeben, dafs χαροπός und γλαυκός im allgemeinen als synonym zu betrachten sind, sodann aber festzustellen, dafs die Worte nicht zur Bezeichnung des Aus-sehens des Lichtes an sich oder der Pupille gebraucht werden — die Scholiasten sagen ὅθεν καὶ Ἀθηνᾶ γλαυκῶπις, καὶ γλήνη, ἡ κόρη τοῦ ὀφθαλμοῦ — sondern die Farbe des von der Morgenröte oder dem Monde ausgehenden, durch feuchte Luft oder Nebel gedämpften bleichen, weifslichgraublauen Strahles, wie den Strahl des Lichtes bezeichnen, wenn derselbe graublau oder milchblau aus dem Auge zurückgeworfen uns entgegenblitzt.

Haben wir so die Erklärung der Scholiasten des Apollonius Rhodius zurückgewiesen, so war eine solche Zurückweisung auch mit

Rücksicht auf die zutreffenden Farbenerklärungen der Alten nötig, und zwar aus einer Zeit, welche der Anschauung des Apollonius Rhodius unendlich näher steht, als seine Scholiasten. So nennt Cicero die Augen der Athene caesios, also weifslich-graublaue, Gellius erklärt nach Nigidius das Blau in γλαυκῶπις mit der Farbe des Himmels. Auch Diodor spricht über das Wort γλαυκῶπις. Er sagt Bibl. Hist. 1, 12: Einige Hellenen nehmen an, Athene habe ihren Beinamen γλαυκῶπις davon, dafs sie γλαυκοὺς ὀφθαλμοὺς, also (grau)-blaue Augen habe. Das sei thöricht, wie die Ägypter meinten: nach deren Ansicht bezöge sich das Wort darauf, dafs die Luft, deren Gestaltung Athene sei, einen bläulichen Anblick gewähre — πρόσοψιν ἔγγλαυκον.[165])

Soviel geht aus der Bemerkung des Diodor mit unzweifelhafter Sicherheit hervor, dafs Griechen und Ägypter das Wort γλαυκῶπις für eine Farbenbezeichnung mit Bezug auf das Auge der Athene hielten: nur wäre etwa fraglich, ob das Blau auf dasjenige der Luft zu beziehen ist, oder auf dasjenige des Auges allein: ebenso ist die Blauabstufung von vornherein nicht klar.

Als fernerer Zeuge dafür, dafs γλαυκῶπις eine Farbenbezeichnung ist, tritt kein geringerer, als Pausanias ein. Er berichtet uns nämlich (Descr. Gr. L. 1. 14. 6), dafs im Tempel des Hephaistos eine Bildsäule der Athene gestanden habe mit (grau)-blauen (γλαυκοῖς) Augen. Nach Libyscher Sage sei Athene eine Tochter des Poseidon und des Sees Tritonis: deshalb habe sie blaue — also hellblaue, graublaue — Augen gehabt.[166])

Diesen Zeugen und Zeugnissen gegenüber, welche Meer, Luft und Auge der Athene in einem farbenvollen Zusammenhang verweben, ist es denn doch fast unglaublich, dafs unsere Sprachforscher ihren oft überkühnen Herleitungen zuliebe vorgezogen haben, in diesem Falle sich auf die düftelnden Worte der Scholiasten des Apollonius Rhodius zu stützen, als auf die Darlegungen und Übersetzungen eines Cicero und Nigidius, eines Diodor und Pausanias.

Da wir nun einmal dem γλαυκῶπις eine so breite Ausführung gegeben haben, um die Bedeutung des Wortes wieder in seine alten Rechte einzusetzen, so sei es nun erlaubt, uns mit den Eulenaugen Schliemanns abzufinden. Zunächst sei nun erwähnt, dafs die angeblichen Eulengesichter auf den Gefäfsen, welche Schliemann auf dem Hügel Hissarlik gegraben, der Einbildungskraft Schliemanns und seiner willigen Freunde angehören. Schliemann hat auf dem alten kleinasiatischen Begräbnisplatz, auf dem niemals die sagenhafte Stadt Ilion gestanden, zwar keine Gefäße mit Eulengesichtern ausgegraben, dafür aber eine erhebliche Anzahl von Gesichtsurnen, wie solche in seiner mecklenburgischen Heimat ziemlich zahlreich gefunden werden. Etwas mehr Umsicht und Einsicht würde ihn und seine willigen Freunde auch in dieser Beziehung vor groben Irrtümern bewahrt haben.

c) γλαυκιάω,

erscheint nur in der Partizipialform. Das Wort gesellt sich den Augen des Löwen Il. 20, 172. Hes. Sc. 430, es wird übersetzt »mit funkelndem Blick«. Da sich uns γλαυκός und γλαυκῶπις als Farbenbezeichnungen ergeben haben, so haben wir auch hier keinen Grund, γλαυκιόων nicht in entsprechender Weise zu übersetzen. Da nun der Widerschein des Lichtes im Löwenauge milchblau, graublau erscheint, so ist uns γλαυκιόων mit blauem, mit milchblauem, graublauem Augenstrahl, und demnach mit bläulichem Auge — aber nur in Bezug auf den Widerschein. Diese meine Erklärung wird sofort bei χαροπό; weitere Begründung finden. Wie sehr aber das (Grau)-Blau als Farbenbezeichnung in dem Wort hervortritt, zeigt sich auch bei Q. Smyrn., welcher die Augen des Laokoon 7, 488 γλαυκιόωντες nennt.

Nun hat aber Laokoon kranke Augen, welche bald rot von Blut sind, bald δυσάλθεα, schwer zu heilende, vergiftete, kranke genannt werden. Eben von diesen matten weißlich (grau)blau schimmernden Augen heißt es dann, daß sie γλαυκιόωντες sind.

3. χαροπός.

Das Wort wird in den Homerwörterbüchern mit kampflustig aussehend, kampflustig — so giebt Ebeling — funkeläugig hat Autenrieth, mit (wild)funkelndem Blick bieten Seiler-Capelle — übersetzt und die Herleitung unserer Sprachgelehrten mit ihrer willkürlichen Art, der selbstgesetzten Wurzel die selbstgesetzte Bedeutung beizulegen, kommt ihren Verfassern dabei zu Hülfe, denn Fick hält das Wort gar nicht mehr für ein zusammengesetztes, sondern geht auf gharap als eine Weiterbildung von ghar zurück und gelangt so zu funkeln, glühen.

Aber Schenkl gelangt doch auch zu χαροπός als einer Farbenbezeichnung, er leitet das Wort aus skt. hari grün und gr. ὤψ her: aber ein grünes Auge hat kein Löwe, eher der Tiger — und eine Art der Gelehrsamkeit, welche aus verschiedenen Sprachen die Bestandteile eines griechischen Wortes zusammensetzt, ist denn doch in einem solchen Falle keine wirkliche, sondern eine Scheingelehrsamkeit.

Stellen wir nun zunächst die Bedeutung des Wortes fest, welches die Griechen demselben selbst beigelegt haben.

Von den Scholiasten des Apollonius Rhodius erfuhren wir, daſs χαροπός und γλαυκός als Synonyma verwendet würden: wir konnten das für zutreffend erklären, wogegen wir die weiteren Darlegungen derselben zurückweisen muſsten.

Im ganzen als Synonyma, aber doch mit Betonung gewisser Unterschiede behandelt die Worte Aristoteles in seiner Hist. An. I, 10, wo er das Auge als μελάν bezeichnet, σφόδρα γλαυχόν, χαροπόν und αἰγωπόν — das wäre also schwarz — blau in zwei Abstufungen und ziegenäugig, gelblichgrünlich. Plutarch stellt χαροπόν und κυανοειδές zusammen, er vergleicht die blaue Blüte des Leins mit der blauen Farbe des Himmels und bezeichnet letztere mit αἰθέριος χαροπότης.

Nun giebt aber die Pflanzenkunde die Farbe der Leinblüte mit hellblau an (Leunis-Frank), aber auch mit blau (Garcke), die Farbe des Himmels wird mit dem Aussehen des Saphirs, des lapis lazuli verglichen und darnach azurfarben genannt. Der lapis lazuli hat nach der Steinkunde die Farbe »schwach — glasglänzend, lasur- bis himmelblau«. Der Gewerbetreibende versteht unter Azurfarbe ein Himmelblau, ein Dunkelblau, ein tiefblaues Ultramarin.

Hier würde das Aussehen des Steines und der darnach genannten Farbe des Gewerbes sich nicht vollständig decken, wie wir ähnliches bei Safranblüte und Safranfarbe gehabt.

Da nun aber immerhin die blaue Farbe des südlichen Himmels als eine verhältnismäfsig tiefere Abstufung des lichten Blau anzusehen sein wird, als das helle Blau der Leinblüte, so werden wir kaum umhin können, als die Synonymität von χαροπόν und γλαυχόν dahin zu bestimmen, daſs das lichtere Blau dem γλαυχός zuzusprechen ist, die etwas tiefere dem χαροπός.

Zu ähnlichen Ergebnissen führen uns aber auch die weiteren Verwendungen der Worte und ihre Übersetzungen bei den Römern. So wendet Plutarch das Wort χαροπότης auf das Auge der Germanen an (Marius c. 11). Dieselben werden von Tacitus truces et caerulei genannt: χαροπός entspricht also dem caeruleus. Wir treffen das Wort wieder bei Cicero, welcher de N. D. den Unterschied in der Farbe der Augen der Minerva und des Neptun mit den Worten bezeichnet: caesios oculos Minervae, caeruleos esse Neptuni. Darnach ist also χαροπός wiederum gleich caeruleus, caesius aber entspricht dem γλαυχός. Daraus ergiebt sich aber, daſs

Cicero, Tacitus und Plutarch sich in voller Übereinstimmung der Anschauungsweise befinden, aus der Anwendung von caeruleus und caesius aber, dafs, wo Unterschiede von den Römern in der Verwendung der Worte gemacht werden, caeruleus das reinere, tiefere Blau bezeichnet, caesius das hellere (grau-)blau. Aber auch Theokrit mufs dieselbe Anschauungs- und die entsprechende Ausdrucksweise gehabt haben, denn Idyll. 20, 25 rühmt ein Mädchen von sich:

ὄμματά μοι γλαυκᾶς χαροπώτερα πολλὸν Ἀθάνας,

das kann aber nur heifsen: »Meine Augen erglänzen in einem tieferen Blau als diejenigen der Athene«.

Da das Mädchen unmittelbar vorher seine schwarzen Augenbrauen rühmt, so würden wir in dem angeführten Verse mit unzweifelhafter Sicherheit bei χαροπώτερα an ein tieferes Blau zu denken haben — denn der schwarzhaarige Mensch pflegt ein dunkleres Auge zu haben, als der blondhaarige — freilich wird auch dem flavus Ganymedes, dem blonden Göttermundschenk, von Theokrit das Beiwort χαροπός gegeben — wenn wir die Gewähr hätten, dafs Theokrits Naturanschauung durchweg eine scharfe und bestimmte ist.

Das bisherige Ergebnis unserer Untersuchung ist nun also, dafs χαροπός eine Farbenbezeichnung für eine Blauabstufung ist, ein Synonymon von γλαυκός, aber mit einer leichten Wandlung nach der tieferen Blauseite hin.

Und nun gehen wir zur Verwendung von χαροπός bei den Epikern über. Wir treffen es bei Homer als Beiwort des Löwen χαροποί τε λέοντες Od. 11, 611, H. H. 3, 569. 4, 70. Hes. Sc. 177 und Th. 3, 25 — in letzterem Falle von dem Löwen der Chimaira. An diese fünf Stellen schliefsen sich noch drei andere, denn H. H. 3, 194 giebt es den Hunden κύνες, Ap. Rh. 1, 1280 der Morgenröte ἠώς, Q. S. dem Mond Σελήνη 10, 337.

Stellen wir nun die Bedeutung von χαροπός als Farbenbezeichnung für das Löwenauge und das Germanenauge fest, von dem uns Plutarch berichtet, da wir von dem Beiwort bei Mond und Morgenröte bereits S. 144 geredet.

Das Germanenauge hat eine schwarze, das Löwenauge eine blauschwarze Pupille, das Germanenauge eine graugrünliche graublaue und tiefblaue Iris. Somit kann χαροπός auf die Farbe der Iris bei dem Löwen nicht, bei dem Germanen nur in seltenen Fällen bezogen werden, auf die Pupille des Germanenauges nicht, auf diejenige des Löwenauges nur, wenn man χαροπός mit ἰσάτις in der Bezeichnung der Farbenabstufung gleichsetzt. Und doch haben

Löwen und Germanenauge das Hellblaue im Auge, worauf χαροπός hinweist, und zwar als Widerschein. Dieser Widerschein tritt aber dann am schärfsten hervor, wenn der Löwe und der Germane im Zorn Stirn und Augenbrauen krausen — vor dem Ansprung oder Ansturm, also dafs in diesem Augenblick einer zornigen Ruhe die vergröfserte Augenfläche den breiten Widerschein bietet, der wie ein farbiger Strahl aus dem Auge hervorzubrechen scheint — und eben diesen Widerschein oder Strahl nennen die Griechen und Römer um seines farbigen Aussehens willen χαροπόν und caeruleum.

Sind wir so zu dem milchblauen, graublauen, hellblauen Widerschein im Auge des Löwen und Germanen gelangt, so wird uns das Beiwort in dem erörterten Sinne auch erklärlich, wenn wir es von dem Auge des Hundes gesagt finden, denn auch der canis Molossus bietet im Zorn diesen farbigen Widerschein im weitgeöffneten Auge: das Strahlende, Feurige, Funkelnde, Kampflustige, wie unsere Sprachforscher und Homerlexikographen übersetzen, ist einfach gemachte Bedeutung.

Dafs ich mich übrigens bei meiner Erklärung von χαροπός mit der Wirklichkeit in Übereinstimmung befinde, dafür treten nicht nur meine Beobachtungen an dem Auge der Franken, Alemannen und Sachsen ein, sowie bei den zweiunddreifsig Löwenaugen unseres Tiergartens zu Leipzig, sondern auch die Einzelheiten des Zeugnisses der Alten, welche dem Auge des Löwen das χαροπόν im Augenblick des Ansprunges geben, ἐν ἀναβολῇ τοῦ ὁρμῆσαι, wenn der Widerschein im weitgeöffneten Auge sich in verstärkter Gröfse zeigt und als hellblauer Strahl aus dem Auge hervorzuckt: χαροπὴν ἀκτῖνα ἐκ τῶν ὀμμάτων ἐκδιδόσθαι sagt mit Bezug hierauf der Grieche Philostrat, dem in der Erklärung von Natur und hellenischer Anschauung zu folgen uns eine um so gröfsere Neigung innewohnen wird, als unsere Lexikographen vielfach ihre Ergebnisse dem Umstande verdanken, dafs sie an Stelle der alten Überlieferung ihre neue willkürliche Anschauung gesetzt haben.

4. a) ἠέριος in der Frühe, am Morgen, im Morgengrauen, nach unseren Lexikographen. Ἠέριος kommt von ἀήρ her, welches auf ἄω hauchen, wehen zurückgeführt, von dem ἄελλα Windstofs, Sturm nicht geschieden wird. Nach Curtius freilich hat sich die Bedeutung früh aus derjenigen der Wurzel us brennen, leuchten entwickelt. In diesem Falle hätte wieder die Bedeutung der Wurzel auf die Bedeutung des griechischen Wortes keinen Einflufs geübt.

Und nun schreiten wir zur Feststellung der Bedeutung von griechischer Anschauung aus. Da die Griechen mit αἰθήρ die obere

Luft bezeichnen, welches Wort mit αἴθω brennen zusammengestellt wird, so ergiebt der Gegensatz von ἀήρ und αἰθήρ, dafs mit ἀήρ nur die untere Luftschicht bezeichnet sein kann, und somit auch die dunkle. So hat Homer mit ἀήρ auch den Nebel bezeichnet, wie denn in der That ἀήρ und νεφέλη Nebel und Wolke und untere dunkle Luft Od. 8, 562 gleichgesetzt sind, wo beide die Schiffe einhüllen, ebenso wie Stadt und Volk der Kimmerier Od. 11, 15. Auch den Odysseus umgiebt Athene mit Luft ἠέρα χεῦε Od. 7, 15, um ihn unsichtbar zu machen, mithin mufs die Luft ein dunkler Nebel, eine dunkle Wolke gewesen sein. Da wir nun μέλας schwarz und κυάνεος blau als Beiworte von νεφέλη und νέφος Nebelwolke — in dem von uns erschlossenen Sinne — fanden, wie auch der Sturm λαῖλαψ bezeichnet wurde: da ἀήρ der Herkunft nach mit Sturm ἄελλα zusammengehört, wenigstens besser als mit us brennen — im übrigen der Bedeutung nach dem Nebel und der Wolke gleichgesetzt wird, so haben auch wir ἠέριος von dieser Anschauung aus zu übersetzen. In diesem Sinne gelangen wir dann zu Blau, in der Abstufung nach dem Schwarz zuneigend, oder, wie die Natur es bietet, zu einem blauumsäumten Schwarz.

Der Natur von Nebel, Wolke und Luft entsprechend mufs dieses so von uns bestimmte Blau als eine stumpfe Farbe bezeichnet werden, wogegen das Blau κυάνεος als Widerschein des glänzenden Schwarz eben überwiegend ein glänzendes und dunkles Blau bezeichnet.

In blauumsäumte schwarze Luft gehüllt steigt Thetis als ἠερίη aus dem Meere auf Il. 1, 407 — Ap. Rhod. aber hat das Wort ἠερίη in derselben Anschauung wie Homer das κυανέη bei ψάμμος, bei dem Meeressande ἄμαθος 4, 1239. Da der Meeressand weder als brennender, noch als luftiger, noch als frühzeitiger bezeichnet werden kann, so ergiebt sich daraus die falsche Erklärung unserer Sprachvergleicher und Homerlexikographen, die Richtigkeit meiner Darlegungen. Übrigens bietet sich hier auch willkommene Gelegenheit, mein Urteil über die Scholiasten des Apollonius Rhodius zu begründen: dieselben erklären nämlich ἠερίη ἄμαθος: alles, was viel und häufig da ist, wird ἠερόεν genannt.[167]). Solche Dichtererklärer sind in der That würdige Vorgänger unserer Augendarwinisten.

In der Bedeutung von »in Nebel gehüllt, Blau mit schwarzem Kern und blauer Saumfarbe« wendet Apollonius Rhodius das Wort bei γαῖα der Erde an, welche versinkt 1 580 δύετο, wie wiederum Apollonius auch Ägypten ἠερίη nennt, dessen schwarzer Boden den Völkern der alten und neuen Zeit bekannt war und von denselben

als solcher bezeichnet wird. *Ἠέριος* in dem von mir erörterten Sinne
entspricht als Beiwort der Kraniche Il. 3, 7 dem schwärzlichen Gewimmel der Kraniche, von dem Schiller singt.

b) ἠερόεις

übersetzen wir nach unseren Darlegungen zu *ἠέριος* mit blau, also
blauer Saum mit schwarzem Kern, und zwar würde die Bildung von
ἠερόεις auf eine Verstärkung des blauen Aussehens hinweisen.
In dieser Bedeutung gesellt sich das Wort zu *Τάρταρος*, dem
schwarzen Abgrund unter der Erde, mit dem blauen Luftsaum Il.
8, 13 zu *ζόφος*, H. Th. 729, zu der Höhle *ἄνθρον*, H. H. 3, 234;
3, 359 steht ausdrücklich *κατὰ ζόφον* dabei, um das Dunkle, Schwarze
der Höhle besonders hervorzuheben. Auch wir sehen und sprechen
von dem schwarzen Unter- und Hintergrund, von Höhle und Abgrund, ebenso aber auch von dem blauen Saum der schwarzen Wolke.
In gleicher Weise gesellt sich dann das Wort zu *σταθμός* H. Th. 294
und dem Eingang des Bosporus *στόμα Βοσπόρου* Ap. 1, 1114. Auch
uns säumt sich Fels und Berg blau bei dunklem, schwarzem Kern.

Mit Vorliebe verwendet Q. Smyrn. diese Farbenbezeichnung;
er giebt sie der Höhle *ἄντρον* 12, 450, dem Abgrund *βύσσος* 14,
495, aber auch dem Meer *πόντος* 14, 466 und dem Schwall des
Meeres *ἁλὸς οἶδμα*, das von ihm zuvor als *μέλας* schwarz bezeichnet
ist. In diesen Fällen entspricht der blaue Saum bei schwarzem Kern
der vollen richtigen Anschauung. Wir finden das Wort bei ihm
aber auch dem Steinbock gegeben *αἰγιχορεύς*, dem nur von blauem
Nebel als schwarzem, kaum kenntlichem Gegenstand umgebenen Bewohner des Hochgebirges, sowie dem Südwind *νότος* 13, 484. Die aus
dem Süden heraufwehenden Winde bringen aber dem Griechen Nässe
und Nebel nach Her. 2, 25 und Il. 3, 10. Mithin kann auch der
Südwind bei dichterischer Verstärkung des Dunkels, welches derselbe in den Regenwolken heraufbringt, als schwarz mit blauem
Saum bezeichnet werden, indem Regenwolke und Wind zu einem
Begriff verschmelzen.

c) ἠεροειδής

bezeichnet nach seiner Zusammensetzung eine lichtere Abstufung der
Farbe, welcher das Wort *ἠέριος* nach unserer Erklärung zu dienen
bestimmt ist. Ameis-Hentze folgen freilich Gladstone, welcher bemerkt: »*ἠεροειδής* ist so offenbar nur ein atmosphärisches Beiwort,
dafs es keiner umständlichen Erörterung bedarf. Es ist beachtenswert, da es die Idee der atmosphärischen Durchsichtigkeit ausdrückt.«

Auch Brieger und Hentze sind im besonderen der Ansicht, dafs
ἠεροειδής nicht richtig mit grau übersetzt wird — darin stimme ich
ihnen bei — aber ich halte an der Bedeutung, die sich aus meinen
früheren Erörterungen zu ἠέριος und ἠερόεις von selbst ergiebt, um
so lieber fest, als auch ἠεροειδής sich zur Höhle gesellt ἄντρον Od.
13, 103, ὑπίος Od. 12, 80, dem Felsen πέτρη Od. 12, 231, den
Bergen οὔρεα — wie der Wolke νεφέλη H. Th. 757. In den
Hymnen und bei Hesiod wird das Beiwort dem Meer πόντος wiederholt gegeben, elfmal bei Homer, wie Od. 2, 623 u. s. w. Höhle, Fels
und Berg, Wolke und Meer erscheinen eben auch dem Griechen wie
uns dunkel mit bläulichem Saum — und diese farbige Erscheinung
bezeichnet eben der Grieche mit dem Wort ἠεροειδής. —

Neunundzwanzigstes Kapitel.

Violett.

Wir gelangen zu Violett.

Können wir Lila, Indigo und Violett einfach als Abstufungen
des Blau fassen — denn Lila — das amethystinus des Plinius —
ist hellblau mit der Neigung zu Rot, Indigo tiefblau mit der Neigung
zu Schwarz, Violett aber blau, gemischt mit Rot, so wollen wir uns
doch dem allgemeinen Gebrauch insoweit fügen, als wir Violett als
besondere Farbengruppe behandeln. Die Berechtigung hat das Violett
eigentlich dazu nur dann, wenn wir es als eine auf gleichen Teilen
beruhende Mischung von Blau und Rot erfassen, wie Orange von
Rot und Gelb, welche genau abgegrenzte Farbenabstufung und Mischung die Natur in Bezug auf das Violett bekanntlich nicht leicht
bietet. Der Name Violett ist der viola entnommen, von den neun-
zehn Arten der Violen, welche Garke bietet, findet sich Violett als
Blütenfarbe bei viola scaturiginosa — und zwar hier dunkel Violett,
sciaphila hier Violett bei weifsem Schlunde der Blumenkrone, odorata
Blau in dunkler Abstufung der Farbe, silvestris Violett, suavis
Violett mit Vorherrschen des Blau, arenaria mit der Neigung zu
Bleich, endlich tricolor in dunkler Abstufung des Violett.

Unsere jetzige Farbenbezeichnung Violett ist nach der Farbe
des Stiefmütterchens, der viola tricolor geschaffen, wie auch das
Lexikon der französischen Akademie sagt: Pensée, petite fleur du
genre de la violette. Von der Farbe pensée sagt das Lexikon dann,
dafs dieselbe ein gewisses Violettbraun sei, der Art, wie dasjenige
des Stiefmütterchens.[168])

Die violette Farbe des Stiefmütterchens geht nun aber bei genauer Betrachtung aus dem Dunkelroten durch das Waidblaue in das Schwarze ein, je nachdem Sonne oder Schatten auf die Blüte fallen. Demnach, da die alte Welt die Einzelheiten der Erscheinung genau zu beachten und jeweilig in seinen Benennungen zu verwerten pflegt, werden wir die Einzelheiten der Farbe des Stiefmütterchens und seines Aussehens im Sonnenschein wie im Schatten auch in der Verwendung des Gegenstandes finden, wenn solcher ein Beiwort führt, das von der Farbe des Stiefmütterchens hergenommen ist. So finden wir bei Plinius die Bezeichnung viola purpurea — unser viola tricolor, aber auch odorata, denn der Purpur ist rot mit einem Blauschimmer, wie es scheint, unter Hervorhebung des Blauschimmers des Purpurs — der bei Theophrast das ἴον μέλαν entspricht, denn das Dunkelblau mit der leichten Neigung zu Rot im Stiefmütterchen geht in Steigerung des Dunkels der Farbe in das Schwarze ein.

Hatten wir uns bei unserer Violauntersuchung dahin entschieden, dafs Od. 5, 72 von dem Dichter eine viola odorata gemeint sei — die Blütezeit würde allerdings eher zu viola tricolor führen, aber die Erklärungen von Theophrast und Plinius über das ἴον, sowie der Standort liefsen uns keinen Zweifel darüber, dafs in dem von Göttern angestaunten Naturpark der Inselgöttin auf der feuchten Wiese die viola odorata emporgesprofst war — so tragen wir nun kein Bedenken, aus dem Eigenschaftswort ἰόεις auch den Sängern der homerischen Lieder die Kenntnis der viola tricolor zuzuschreiben.

1. a) ἰόεις.

Von Garcke wissen wir, dafs die viola odorata dunkelviolett blüht, ihre nächste Verwandte, die viola suavis aber blauviolett. Folglich tritt das Rot hier vor dem Blau zurück. Nun finden wir dies ἰόεις — zunächst reich an der Farbe der Viola — bei dem Eisen σίδηρος Il. 23, 850 — wie Ep. gr. fr. Phor. 6, 7. Q. S. 6, 48.

Die Bezeichnung entspricht also, da Homer wie Quintus Smyrnäus dieselbe haben, griechischer Anschauung über den Zeitraum von mehr als einem Jahrtausend. Das Eisen hat aber ein Rot, welches die Brücke zu dem Rot des Veilchens schlägt, und zwar dasjenige des Rostes. Mit dieser Übereinstimmung der Einzelheit in der Farbe ist aber die passende Verwendung des Beiwortes in Bezug auf das Eisen von selbst gegeben, nur werden wir, um des Hervortretens der Rotfarbe willen, die Bezeichnung ἰόεις der viola tricolor lieber entnehmen, als derjenigen von viola odorata oder suavis mit ihrem Hervortretenlassen der dunklen Abstufung des Violett oder des Blau. Übrigens hat auch das Gewerbe unserer Tage eine Farbe Violettbraun, eine Abstufung, in welcher die Neigung zu dem Rostrot des Eisens sich ausgesprochen findet.

Damit ist aber auch eine Übersetzung des Wortes ἰότις hinfällig, welche sich, wie die von Seiler-Capelle gebotene, stahlblau also, an das Blau des Stahles anlehnt; ist doch in den angeführten Stellen gar nicht von Stahl, sondern von Eisen die Rede. Mit Feststellung dieser Thatsache ist uns nun aber auch eine ausführliche Widerlegung des sonst gut arbeitenden Riedenauer erspart, welcher das Eisen deshalb veilchenfarbig oder grau sein läfst, weil der Metallarbeiter aus Eisen dadurch Stahl gewann, dafs er ein grofses Beil oder eine Axt in kaltes Wasser tauchte. Diese Art von Verstählung würde sich nur auf die Schneide beziehen, mittelbar aber nicht Grauoder Blaufärbung erzielen, sondern das Rot des Rostes herbeiführen. Das Rostrote des Eisens vergleicht sich aber mit dem Rot in der Blütenfarbe jener Blume, deren Schönheit die Hellenen zu Zeiten Homers in dem Mafse entzückte, dafs die Dichter jener Zeit Name und Aussehen derselben zu einer besonderen Farbenbezeichnung zu gestalten Anlafs nahmen.

b) *ἰοειδής*, ähnlich der Farbe des Stiefmütterchens.

Nach unseren zu *ἰότις* gegebenen Erläuterungen müssen wir bei *ἰοειδής* zu Rot, Blau, Schwarz gelangen können, aber allerdings in gedämpfter Abstufung. Das Beiwort wird Il. 11, 298 dem Meer πόντος gegeben, H. Th. 3 der Quelle κρήνη. Wie bei seinen mangelhaften Farbenerklärungen vorauszusetzen war, übersetzt La Roche auch hier das Wort nicht richtig, wenn er dunkel dafür sagt; es ist kein Grund zu dieser Übersetzung vorhanden. Die Quelle, um welche bei Hesiod die Musen tanzen, wird bei solcher Sachlage schwerlich das Beiwort dunkel ertragen. Das Meer, welches Il. 11, 293 vom Sturm erregt wird, liegt zunächst ruhig da. Das ruhig daliegende Meer sieht aber unter den Strahlen der Sonne rot aus — den Blauschimmer, das Dunkle bringt erst der Wind hinein, welcher die Wogen aufwühlt, wie das bei πορφύρεος purpurfarben der Verfasser des Buches über die Farben entwickelt. Da auch οἶνοψ ein Beiwort des Meeres ist, ebenso wie πορφύρεος gesättigt Rot mit einem Blauschimmer, so haben wir bei dem Quell, welchen die Musen umtanzen, ebenso wie bei dem Meer, wenn Meer und Quell *ἰοειδής* genannt werden, an eine gedämpfte rote Farbe, von bläulichdunklem Schimmer umspielt, zu denken.

c) *ἰοδνεφής* violendunkel, dunkelfarbig, veilchenblau,
nach den Wörterbüchern.

Nach meiner Ansicht kann es keinem Zweifel unterliegen, dafs
der zweite Bestandteil des Wortes *νέφος* ist, mithin in Bezug auf
die Farbe des Stiefmütterchens das Dunkel derselben hervorhebt,
und zwar in der Weise, dafs das Wort als Farbenbezeichnung auf
Schwarz weist, das über ein kaum bemerkbares Blau zu einem
rötlichen Schimmer führt. Haben wir diese Gesichtspunkte für das
Aussehen der mit *ἰοδνεφής* bezeichneten Farbenabstufung gewonnen,
so haben wir die Richtigkeit derselben darauf hin zu prüfen, ob die
also gewonnene Farbenbezeichnung in dieser Erklärung sich als passend gesetzt bewährt. Wir finden nun *ἰοδνεφής* als Beiwort bei der
Wolle, welche auf dem Spinnrocken ist und derjenigen, welche die
Schafböcke der Kyklopen auf ihren Rücken tragen, Od. 4, 135 und
9, 426. Da einmal der Naturwolle das Beiwort gegeben ist, so können
wir auch bei der Wolle am Spinnrocken an solche denken, freilich
ebenso gut auch an gefärbte. Die Farbenbezeichnung *ἰοδνεφής* weist
nach meiner Erklärung derselben auf schwarze Wolle hin, welche
über ein kaum bemerkbares Blau zu einem leichten Rotschimmer
führt. Einem solchen Aussehen entspricht aber schwarze oder
schwarzbraune Wolle in der That.

So geben uns denn die drei Worte, *ἰότις* das Mittlere der Farbe
des Stiefmütterchens, *ἰοειδής* die Abstufung nach der helleren, *ἰοδνεφής* diejenige nach der dunkleren Seite hin, ein Unterschied, den
selbst ein Lorz nach seiner Schrift: »Die Farbenbezeichnungen nach
Homer mit Berücksichtigung der Frage über Farbenblindheit, Arnau
1882«, nicht einmal geahnt zu haben scheint, denn er spricht zwar
von veilchendunkler Wolle, erwähnt aber nicht einmal das Wort
ἰοδνεφής; *ἰοειδής πόντος* übersetzt er »das tiefdunkelblaue, fast
schwarze Meer«, *ἰότις*, bei Eisen und Meer, soll beide als schwarz
bezeichnen. Warum hat denn der Dichter dann nicht lieber einfach
μέλας gesagt?

Freilich bei solchen Erklärungen, welche allein willkürlichen
Ansichten ihr Dasein verdanken, findet man es, wenn nicht begreiflich, so doch verständlich, dafs man dahin hat gelangen können, den
homerischen Menschen Farbenbewufstsein und Farbenfreude kecklich
abzusprechen.

2. *ὑακίνθινος* hyazinthenfarbig.

Das Wort wird aus *ἴον* und *ἄνθος* mit doppelter Deminutiv-
bildung hergeleitet, wir finden dasselbe zweimal in der Odysse 6, 231

und 23, 158, und zwar beide Male von dem Haupthaar des verjüngt
erscheinenden Odysseus gesagt. 	Machen wir uns das Vergnügen, einige der Erklärungen der
Bedeutung dieses Wortes je nach seinen Beziehungen durchzugehen.
Da treffen wir denn auf jene Gelehrte, welche mit dem hyazinth-
farbenen Haar durchaus nichts anzufangen wissen. Demnach erklärt
denn auch Ameis, wie schon bemerkt, dafs des Odysseus Haar nur
in Bezug auf die reiche Fülle und das Lockige desselben mit der
Blüte der Hyazinthe verglichen werde. Lorz redet sich, wie das
diejenigen Herren thun, welche eine schwache Sache verfechten, in
den Eifer hinein und sagt S. 29 seiner angeführten Schrift: »Hier
ist auch nicht im entferntesten an die Farbe gedacht, sondern es
ist die Fülle des Haares, das krause Haar sehr passend mit der ganz
gewöhnlichen Hyazinthe verglichen, und mir kommt es ganz unbe-
greiflich vor, wie so vielen dieser Umstand entgehen konnte.«

Zunächst stellen wir fest, dafs die Worte von der Fülle des
Haares oder, wie Ameis sagt, der reichen Fülle desselben und der
Hyazinthe als Vergleichungsgegenstände leere Redensarten sind. Somit bliebe das Krause und Lockige von Blüte und Haar zum Vergleich. In der Odyssee findet sich bei Haar das Wort οὖλος: dasselbe
wird auf die Wurzel var in der Bedeutung verhüllen, bedecken u. s. w.
zurückgeführt, mit salvus zusammengestellt, und ergiebt als Hauptbedeutung nicht wollig und davon abgeleitet kraus, sondern ganz
voll, dicht. Das dunkle Haar des Mongolen und arisierten Mongolen-
sprosses ist eben nach den Darlegungen in den Werken der Völker-
kunde walzenförmig, schlicht, wenn auch dicht, das blonde des Ariers
gelockt. Aber selbst wenn οὖλος der Hauptbedeutung nach kraus, lockig
hiefse — Homer hätte dann allerdings eine Ansicht von dem, was am
Haar als Schönheit zu preisen ist, welche den übrigen Ansichten der
alten Hellenen widerspricht, die nicht von der Schönheit der Locken,
sondern von derjenigen der Flechten zu reden pflegen, wie uns
solche an den älteren Bildungen des Apollo und Hermes recht wohl
bekannt sind — wie kommt denn gerade die Blüte der Hyazinthe
in dieser Beziehung zu der Ehre des Vergleiches? Hätte Homer
das Krause und Lockige des Haares mit einem Gegenstande der
Kunst oder einem Gebilde der Natur vergleichen wollen, so boten
sich ihm dazu solche, die durchaus passend herangezogen wären, in
ebenso grofser Anzahl dar, als die Blüte der Hyazinthe unpassend
verglichen sein würde. So geht denn auch Marty nicht unmittelbar
auf eine solche Erklärung ein, und ich denke, allein Worte von

der Bildung wie *ῥοδοδάκτυλος, κροκήιος, ἴοεις* hätten auch jedem anderen Homer- oder Farbenerklärer Anlaſs bieten müssen, von der Form der Blüte auf ihre Farbe überzugehen, denn, wenn wir finden, daſs jene Worte auf die Rosen-, Krokus- und Stiefmütterchenfarbe hinweisen, so haben wir dies auch in entsprechender Weise bei *ὑακίνθινος* zu thun. Marty sagt nämlich: »Es ist denkbar, daſs Homer nicht blofs an die Form, sondern auch an die Farbe der dunkelblauen Hyazinthe dachte, indem er den Lockenschmuck des Odysseus mit dieser Blume verglich.«

Von dem Lockenschmuck läfst also auch der sonst so umsichtige Marty nicht ab, aber er giebt wenigstens dem Odysseus auch dunkelblaues Haar, der Farbe der Hyazinthenblüte entsprechend, aber er erklärt nicht, wie diese Farbe dem Aussehen des Haares entsprechen kann.

Und nun wenden wir uns zur Hyazinthe oder derjenigen Blume, welche bei Homer diesen Namen trägt. Nach Autenrieth ist nun die Il. 14, 348 erwähnte Blume *ὑάκινθος* vielleicht unsere blaue Schwertlilie, vielleicht der Gartenrittersporn. Jedenfalls versichert uns Vaniček, dafs *ὑάκινθος* eine von unserer Hyazinthe ganz verschiedene Blume ist. Mit der ganz gemeinen Hyazinthe von Lorz ist es demnach nichts, abgesehen davon, dafs die glockig-walzlichen Blüten der Stern-Hyazinthe, die kantig-walzlichen, eiförmigen oder kuglich-eiförmigen der Bisam-Hyazinthe durchaus keine Einstimmung zu den Locken geben würden, welche er dem Odysseus zuspricht.

Ὑάκινθος nun, auf Gartenrittersporn Delphinium Ajacis gedeutet, würde uns zu lebhaft blauen, hellblauen oder weifsen Blütenblättern führen — in diesem Falle wäre eine Vergleichung mit dem Haar des Odysseus eine einfache Unmöglichkeit — auf iris germanica aber, als die Schwertlilie, zu einer dunkelvioletten Blüte.

Nun belehren uns aber Leunis-Frank, dafs das homerische Wort auf Hyacinthus orientalis hinweist. Diese hat die Blütenfarben Blau, Rot, Weifs, Gelb. Da dem Haar des Odysseus, welcher an der betreffenden Stelle als ein *μελαγχροίης*, ein rotbrauner Held, gekennzeichnet ist, sich in diesem Falle nur die Farbenbezeichnung schwarz oder in dem von uns erörterten Sinne blau gesellen kann, so wäre hier eigentlich nur an die blaublühende orientalische Hyazinthe zu denken. Es unterliegt nun keinem Zweifel, dafs aus einer Anschauung heraus, welche den kraftvollsten Göttern Zeus und Poseidon so schwarze Augenbrauen, ein so schwarzes Haupthaar geben, dafs dieses tiefschwarze glänzende Haar ein Blauschimmer umspielt, auch dem

Odysseus, wo er in der Fülle seiner Kraft gekennzeichnet werden
soll, ein Haupthaar gegeben werden kann, welches in Steigerung
der in dem Dunkelviolett der Schwertlilie gegebenen Farbenabstufung
von tiefem Schwarz oder dem Blau der orientalischen Hyazinthe
ausgehend über Waidblau hinaus in einen blauen oder blaurötlichen
Schimmer ausläuft.

Dreifsigstes Kapitel.

Purpurfarben.

Bevor ich jetzt zu den übrigen Farben und Farbengruppen
übergehe, sei es erlaubt, die Doppelfarben nach meinen früheren
Darlegungen, also das phönizische Rot, Vollrot mit dem Blauschimmer,
Rotbraun mit dem Violettschimmer, φοινικοῦν, πορφυροῦν, ἁλιπόρ-
φυρον, zu behandeln.

Zu unseren früheren Darlegungen über die unklaren Vorstellungen, welche vielfach mit dem Begriff phönizisches Rot und Purpur
verbunden werden, mögen sich noch die Bemerkungen von Gladstone gesellen, nach denen sich bei Homer in den Ausdrücken πορφύρεος und φοινίκεος ein solches Schwanken findet, dafs er geneigt
ist, zu glauben, der Dichter sei für beide Enden des Spektrums —
somit also für Blau und Rot blind gewesen. Auch Marty meint, dafs
πορφύρεος, sowie sein lateinisches Analogon purpureus, schon oft
Gegenstand fleifsiger Untersuchungen gewesen sind, ohne die auf
Klarstellung ihrer Bedeutung verwendete Mühe zu lohnen. So ver-
einen sich der farbenunkundigste Homerkenner Gladstone und der
sorgfältigste Farbenerklärer der Alten, Anton Marty, um Homer zu
einem rotblaublinden Mann zu machen, oder zu erklären: die auf
die Klarlegung von Purpur verwandte Mühe — ist verloren.

Da wir nun über Herkunft und Wesen der berührten Doppelfarben bereits alle nötige Aufklärung geboten, sowie die schwierigsten
Fälle der Verwendung der betreffenden Farbenbezeichnungen behandelt haben, so wäre es verlorene Mühe, solchen Behauptungen
jetzt noch eine andere Bemerkung zu widmen, als diejenige des
ruhigen Abweisens.

So wiederholen wir hier nur als Ergebnis der früheren Fest-
stellungen, dafs Purpurn ursprünglich den Schimmer einer jeden
unruhigen Farbe bedeutet hat, weshalb Horaz nicht nur von Purpur-

schwänen zu sprechen das Recht hatte, sondern Albinovanus von purpurnem Schnee zu singen vermag,[169]) sodann aber, dafs diese Farbenbezeichnung an dem Blauschimmer der Scharlachfarbe wie des Vollrot, sowie des Violettschimmer an demjenigen des Rotbraun haften geblieben ist.

Wir gehen zunächst zur Gruppe Phönizisch-Rot über.

1. a) φοΐνιξ, Subst., die phönizische Farbe, diejenige des Coccum (Coccus) mit seinen Eigenschaften, Adj. phönizisch rot.

Wir finden das Wort bei der mit dem Coccumsaft vollzogenen Färbung des Elfenbeines ἐλέφαντα Il. 4, 141 — also offenbar Elfenbeinplatten, ein Zierat für die Rosse — sowie bei einem Gürtel ζωστήρ Il. 7, 305. Der Gürtel Homers pflegt aus Leder zu bestehen und vorn und an den Seiten mit Metall bekleidet zu sein. Die Färbung bezieht sich offenbar auf das Leder, denn auch Od. 23, 201 ist ein Riemen ἱμὰς βοός aus Rindshaut mit dem Coccumsaft gefärbt.

Auch der Helmbusch aus Rofshaar schimmert in der phönizischen Doppelfarbe Il. 15, 538 — ἵππιος λόφος — φοίνικι φαεινός, wie auch Ap. 2, 920 dem Helmbusch die Doppelfarbe giebt.

Auf den überwiegend roten Gehalt der Farbe weist die Stelle Il. 4, 146 hin, wo mit der Farbe der also bearbeiteten Platte das Blut des Menelaus verglichen wird. Sodann ist es durchaus wahrscheinlich, dafs auch Il. 23, 454, wo es dem Rofs φοίνιξ als Eigenschaftswort gegeben wird, nur an die hellrote Farbe desselben zu denken ist. Bei Doppelfarben hat der Dichter sicher das Recht, diejenige derselben zur Vergleichung zu wählen, welche ihm als die geeignetste erscheint, dem gewünschten Eindruck zu entsprechen. Da auch unser Scharlach eine glänzende Farbe ist, so mag der Dichter das phönizische Rot als helle, rote Glanzfarbe mit derjenigen des Rosses zur Vergleichung herangezogen haben.

Endlich finden wir φοίνιξ noch gebraucht, und zwar Od. 6, 163, zur Bezeichnung des Schosses ἔρνος einer jungen Palme. Gladstone sieht darin die Bezeichnung des Aussehens der jungen Palme. Φοΐνιξ ist aber nicht nur die Farbe, welche in verschiedenen Abstufungen aus dem coccum (coccus) gewonnen wird, sondern es bezeichnet auch den aus Phönizien stammenden Baum, nicht minder auch ein phönizisches Tonwerkzeug. So leiten auch wir aus dem Worte Persicus, an sich ein Eigenschaftswort, einmal den Namen des Baumes ab, bei dem wir zunächst nicht an seine Frucht zu denken haben, sodann aber auch den Namen der Frucht, welche uns die Bezeichnung

für drei Arten von Farben gegeben hat: den Franzosen gaben die
Laute pers, dem Wort Persicus entstammend, eine vierte Farbenbenennung, welche, wie unser Pfirsichfarben das ausspricht, auf die
Farbe der Blüte des Baumes hinweist. Auch bei uns ist Wein einmal die Pflanze und dann auch der aus den Beeren gewonnene
Trank. So dient ein und dasselbe Wort einmal zur Bezeichnung
des phönizischen Baumes, dann zu einer solchen der phönizischen
Farbe, ohne dafs die Farbenbezeichnung auf die Farbe des Baumes
irgend welchen Bezug zu haben braucht.

b) φοινίσσω mit phönizischem Rot färben, im Passivum, die
phönizische Farbe annehmen,

so Ap. 3, 725 φοινίχθη καλὸν χρόα, von der Farbe der Liebe gesagt: Q. S. 9, 179 gebraucht das Wort zur Bezeichnung der Blutfarbe αἵματι φοινίχθησαν.

c) φοινίχεος mit phönizischem Rot gefärbt,

bei Ap. 2, 1010 ein Beiwort der Helmbüsche.

d) φοινιχόεις.

eigentlich reich an phönizischem Rot, also das phönizische Rot mit
dem Blauschimmer in voller Kraft darbietend.

Das Beiwort gesellt sich zu χλαῖνα dem Mantel Il. 10, 133,
den Gewändern εἵματα H. H. 3, 250, den Zügeln H. Th. 95.
H. A. 194 wird Ares αἵματι φοινιχόεις genannt, so ist es schon an
sich wahrscheinlich, dafs der Dichter nicht nur auf die rote Farbe
des Blutes hat hinweisen wollen, sondern auch auf den Blauschimmer,
welcher das geronnene Blut zeigt, wie dies offenbar an jener Stelle der
Fall ist; nicht wohl abzuweisen ist die Erklärung von Rot mit dem
Blauschimmer, wenn die Striemen »wie sie beim Ringen durch
starkes Drücken entstehen«, Il. 23, 717 σμώδιγγες αἵματι φοινι-
χόεσσαι — genannt werden. Über die hervortretende rote Blutader
wölbt sich die graublaue Haut, also dafs die Blutstriemen in phönizischem Rot mit dem Blauschimmer erscheinen.

e) φοινιχοπάρῃος mit Wangen, die mit phönizischem Rot
gefärbt sind.

Wenn wir das Bemalen von Elfenbeinplatten kennen gelernt
haben, von Riemen und Gürteln, so ist nirgends ein Grund vorhanden, welcher uns verbietet anzunehmen, dafs auch die Schiffe
bemalt sind: dafs dies mit Mennig-, also rostroter Farbe, zu geschehen

pflegte, haben wir bereits gehabt, dafs dies mit phönizisch Rot geschehen sein kann, wenn demselben Fett oder Öl zugesetzt wurde, um die Farbe wasserbeständig zu machen, ist nicht wohl zu bezweifeln: somit übersetzen wir Od. 11, 124 *νέας φοινικοπαρῄους* unserer Er-.rung entsprechend.

Auf die von verschiedenen Homererklärern gebotenen Übersetzungen rotbraun, dunkelrot u. dergl. noch besonders einzugehen, hat nach unseren Darlegungen keinen Zweck.

2. *πορφύρω* aufwogen, aufwallen, bei Nonnus mit Purpur färben.

Nonnus gehört dem fünften Jahrhundert unserer Zeitrechnung an, sein Geburtsland ist Ägypten; als ein beweiskräftiger Zeuge für echte griechische Anschauung kann weder seine Art des Dichtens, noch sein Sprachgebrauch angesehen werden.

Wird *πορφύρω* mit aufwogen, wallen übersetzt, führt uns auch die Herleitung des Wortes zu dieser Bedeutung, so findet sich auch bei den griechischen Epikern aufser bei Nonnus keine Stelle, welche uns nötigte, an *πορφύρω* als Farbenbezeichnung zu denken. So lesen wir Il. 14, 16 *ὅτε πορφύρῃ πέλαγος* von dem Aufwallen des Meeres, wir finden das Wort in entsprechender Verwendung, wenn der Dichter uns sagen will, dafs dem erregt Standhaltenden das Herz schlägt Il. 21, 551 *κραδίη πόρφυρε μινόντι*. So hat Ap. 2, 546 in wallender Erregung strebt er vorwärts *πορφύρων ἐπιμαίεται*, in erregter Erwägung erscheinen uns Here und Athene Ap. 3, 23 *ἄνδιχα πορφύρουσαι* — und in entsprechender Bedeutung finden wir das Wort Ap. 3, 397. 3, 451 u. s. w. — Darnach haben wir keinen Grund, bei Ap. 1, 935 den im Wirbel aufwallenden Hellespont *δίνῃ πορφύροντα διήνυσαν Ἑλλήσποντον* mit purpurfarben zu übersetzen.

Q. S. hat *πορφύρω* in der Bedeutung von erwägen — das Volk sinnt auf den Mord der Troer *λαός* — *πορφύρων Τρώεσσι φόνον* 4, 77 und entsprechend 1, 706. 5, 355 u. s. w. Darnach würde das Wort auch hier auf ein unruhiges Sinnen, bewegtes Erwägen hinweisen.

Der Gebrauch des Verbums tritt mittelbar für die Ansicht als Beweis auf, dafs die entsprechenden Adjectiva als Farbenbezeichnungen ursprünglich nur auf unruhige, bewegte Farbenspiele, wie solche der Schimmer einer Farbe bietet, hingewiesen haben: die Anwendung vorzugsweise auf Rot ist von mir ihrer natürlichen Entwicklung nach dargelegt worden.

b) πορφύρεος purpurfarbig, gesättigt Rot mit einem Blauschimmer. Das Wort findet sich bei also gefärbten Gewändern, und zwar φᾶρος dem Gewande Il. 8, 221, πέπλος der Decke Il. 24, 796, τάπητες den Teppichen, Decken Il. 9, 260, χλαῖνα dem Mantel Od. 4, 115, δίπλαξ dem Doppelmantel Od. 19, 242, auch Ap. 1. 721, 2, ῥήγεα den Decken Il. 24, 645, und σφαῖρα dem Ball Od. 8, 373. Sodann finden wir das Wort dem Blut αἵματι gegeben Il. 17, 361. Da an der Stelle von dem Blut, welches die Erde benetzt hat, die Rede ist, so haben wir einen Hinweis auf gerinnendes oder geronnenes Blut anzunehmen. Dasselbe erlaubt aber an den Blauschimmer der Farbe bei gesättigt rotem Untergrund zu denken.

Als Beiwort vom Regenbogen ἶρις Il. 17, 546 und der damit verglichenen Wolke, welche gleichfalls so genannt ist Il. 17, 551, haben wir das Wort bereits behandelt.

Besonderes Befremden hat, wie wir uns entsinnen, das Beiwort in seiner Hinzufügung zum Meer hervorgerufen.

So gehen wir denn jetzt die betreffenden Stellen durch. Zunächst treffen wir πορφυρέη als Beiwort bei ἅλς der Salzflut Il. 16. 391. Hier giebt nun La Roche die Bemerkung: — »nie als Beiwort von πόντος, sondern nur von ἅλς und κῦμα«. Dafs die Woge aber, welche πορφύρεον Od. 2, 428 genannt wird, dem Meere πόντος angehört, hätte er bereits v. 421 desselben Buches lesen können. Mithin sind besondere Beziehungen nur auf das Meer in der Bezeichnung ἅλς ausgeschlossen.

Sodann finden wir das Wort bei der Woge des zürnenden Skamandros Il. 21, 326. Ap. giebt es dem aufwirbelnden Meereswasser 1, 1327, 8 δίνῃσι κυκώμενον ἄγρειεν ὕδωρ πορφύρεον, sowie dem Wogenschwall οἶδμα 4, 915. Über die Zusammenstellung von purpurfarbig und Meer haben wir nach den berührten Erklärungen des Buches über die Farben nicht mehr zu sprechen.

Ap. 1, 438 giebt sodann das Wort dem Qualm, welcher unter purpurfarbenen Windungen über die rote Glut des Opferfeuers emporsteigt. Aristoteles erklärt die Purpurfarbe entsprechend: »die Sonne durch Nebel und Rauch gesehen«; an Stelle der Sonne haben wir die rote Glut des Opferfeuers bei Apollonius, im übrigen die Farbenbezeichnung derselben Art von Anschauung entnommen.

In übertragener Bedeutung haben wir sodann πορφύρεος als Beiwort des Todes θάνατος Il. 5, 83. Ap. 2, 203 giebt es dem Schwindel κάρος, welches Wort der Scholiast mit σκότωσις erklärt.

c) πορφυρόεις, eigentlich reich an Purpurfarbe,
bietet die Od. 3. 14. 319 von dem Blut αἵματι, über welches sich
die graublaue Haut spannt.

3. ἀλιπόρφυρος meerpurpurn

nach den Wörterbüchern und mit der Erklärung mit echtem Purpur
gefärbt, d. h. also mit dem Safte der Schnecke, welche wirklich dem
Meere entstammt. Wenn die Erklärung richtig ist, so wäre bereits
zur homerischen Zeit, im Gegensatz zu der echten, auch mit unechter
Purpurfarbe gefärbt worden; wer aber echten und unechten Purpur
unterschied, der unterschied sicher auch trotz Gladstone das phönizische Rot von dem Vollrot mit Blauschimmer. Lehmann erklär
ἀλιπόρφυρος »wie Purpur in der Meerflut.« Diese Erklärung setzt
voraus, dafs man die purpurgefärbten Gewänder in das Meer zu
halten pflegte. Jedenfalls würde der Purpur in der Meerflut dunkler
aussehen, als im Glanz der Sonne. Alkman giebt das Beiwort dem
Eisvogel κήρυλος: der männliche Eisvogel hat unten eine rostrote,
auf Rücken und Schwanz eine lasur- oder ultramarinblaue, oben eine
grünlichblaue Farbe.

Da das Rostrot bis in das Rotbraune hineingehen kann, da der
Eisvogel oben grünblau aussieht, mithin blau in abgestumpfter Abstufung, so kann auch bei dieser Zusammenstellung von ἀλιπόρφυρος
und κήρυλος das Beiwort auf eine dunklere Farbe des Purpur sowohl
in Bezug auf das Rot, als auf das Blau hinweisen: mithin ist es
auch hiernach mehr als wahrscheinlich, dafs ἀλιπόρφυρος, das Beiwort der Epiker, dem ἀλουργές der Philosophen entspricht. Ist dies
aber der Fall, so erfordert das Wort die Übersetzung: rotbraun mit
Waidblau- oder Violettschimmer.

Das Wort findet sich bei den Epikern selten. Die Odyssee
giebt es 6, 53 den Wollfäden auf der Spindel ἠλάκατα, die Wolle
wurde vor dem Spinnen und Weben gefärbt, — sowie den Gewändern φάρια 13, 108, welche die Nymphen weben. Ameis führt
zur Erklärung der also gefärbten Gewänder πορφύρεος als Beiwort
der Woge Od. 2, 427 und der Salzflut ἅλς Il. 16, 391 an, welche
durch die einstürzenden Gebirgsbäche aufgerührt wird.

Nach unseren Erörterungen bedarf diese Gleichstellung von
πορφύρεος und ἀλιπόρφυρος keiner Widerlegung: die Heranziehung
der beiden Stellen beweist, dafs Ameis zuweilen etwas gedankenlos
durch Anführung zu erklären versucht hat, der Wirklichkeit und
Naturanschauung aber fern steht.

Schliefslich sei noch bemerkt, dafs der nicht häufige Gebrauch
von ἁλικόρφυρος mittelbar ein Beweis dafür ist, dafs der Geschmack
der griechischen Epiker den dunkleren Farben so wenig zugethan
war, wie derjenige der Sänger des altfranzösischen Heldenliedes,
nicht minder aber auch der Dichter des Nibelungenliedes.

Einunddreifsigstes Kapitel.

Weifs.

Wir gehen jetzt zunächst zu Weifs über, um von da über
Silbergrau, Fahl und Bunt zu Farbenbezeichnungen unsicherer Deutung und den allgemeinen Worten des Leuchtens und des Lichtes,
deren Verwendung im einzelnen zu untersuchen nicht nötig ist, und
damit zu dem Schlufs der Arbeit zu gelangen.

1. a) λευκός.

Die Herkunft des Wortes ist bereits (S. 57) behandelt worden. Das
Beiwort wird der Haut gegeben χρός Il. 11, 573, in derselben Weise,
wie wir von der weifsen Haut zu sprechen pflegen, obgleich die
darunter liegende Schleimhaut hellroten Untergrund bietet, den Armen
πήχεε Il. 5, 314, den Schultern ὦμοι Ap. 3, 45, den Knieen γού-
ρατα Ap. 4, 940, dem Oberschenkel ἐπιγουνίς Ap. 3, 875, den
kranken Augen ὀπωπαί des Laokoon Q. S. 12, 414, von denen
wir gehabt haben, dafs sie bald rot von Blut aussehen, bald als
γλαυκιόωντες bezeichnet werden, also als Augen, welche durch ihren
Farbenschimmer auf Hellgrau und Hellblau hinweisen, als deren ge-
steigertsten Eindruck wir demnach Weifs haben. Ap. I 672 braucht
das Beiwort vom Haar ganz junger Mädchen ἔθειραι, die Ilias von
den Zähnen ὀδόντες 5, 291, den Knochen ὀστέα 16, 347.

Sodann wird λευκός den Rossen gegeben ἵπποι Il. 10, 437,
es wird von einem Zeichen σῆμα auf der Stirn des Rosses gesagt
Il. 23, 455, den Lämmern ἄρνες H. Th. 142, dem Lamme ἄρνα
(Accus.) Il. 4, 434, dem Nafs der Milch λιβάς Ap. 4, 1735, dem
Elfenbein ἐλέφας Il. 5, 583, dem Fett ἄλειφαρ H. Th. 533, dem
Wachs κηρίον H. Th. 597.

Das Wort tritt zur Gerste κρι — La Roche giebt die seltsame
Erklärung, λευκόν hiefse hier reif im Gegensatz zu grüner Gerste, —
ἄλφιτα den Gerstengraupen und dem Gerstenmehl Il. 11, 640, der
Blüte ἄνθει Il. 17, 56 des Ölbaumes.

λευκός gesellt sich dem Wasser *ὕδωρ* des ruhigen Meeres *γαλήνη* Od. 10, 94, dessen Wirbeln *δῖναι* Ap. 2, 368, der Salzflut *ἅλς* H. H. 33, 15, dem Schaum *ἄφρος* H. Th. 191, und *ἄχνη* Ap. 2, 570 der Brandung, also den weifsaufschäumenden Wellen derselben *ῥηγμῖνες* Ap. 4, 1574, dem Schneegeflock *νιφάς* H. Erg. 535. Dem Luftelement gesellt sich *λευκός* bei *αἴγλη* Schimmer, in Verbindung mit *αἴθρη* Od. 6, 45.

Das Licht wird weifs genannt von Ap. 4, 118, wo er nach v. 111 von den weifsen Strahlen der Eos spricht *λευκαὶ βολαί*.

Die Ilias hat dieses Weifs des Lichtes nur im Vergleich, und zwar ist ein Schleier, eine schleierartige Binde *κρήδεμνος* weifs, so weifs wie das Licht der Sonne Il. 14, 185 — *λευκός* — *ἠέλιος ὥς*, und von Rossen, welche weifser wie Schnee sind, sagt sie, dafs dieselben den Strahlen der Sonne gleichen *ἀκτίνεσσιν ἐοικότες ἠελίοιο* Il. 10, 577.

Von Gewändern wird das Wort sonst noch dem Laken *φᾶρος* gegeben Il. 18, 353, und *λαῖφος* Q. S. 1321, und dem von weifsen Gewändern gebildeten Busen *κόλποι* der Nymphen Ap. 4, 1144.

Von Metallen und Metallarbeiten findet sich weifs *λευκός* bei den Buckeln *ὄμφαλοι* aus Zinn *κασσίτερος* Il. 11, 35, einem Kessel, der noch nicht im Feuer gewesen ist, *λέβης ἄπυρος* Il. 23, 268, dem *ἤλεκτρος* H. Th. 142.

Κασσίτερος, das Metall, aus welchem die erwähnten Buckel *ὄμφαλοι* bestehen, soll nun aber kein eigentliches Zinn sein, sondern eine Mischung aus Silber und Blei, dem römischen Werkblei, stannum, entsprechend, das *ἤλεκτρος* ist nach Lepsius eine Mischung aus Silber und Gold. Somit würde der Silbergehalt des Metalles das Beiwort rechtfertigen — *ἤλεκτρον* dagegen bezeichnet den Bernstein.

b) *λευκώλενος* mit weifsen Ellenbogen, gewöhnlich weifsarmig übersetzt.

Beiwort der Here Il. I 55, der Helena *Ἑλένη* Il. 3, 121, der Dienerinnen *ἀμφίπολοι* Od. 18, 198 u. s. w., der Persephone H. Th. 914.

c) *λευκοχίτων* weifs gekleidet, eigentlich mit weifsem Untergewand.

Seiler-Capelle beziehen Batr. 37 das Beiwort auf das »weifse Netz«, in welches »die Leber gewickelt ist«. Die Leber ist in kein Netz gewickelt, wohl aber befindet sich das sogenannte kleine Netz zwischen der unteren Fläche der Leber und dem oberen Rande des Magens ausgespannt.

Diese Farbenbezeichnung ist in scherzendem Sinne gebraucht und entbehrt deshalb der vollen Schärfe der Auffassung.

d) *λευκάσπις* mit weifsem Schild.

Von Deiphobus *Δηίφοβος* gesagt Il. 22, 249: demnach würde an einen Schild aus einer Mischung von Silber und Blei oder von Silber und Gold, *καυσίτερος* oder *ήλεκτρος* zu denken sein.

e) *λευκαίνω* weifs machen

finden wir Od. 12, 172 — *λεύκαινον ύδωρ ξεστῆς έλάτησιν* — sie schlugen das Wasser mit den Rudern, dafs es weifs ward; ebenso schäumt das Wasser weifs auf unter dem Kiel der dahineilenden Argo Ap. 1545 *έλευκαίνοντο κέλευθοι*, weifs wurden die Pfade des Meeres.

So wird das Meer, welches schwarz aussieht, weifs unter dem Schlag der Rudernden, bei Q. S. 5, 81 werden die Meerespfade weifs *πόντοιο κέλευθοι*, Q. S. 14, 416 macht der Schaum *άφρός* Haupt und Kinn weifs Q. S. 14, 579.

f) *ύπολευκαίνομαι* unten weifs werden.

Von den Spreustätten *άχυρμιαί* gesagt Il. 5, 502. Hier mischt sich das Weifs schon in etwas mit dem Grau.

2. *έλέφας* Elfenbein

dient zur Vergleichung mit der weifsen Farbe der Haut *χρώς* — *άτάλαντος ένκτεένω έλέφαντι* Q. S. 14, 270, 1.

3. *λειριόεις* lilienweifs,

von der Haut gesagt Il. 14, 830.

Da man mit *κρίνον* die Lilie im allgemeinen, mit *λείριον* die weifse Art bezeichnet, so haben wir keinen Grund, das Weifs der Hand zu zart abzuschwächen. Auch wir singen und sagen von der weifsen Hand mit Bezug auf die Hautfarbe derselben.

Q. Smyrn. giebt das Beiwort 2, 481 den Hesperiden. Wir haben kein Bedenken, das Wort auch hier auf die weifse Haut derselben zu beziehen.

4. *χιών* Schnee

deutet in dem Gleichnis Il. 10, 437 auf die weifse Farbe hin, da die Rosse des Rhesus weifser als Schnee genannt werden.

5. *ἄλφος* der weifse Fleck

wird auf albha weifs zurückgeführt und auf die Weifse der krankhaften Hand bezogen. H. Catal. Fragm. 42. 2 *ἀλφὸς χρόα πάντα κατίσχιθεν.*

Somit ergiebt sich, dafs *λευκός* in der Bedeutung weifs und die in der Weifsgruppe behandelten Worte als Farbenbezeichnungen so verwandt sind, wie auch wir dieselben verwenden können, denn selbst das Meer und das Flufswasser haben bei uns dieses Beiwort, ebenso wie bei den uns verwandten Völkern, wie wir denn nach deutscher, slavischer, altpreufsischer, beziehentlich lithauischer Anschauungsweise von dem weifsen Meer sprechen, der Biela, dem baltischen Meer, dem Belt u. s. w.

Es ist nun aber nur natürlich, dafs mit dem Beiwort weifs nicht auch immer zugleich nur die reine weifse Farbe des also bezeichneten Gegenstandes erwiesen ist, wie das auch bei uns nicht immer der Fall ist, wenn wir einem Gegenstand die Bezeichnung weifs geben: wohl aber wenden die alten Epiker das Wort gern da an, wo bei hellem Untergrund ein weifser Schimmer den Gegenstand umspielt — in einer Art der Ausdrucksweise, welche auch uns vollständig geläufig ist. So weist auf den weifsen Schimmer bei grauem Untergrund das Wort hin bei Fett, Staub, Spreu, Werkblei, Electros, den Augen; bei graugelbem Untergrund bei den Haaren, dem Wachs, den Waben, der Gerste, von welcher eigentlich nur die Spitzen den weifsen Schimmer zeigen; bei fahlgelbem und geblichrotem bei dem Licht und eigentlich auch der Leber und dem Netz; bei rötlichem Untergrund bei der Haut, wie dem Strahl der Eos: Graugrünlich und Graubläulich geht in dichterischer Steigerung des Gesehenen in Weifs über, wo das Meer oder das Wasser von Flufs und Quell weifs genannt wird.

Zweiunddreifsigstes Kapitel.
Weifsgrau, Silberweifs, Weifs.

1. a) *ἀργύρεος* weifsgrau, silberweifs, weifs,

wofern das Wort zur Kennzeichnung der Farbe und nicht zur Bezeichnung des Metalles als Stoff dient.

Das Wort wird von arg glänzen, hell sein, licht sein hergeleitet; das Silber *ἄργυρος* ist das weifsgraue, glänzende Metall. Da

auch wir von weifsem Silber und rotem Golde zu sprechen pflegen,
als Steigerung des weifsgrauen und gelbroten Schimmers dieses
Metalles in das Weifse und Rote hinein, so werden wir auch den
griechischen Epikern gestatten müssen, mit ἀργύρεος einen entsprechenden Weifsschimmer bei weifsgrauem, graublauem Untergrund
bezeichnen zu dürfen. Von dieser Anschauung aus gesellt sich das
Wort bei H. Th. 591 zu den Wirbeln δῖναι und dem Flufs ποταμός Ep. gr. fr. Pan. 3.

Wo das Wort als Beiwort zu den Waffen, wie den Schilden
tritt, haben wir ebenso das Recht, an Metall, wie an den weifsgrauen Farbenschimmer derselben zu denken : allein zur Bezeichnung
des Metalles dient das Wort offenbar als Beigabe zu κρητήρ, dem
Mischkrug Od. 4, 615, da dessen Ränder goldne genannt werden.

b) ἀργυροδίνης mit weifsgrauen, silberweifsen Wirbeln
ist ein Beiwort des Peneios Πήνειος Il. 2, 753, sowie des Skamander
Σκάμανδρος ποταμὸς ἐρρεῖος Il. 21, 130 u. s. w.

c) ἀργυρόπεζα mit weifsgrau, silberweifs schimmernden Füfsen
ist Beiwort der Thetis Il. I 538 und als solches der Meeresgöttin
aufserordentlich passend beigelegt, da der Schaum des Meeres und
die aufwirbelnde Flut in das Weifsgraue, Silberweifse eingehen.

2. a) ἄργυφος wie ἀργύφεος hellleuchtend, blendendweifs, nach den
Wörterbüchern.

Nach unseren Erörterungen kann kein Zweifel darüber sein,
dafs wir das Wort weifsgrau, silberweifs zu übersetzen haben, in
dichterischer Ausdrucksweise unter Hervorhebung des weifsen Schimmers aber auch weifs. Das Weifs ist sehr passend den Gewändern
der Nymphe gegeben, εἵματα νύμφης H. H. 3, 250, denn das wallende
Gewand, welches der Nebel den Nymphen anlegt, geht aus dem
Weifsgrauen in das Weifse ein, es ist Beiwort der Schafe ὄιες Il.
6, 21, und wenn es sich zu μῆλα Kleinvieh gesellt, so haben wir
wohl in dem betreffenden Falle an Schafe und nicht an Ziegen zu
denken, wie Od. 10, 85, das heifst also, dafs nach der Farbe der
Schafe das Aussehen der Herde bestimmt ist.

b) ἀργύφεος.

dasselbe Wort, nur um das ε verlängert, in derselben Bedeutung wie
ἄργυφος, wird den Gewändern der Kalypso und Kirke beigelegt,

also zu φᾶρος gestellt Od. 5, 230. 10, 543. H. Th. 574 heifst das Gewand ἰσθής der Athene so, welches dem von Hephästus gebildeten Weibe angelegt wird. Bei Ap. Rhod. finden wir ἀργύφεος als Beiwort der καλύπτρη, des Schleiers also 3, 835. Unter dichterischer Hervorhebung des Weifsschimmers wird H. H. 6, 10 die Brust στήθεα der Aphrodite so genannt; Q. S. giebt das Beiwort den Schultern ὤμοι der Kassandra 12, 536, sowie den Schienbeinen und Waden κνημαί der Penthesilea. In entsprechender Weise, wie ἄργυφος zu den Schafen, gesellt sich ἀργύφεος zum Vliefs, dann auch zur Höhle des Nereus, wie auch wir unseren Wassermenschen krystallhelle und silberschimmernde Schlösser geben.

5. a) ἀργός.

ein der Bedeutung nach vielumstrittenes Wort. So hat bereits Hesychius zur Erklärung λευκός, ταχύς, nach Suidas müfste sogar ὀξύς als Bedeutung angenommen werden, denn er übersetzt ἀργιόδοντα mit λευκὸν ἢ ὀξυόδοντα, Eustathius aber zieht die Bedeutung von träge derjenigen von weifs auch da vor, wo ἀργός zur Gans gesetzt wird.

Die Neueren übersetzen glänzend, gleifsend, schimmernd, flink, rasch, schnell.

Stellen wir zunächst die Worte zusammen, denen ἀργός sich gesellt, so finden wir es bei χήν, wie erwähnt, der Gans, Od. 15, 161, welche der Adler in seinen Fängen tragend davon führt, den geschlachteten Rindern Il. 23, 30, den Hunden Il. 1, 50, und den Füfsen der Hunde Il. 18, 578; dagegen Od. 2, 11. 17, 62. 20, 145 hält man seit Wolf κύνες πόδας ἀργοί für eine weniger gute Lesart als δύω κύνες ἀργοί. Ameis-Hentze erklären sogar die erstere Leseart für eine Unmöglichkeit, »weil der Dichter bei solchen Schilderungen mit antiker Umständlichkeit zu spezialisieren pflegt«, sie ziehen die zweite Lesart vor, »weil sie das Bild des Jünglings bei seinem ersten öffentlichen Auftreten in einer Stunde ernster Entscheidung mit bestimmten Rissen zeichnet«, und sie eignen sich Döderleins Worte an, welcher die Schilderung mit dem blofsen κύνες πόδας ἀργοί »eine poetische, wenigstens epische, wenigstens homerische Unmöglichkeit« nennt.

Von den Neueren übersetzen La Roche ἀργός als Beiwort von den Rindern, »glänzend als wohlgenährte«, Ameis-Hentze bei der Gans »glänzend« — von Ochsen und Gänsen — La Roche bei den Hunden oder den Füfsen der Hunde »schnell, fufsschnell«, Ameis-

Hentze »schnell«. Seiler-Capelle geben flink, rasch, schnell; sie bemerken aber, dafs die Scholien »weifse Hunde« erklären. Diese Erklärung und Übersetzung wird von ihnen verworfen, weil ἀργός auch vom ganzen Geschlecht der Hunde gesagt werde. Da nun ἀργός aber doch einmal weifsgrau bedeutet, — oder wie die Neueren sagen »glänzend« — so gelangen Ameis-Hentze nach Nitzsch von »glänzend« zu »schnell«, weil jede rasche Bewegung eines Körpers ein Flimmern oder Schimmern hervorbringen soll. So verwandelt sich weifsgrau in glänzend, glänzend in schimmernd, schimmernd in schnell. Weshalb nun aber ἀργός an den angeführten Stellen überhaupt bei den Hunden steht, da La Roche zu Il. 18, 578 sagt: »Häufiger ist πόδας ὠκέ: und πόδας ταχέ:«, dafür wird ein Grund nicht angeführt. Mir wiederum scheint kein stichhaltiger Grund dafür vorhanden zu sein, dafs ἀργός mit schnell übersetzt und nicht mit den Scholien als »weifs« zu fassen ist.

Zunächst sehen wir uns darnach um, von welcher Art von Hunden in der Ilias und Odyssee die Rede ist. Da unterliegt es denn doch wohl, wie ich denke, keinem Zweifel, dafs die Lagerhunde wie die Hunde des Telemach canes Molossi, Rüden oder Doggen sind, als deren nächste Verwandte sich uns die Hirten- und Hofhunde zu erkennen geben.

Ist nun die Farbe der Hunde an sich verschieden, so läfst sich doch bei der Art canis Molossus, den Rüden, als Hauptfarbe Grau, Weifsgrau und Gelblich, Weifslichgelb erweisen.

Somit würde ἀγρός auf die Art hinweisen können.

Sodann berichtet uns der Verfasser des Buches de coloribus, dafs »Pferde und Hunde aus ihrer natürlichen Farbe in das Weifse hinübergehen wegen reichlicher Nahrung« — τὰ δὲ τοιαῦτα (οἷον ἵπποι καὶ κύνες) — μεταβάλλει πάντα ἐκ τοῦ κατὰ φύσιν χρώματος εἰς τὸ λευκὸν διὰ τὴν εὐτροφίαν. Demnach verbindet sich mit dem Begriff der weifsen Farbe im Altertum bei den Tieren, besonders bei Pferden und Hunden, derjenige des Wohlgenährtseins.

Dafs endlich ἀργός in der Bedeutung von Weifs als Beiwort der Hunde auch ein solches sein kann, welches allein ästhetischer Anschauung seine Verwendung verdankt, sollte zu bemerken nicht nötig sein; denn auch wir sprechen von dem Tigerhund, um unser Wohlgefallen an seiner dem Tigerfell entsprechenden Färbung zu bezeichnen. Somit rechtfertigt sich ἀργός in der Bedeutung von Weifs, Weifsgrau von seiten der Art, der Lebensweise des Tieres, der Ästhetik.

Und wie der Dichter redet, so hat der Maler der alten Zeit den Hund gebildet. So befinden sich auf dem Vasenbilde in der Treppenflur des Leipziger Museums in der Darstellung der kaledonischen Eberjagd sechs Hatzrüden, canes Molossi. Von diesen Rüden sind vier in derselben gelbroten Färbung dargestellt, wie die jagenden Menschen, zwei der Rüden sind aber weifs. Aber nicht nur durch ihre Farbe werden diese beiden Rüden ausgezeichnet, sondern auch durch ihre Eigenschaften. Während die vier gelbroten Hunde erst noch auf den Eber losgehen wollen, liegt einer der Rüden mit weifser Farbe von dem Eber geschlagen am Boden, der andere weifse Rüde hat allein den Eber in das Genick gefafst und sich darin verbissen. Somit sind dem Vasenmaler die weifsen Rüden die mutigsten ihrer Art.

Daraus ergiebt sich aber, dafs das Beiwort weifs dem Hund auch von der Seite aus gegeben sein kann, dafs es Bezug auf die geistige Eigenschaft des Tieres nimmt: und da der Maler spezialisiert und individualisiert, der Dichter verallgemeinert, so rechtfertigt sich das Beiwort weifs in Bezug auf die Hunde auch von dieser Seite aus. Die Beziehung von ἀργός auf die Füfse der Hunde Il. 18, 578 wird meines Wissens nicht angefochten: wenn aber irgendwo, so ist hier die Bedeutung weifs am Platze.

Ein Blick in eine Gemäldesammlung mit Bildern aus verschiedenen Zeiten und Ländern zeigt, dafs der deutsche Maler, wie der Holländer, Franzose und Engländer den Hatzrüden mit Vorliebe weifse Beine giebt. Herr Pinkert, der Besitzer des Leipziger Tiergartens, teilt mir mit, dafs die Neigung zu weifsen Beinen bei dem canis Molossus so stark hervortritt, dafs das Augenmerk des Züchters darauf gerichtet sein müfste, da jetzt der weifse Fufs des Hundes nicht für schön gelte, nur solche Tiere zur Zuchtwahl zu verwenden, welche dieser Eigenheit entbehren. Trotzdem breche die Neigung zu den weifsen Füfsen bei den durch solche Zuchtwahl gewonnenen Tieren immer aufs neue hervor. Von dem pommerschen Spitz, dem Hof- und Haushund berichtet sogar Brehm, welcher im allgemeinen vorzieht, Darwinistischen Träumereien nachzugehen als scharf zu beobachten, dafs bei demselben häufig weifse Füfse gefunden werden. Die Hunde des achtzehnten Gesanges der Ilias sind nun aber Hirtenhunde, demnach die nächsten Verwandten des Rüden und des pommerschen Haus- und Hofhundes, und als solchen giebt ihnen der Dichter mit allem Rechte einer getreuen und scharfen

Naturbeobachtung das Beiwort ἀργός in der Bedeutung von weifs, wie das Wort bereits die Scholien zu Homer erklären.

Somit halten wir uns gegenüber den Dütteleien der Griechen aus der spätesten Zeit und denjenigen unserer Gelehrten, welche der Naturanschauung entbehren, an die Erklärung der Scholien, an die Naturwahrheit, an die Anschauung der Alten nach den Darlegungen des Werkes de coloribus, an die Seelenkunde und den Geschmack, endlich an die malerischen Darstellungen aus der alten und neuen Zeit, und übersetzen ἀργός zwar nicht mit schnell — das heifst eben ὠκύς, auch nicht mit glänzend — das heifst eben λαμπρός, sondern mit weifsgrau, silberweifs — und in dichterischer Hervorhebung des weifsen Schimmers mit weifs, auch bei den Hunden und ihren Füfsen.

Wie wir von der weifsen Gans sprechen, und nicht von der trägen, schnellen oder schimmernden, so hat das auch Homer gethan, ebenso hat er die Rinder weifs genannt Il. 23, 30, denn dafs das Rind mit weifser Farbe im Altertum in besonders hohem Ansehen stand, geht schon aus der Thatsache hervor, dafs die Rinder der Herden des Helios oder vielmehr die ihm geweihten Rinder die Farbe des Schwanes, somit die weifse hatten, wie Theokr. 25, 129—131 das ausführlich und genau besingt.[179])

Endlich sei auch darauf hingewiesen, dafs in den Parks der englischen Grofsen die wilden Rinderherden, die unmittelbaren Nachkommen des wilden Rindes der Urzeit, von weifser Farbe sind. Somit giebt die Natur selbst die Berechtigung zu einer entsprechenden Farbenbezeichnung.

b) ἀργίπους mit weifsgrauen, silberweifsen, weifsen Füfsen.

Das Beiwort wird den Hunden κύνες gegeben Il. 24, 211, und zwar den wilden Rüden oder verwilderten Hof- und Schäferhunden. Nach unseren ausführlichen Darlegungen zu ἀργός haben wir nicht nötig, hier noch einmal auf die von uns dargelegte Erklärung von ἀργός zurückzukommen, aber einige seltsame Erklärungsversuche dieser Farbenbezeichnung sind von uns hier noch zurückzuweisen. Das Beiwort ἀργίποδες findet sich auch den Widdern gegeben κριοί, und zwar von Sophokles Aias 237. Dafs nun auch die Widder statt zu weifs-, zu schnellfüfsigen Tieren gemacht werden, wider die Naturwahrheit, die Ausdrucksweise und die Kunstanschauung unserer und der alten Zeit — denn auch unsere Maler geben dem Bein des Widders entsprechend der Natur eine besonders weifse Farbe — eigentlich auch wider den Sinn der Vergleichung bei Sophokles, da die beiden

Widder Bezug auf Agamemnon und Odysseus haben, keiner dieser Helden aber das Beiwort πόδας ὠκύς zu führen pflegt — müssen wir nun wohl schon hinnehmen, denn einige Gelehrte des späteren Altertums hatten die Bedeutung schnell nun einmal dem Worte beigelegt — aber bei den Neueren gelangen wir bei ἀγίπους noch zu einer anderen ganz erstaunlichen Bedeutung. So bietet Vaniček — soviel ich sehe, nach Fick und Zeyss — für ἀργίπους die Übersetzung — Weißsteiß. Während wir nämlich bis jetzt πούς mit Fuß übersetzen zu müssen glaubten, soll das nun jetzt der Steiß heißen, gebildet von πις, πος hinten. Die Sprachforschung bietet einigen Gelehrten bereite Mittel, zu jedem von ihnen gewünschten Ergebnis zu gelangen, und wenn sie dazu sich an Teile des menschlichen Körpers halten müssen, die bisher dichterischer Verherrlichung entbehren.

Gestützt wird die Ansicht von Fick, Zeyss und Vaniček darauf, daß nach Hesychius die Macedonier einen Adler, also eine Adlerart, ἀργίπους haben oder benennen. Da nun Aristoteles einen πύγαργος aufführt, Äschylus von einem dunklen Adler — κελαινός — und wie es scheint, auch von einem anderen singt, der hinten weiß ist ὅ τ' ἐξόπιν ἀργᾶς — so ist der Beweis geliefert.

Was nun die naturgeschichtliche Bestimmung der Adler betrifft, so nennt Aristoteles in der That die eine Adlerart πύγαργος — und diese ist ohne Zweifel der Seeadler, Haliaetus albicilla. Die Sprachgelehrten nehmen nun an, daß der μελανάετος, der schwarze Adler, hierzu den Gegensatz bildet. Das ist in Bezug auf Schwarz und Weiß richtig, sonst falsch.

Aristoteles hat allerdings, wie schon erwähnt, auch den schwarzen Adler μελανάετος. aber er sagt von demselben, wie wir uns erinnern, daß er der Größe nach der kleinste Adler ist — ἕτερος δὲ μέλας τὴν χρόαν καὶ μέγεθος ἐλάχιστος. (Hist. An. 9, 32.)

Da nun Äschylus in dem düster erhabenen Chorgesang Agamemnon 115 von den beiden Adlern, mit Bezug auf die beiden Atriden, singt, so würde der Vergleich im Sinne von Fick, Zeyss und Vaniček die Beziehungen ergeben: Menelaus, der Blonde, und der schwarze Adler, der kleinste von allen; Agamemnon, dessen Körperteile sonst mit denjenigen der Götter verglichen werden, (Il. II 478:

ὄμματα καὶ κεφαλὴν ἴκελος Διὶ τερπικεραύνῳ
Ἄρεϊ δὲ ζώνην, στέρνον δὲ Ποσειδάωνι —)

der König der Könige — der hinten weiße Adler, der Weißsteiß.

Hier ist die naturgeschichtliche Erklärung ebenso falsch, wie der dichterische Vergleich in diesem Sinne sich als eine Unmöglichkeit erweist. Nun aber singt Äschylus gar nicht von dem schwarzen Adler, sondern von dem dunkeln, dunkelbraunen, denn er hat κελαινός und nicht μέλας. Der dunkelbraune Adler aber ist der Steinadler, aquila fulva. Der andere Adler ist nun allerdings der Seeadler, aber der Dichter besingt nicht dessen weifsen Steifs, sondern er bezieht sich nach meiner Auffassung auf dessen silberweifse, weifsgraue, weifse Füfse — führt doch der Seeadler der Balkanhalbinsel, Haliaetus leukoryphus, auch in unserer Naturgeschichte den Beinamen albipes — weifsfüfsig —, ist doch noch heute die Balkanhalbinsel das Gebiet seines Horstes, die Krim, die untere Wolga, die aralo-kaspische Steppe, Bulgarien, Macedonien also: damit gelangt er aber in den Gesichtskreis des griechischen Dichters.

Demnach wird er denn auch von Hesychius mit dem Beiwort ἀργίπους Μακεδόνες gekennzeichnet, in der neueren Naturgeschichte mit albipes — Bulgarien.

Aber selbst wenn Äschylus nicht einmal von diesem albipes gesungen hätte, so würde er doch auch von dem aquila albicilla, dem Haliaetus cinereus, als einem Adler mit weifsgrauem Fufs haben sprechen können, denn der Seeadler hat eine nackte, weifsgraue Fufswurzel, die im Gegensatz zu der gelblichen des Steinadlers nur bis zur Hälfte gefiedert ist. Das rechtfertigt aber das Beiwort für den Dichter in jeder Beziehung: der Seeadler schlägt eben die Krallen des weifsgrauen Fufses in das Opfer ein, wie der Held in der weifsen Hand das Schwert führt, aus der braunen Hand den Speer entsendet.

Dafs nun die jetzige Lesart im Agamemnon nicht richtig ist, darauf deutet das matte, verbindende τε hin — hier ist aber ein Gegensatz gegeben in den Worten — ὁ κελαινός, ὅ τ᾽ ἐξόπιν ἀργᾶς — die Unsicherheit in der Schreibung der Handschriften — wir haben ἀργίας, ἀργιᾶς — ἀργᾶς will erst Blomfield gesetzt haben — endlich die Thatsache, dafs ἐξόπιν überhaupt nur an dieser Stelle gelesen wird — sonst nirgends bei irgend einem griechischen Dichter oder Schriftsteller.

Da nun der Dichter, wenn er nicht etwa wie Sophokles sein πύγαργος in spottendem und übertragenem Sinne verwendet, — nicht wohl von dem weifsen Hintern oder Steifs singen wird, wohl aber von dem weifsgrauen, weifsen Fufs des Seeadlers oder dem weifsen des makedonischen Landseeadlers, des albipes, so habe ich vorzuschlagen: ὁ κελαινός, ὁ δὴ πόδας ἀργός — oder, um der Schreibung der Handschriften möglichst nahe zu bleiben: ὁ τοὺς πόδας ἀργός.[171])

Die neuere Sprachforschung verkennt ihre eigentliche Aufgabe, die Verwandtschaft von Wort und Sprache zu behandeln, wenn sie mit Vorliebe darauf ausgeht, aus selbstgebildeten Wurzeln selbstgebildete Bedeutungen zu schaffen, unbekümmert was Gebrauch und Überlieferung, Natur und Geschmack dazu sagen — aber das wollen wir in diesem Falle dennoch für unsere Feststellung der Bedeutung der Farbenbezeichnung, wenn wir auch das πις, πος, ποίς der Steifs für eine willkürliche Thorheit halten, aus den gebotenen Darlegungen uns aneignen, dafs sie wenigstens in dieser Zusammensetzung das ἀργι — mit weifs wiedergeben: und weifs ist der Fufs des Seeadlers albipes, des macedonisch-bulgarischen Landseeadlers, des Widders und des Rüden, des Jagd-, Hof- und Hirtenhundes in der Natur und in der Sprache des Dichters.

c) **ἀργιόδους** mit grauweifsen, silberweifsen, weifsen Zähnen.

Die Erklärung des Suidas ἀργιόδοντα λευκὸν ἢ ὀξυόδοντα beweist, dafs es bereits im späteren Altertum Gelehrte gab, welche hin und wieder den Worten selbstgeschaffene Bedeutungen unterlegten, und zwar besonders da, wo sie anfingen, der Natur fernzustehen.

Da nun aber ἀργός nicht dasselbe bedeutet oder bedeutet hat, wie ὀξύς, so haben wir durchaus keinen Grund, dem Wildschwein σῦς ἄργιος Il. 9, 539 und dem Eber κάπριος Ap. Rh. 2, 829, wie den Hunden κύνες Q. S. 6, 611 unseren Sprachvergleichern zuliebe andere als weifse Zähne zu geben.

4. **ἀργής** weifsgrau, silberweifs, weifs.

Das Wort ist nach Herkunft und Bedeutung von den übrigen Worten dieser Gruppe nicht wohl zu scheiden. So stellt sich das Wort in der erörterten Grundbedeutung zu δῆμος Fett Il. 11, 818; 21, 127: wir finden es bei dem Gewande ἑανός Il. 3, 419, der Helena und dem Blitzstrahl κεραυνός Il. 8, 133. Wir haben bekanntlich auch λευκός als Beiwort des Lichtes gehabt, von den Rossen des Rhesos aber gelesen, dafs sie weifser als die Strahlen der Sonne genannt werden. Auch wir sprechen übrigens von dem weifsen Licht, wenn wir die höchste Stärke desselben bezeichnen wollen.

d) ἀργεστής licht, hellmachend, erheiternd, reifsend, schnell, nach den Wörterbüchern; nach unserer Darlegung bleiben wir bei der Grundbedeutung der Worte unserer Gruppe Weifsgrau, Silberweifs, Weifs.

Das Wort findet sich bei νότος dem Südwind Il. 11, 306; 21, 334. Nach Her. 2, 25 und Il. 3, 10 bringt nun der Südwind den Griechen Nässe und Nebel, Od. 12, 289 wird er, wie der Zephyros, als der stürmischeste Wind bezeichnet.[178]) — es sind also Sturmwinde, die Nebel und Wolken bringen — auch Il. 11, 306 führt er nach La Roche Wolken vom Süden her — somit kann er nicht der Hellmacher genannt werden, da er das allenfalls als Wolkenscheucher sein könnte, aber nicht als Wolkenheraufführer.

Mit der Bedeutung schnell, die wir bei ἀργός kennen gelernt, haben wir in entsprechender Weise bei ἀργής nicht mehr zu rechnen. Wohl aber kann derselbe Wind als Nebelbringer mit allem Rechte der schwarze genannt werden — dieses Schwarz in seinem Verhältnis zu Blau oder mit blauem Saum haben wir bei ἠερόεις ausführlich behandelt — oder aber der weifsmachende, der weifse, wenn er den Schaum des Meeres aufwühlt. So wird der Notos Il. 23, 334 als der Wind bezeichnet, welcher vom Meere herkommt als schwerer Sturmwind — und nun denke ich, ergänzt sich die Beziehung, dafs er den weifsen Schaum an das Gestade treibt, so von selbst, dafs es seltsam sein würde, ἀργεστής nicht der hier gegebenen Bedeutung nach zu erklären.

Dafs die von mir dargelegte doppelte Anschauung, welche sich in dem doppelten Beiwort findet, indem der Sturmwind der weifsmachende genannt wird, und dann wieder der schwarze, je nach seiner jedesmaligen Wirkung, dem Altertum auch sonst geläufig war, beweist auch die Ausdrucksweise des Horaz, welcher in entsprechender Weise Od. 1, 7, 15 von dem weifsen Südwind singt, albus notus, Ep. 10, 5 aber auch von dem schwarzen Südostwind Eurus niger.

6. ἀργεννός

findet sich in dem erörterten Sinne der Worte dieser Gruppe bei ὄιες den Schafen Il. 6, 424 und der Leinwand ὀθόναι Il. 3, 141. Selbst wenn Ritter recht haben sollte, dafs ὀθόναι nicht Leinen-, sondern Baumwollengewebe wäre, würde dem Gewebe das Beiwort in richtiger Anschauung des Aussehens desselben gegeben sein.

7. ἀργινόεις kreidig schimmernd,

nach den Wörterbüchern. Das Wort stellt sich in dem erörterten Sinne der Wortbedeutung dieser Gruppe zu den Städten Λεύκασος; auf Kreta und Κάμειρος daselbst, wegen des Aussehens der Kreidefelsen, auf welchen die Städte stehen. H. H. 19, 12 findet es sich bei οὔρεα, doch wohl wegen des Kreidebestandes der Berge, Ap. Rh. sagt es 2, 738 von dem Reif πάχνη — auch wir singen von dem silbernen und silberweifsen Reif — wie von dem Gebifs der Zügel Ap. 4, 1607 ἀργινόεντα χαλινὰ ἐνὶ στομάτεσσι — sei es, dafs das Gebifs nach dem Metall, aus dem es hergestellt, so genannt ist, oder nach dem weifsen Schaum des Rosses, welcher ihn bedeckt, der sich besonders dann erzeugt, wenn wiederholt in das Gebifs gerissen wird, um das Rofs zu wildem Lauf anzutreiben, wie solches in dem von Ap. Rh. 4, 1607 gebrauchten Gleichnis als der Wirklichkeit entsprechend anzunehmen ist.

8. ἀργικέραυνος.

aus ἀργός und κεραυνός zusammengesetzt; Il. 19, 121 giebt also dieselbe Anschauung in einem Worte, die wir Il. 8, 133 bei κεραυνός mit dem Beiwort ἀργός entwickelt haben.

Dreiunddreifsigstes Kapitel.

Fahl.

Wir haben hierfür das Wort πολιός. Fick leitet im vergleichenden Wörterbuch der indogerm. Sprachen πολιός von par bestreuen her, in dem Werk: Die ehemalige Spracheinheit der Indogermanen Europas, von pal einfüllen: so wandelt sich einem und demselben Sprachforscher Wurzel und Bedeutung, je nach seinen Wünschen. Abgesehen nun von den Bedenken, dafs einfüllen und bestreuen denn doch eigentlich auf zwei verschiedene Vorgänge hinweisen, so kann wohl ein bestreuter oder beschütteter Gegenstand πολιός fahl genannt werden, aber der Stoff des Füllens, Beschüttens und Bestreuens ist doch nicht in der Weise an sich πολιός, also fahl — dafs hiervon die Anschauung allein die Bedeutung gegeben haben kann. Die Wurzel ist eben wieder beliebig gesetzt, die dadurch gewonnene Bedeutung eine willkürliche. Kluge stellt als zusammengehörig die Worte auf: πολιός grau, altbulg. plavü weifs, lit. pàlvas falb, skr. palitas grau, doch hält er es auch nicht für unmöglich, dafs man bei πολιός an lat. flavus, fulvus »rotgelb«, wie er übersetzt, denkt;

unser Fahl, welches nach Kluge zu πολιός gehört, übersetzt er mit bleich, entfärbt, verwelkt, gelb, blond. Somit werden wir, denke ich, recht gehen, wenn wir uns die Farbenabstufung von Fahl als eine solche erklären, die von Weifsgrau in das Gelbliche eingeht, in Steigerung des gelblichen Farbenschimmers, aber auch in das Gelbrötliche und Gelbrote, ja in das Rötliche und Rote bis in das stumpfe Rostrot, also Rotbraun.

Stellen wir nun die Worte zusammen, bei denen Weifsgrau als passende Bezeichnung zweifellos ist, so finden wir πολιός als Beiwort von κεφαλή, also dem Haupthaar des Laertes Od. 24, 317, von Haupt und Kinn — immer mit der Vorstellung des Haares — κάρη und γένειον Il. 22, 74, der Haupthaare ἔθαιραι H. H. 4, 228 des alternden Tithonos. Mit Bezug auf dieses Aussehen des Haares ist das Beiwort den Gräen gegeben, den Alten, Ap. 1, 270 wird die Amme τρόφος so genannt, erhalten die Greise der Troer dies Beiwort bei Q. S. 9, 141, nennt der Dichter so das Aussehen des grauen Haupthaares κράατος πολίοιο 14, 25.

Sodann gesellt sich das Wort dem Wasser des Meeres ἅλς Il. 350, θάλασσα Il. 4, 248, der Woge κῦμα Ap. 1, 554, dem Hafenwasser λιμήν Ap. 1, 1006, dem Wogenschwall οἴδμα Q. S. 3, 598, den Pfaden des Meeres κέλευθοι Q. S. 9, 443, der Brandung αἰγιαλός Ap. 1, 454, dem Schaum ἀφρός Ap. 9, 441.

Da wir also πολιός dem Schaum, der Brandung, den Pfaden des Meeres, welche weifs aufschäumen, gesellt sehen, so ist nicht wohl daran zu zweifeln, dafs πολιός auch als Beiwort des Meeres Weifsgrau, Grau bedeuten kann.

Auch die Milch γάλα erhält das Beiwort Q. S. 10, 135, wie denn die Milch Neigung hat, aus dem Weifs in das Weifsgrau überzugehen, sobald sie eine gewisse Zeit gestanden hat. Aus der Ferne läfst auch Q. S. die Milch, von welcher er spricht, gesehen werden; hierbei tritt der weifsgraue Schimmer derselben stärker hervor.

Auch der Luft πολίοιο δι' ἠέρος Ap. 3, 275 gesellt sich das Beiwort; da ἀήρ die schwere Luft ist, welche dem Nebel gleichgesetzt wird oder der Wolke: da auch wir das Beiwort Nebelgrau haben, so haben wir auch in diesem Falle πολιός mit Fahl und Weifsgrau, Nebelgrau zu übersetzen.

Hierher ziehe ich die Beigabe von πολιός zu ἔαρ Frühling bei H. Erg. 474: Göttling meint, das Wort bedeute hier soviel wie weifs λευκόν, das wäre also unter Hervorhebung der weifsen Blüten, wenn das Wort Sinn haben sollte. Göttling weist zur Stütze seiner

Ansicht auf Blomfield Aesch. Perser 306 hin. Dort findet sich aber nur λευκόν zu ἦμαρ gesetzt, sodann zu φάος, dem Licht des Tages. Der Hinweis ist also ohne rechten Zweck. Dagegen erklärt eigentlich Hesiod das Beiwort selbst, denn er stellt ὥριος ὄμβρος, den Regen der Frühlingszeit, zusammen mit ἔαρ Erg. 492. Demnach haben wir an das fahle, weifsgraue, nebelgraue Aussehen der Luft des regnerischen Frühlingstages zu denken.

Sodann gesellt sich πολιός dem Sande ψάματος des Meeres Ap. 4, 1266. Da der Sand des Meeres nicht immer Schlamm- und Meergewächse, wegen welcher wir ihn als κυανέη und ἠερίη bezeichnet gefunden haben, zu führen pflegt, so haben wir hier an das gewöhnliche Aussehen des Seesandes zu denken: das kann aber weifs, weifsgrau, aber auch gelblich sein.

Da die Dichter nicht das gewöhnlichste Aussehen der Dinge mit Beiworten zu verherrlichen pflegen, so ist es wahrscheinlich, dafs πολιός in diesem Falle in die Bedeutung von Weifs und Gelblich eingeht. Da wir πολιός als Bezeichnung für Weifs nicht erweisen können, so haben wir diejenige von Gelblich, Gelb vorzuziehen, wie auch Virgil in der Aeneide von dem gelben Sande, flava arena, des Meeres spricht.

Sodann gesellt sich πολιός zu dem Fell des Wolfes λύκος Il. 10, 334, und zu den Wölfen H. H. 4, 228; Ap. 2, 12. Das Aussehen des Wolfes gilt als ein graues, aber dieses Grau unterscheidet sich sehr wohl von dem Grau des Haares eines Greises, denn des Wolfes Haar hat einen gelblichen Schimmer, welcher sogar in den Rigveden bis zu Rötlich sich gesteigert findet,[179]) ohne dafs wir deshalb, wie Angelo de Gubernatis will, diesen Wolf Indiens in einen Schakal zu verwandeln haben.

In dieser Auffassung erklärt sich denn auch πολιός als ein durchaus zutreffendes Beiwort von ἀδάμας H. Th. 161 und σίδηρος Il. 9, 366, denn der gelblich-rötliche Farbenschimmer, auf welchen Fahl und die Steigerung des farbigen Eindrucks der Gegenstände hinweist, — kann sehr wohl in das Rostrote eingehen, welches in dem Vorstellungsvermögen durch πολιός bei ἀδάμας und σίδηρος gekennzeichnet wird.

In dem Sinne von Gelblich-Rötlich ist das Beiwort demnach denn auch dann passend gesetzt, wenn πολιός von Pindar P. 348 der Bronze χαλκός gegeben wird.

So wären denn auch die Schwierigkeiten in der Verwendung von πολιός als Farbenbezeichnung beseitigt.

———————

Vierunddreifsigstes Kapitel.

Worte nicht gesicherter Bedeutung.

Diese Gruppe mögen diejenigen Worte bilden, welche eine durchaus sichere Erklärung in Bezug auf die Farbe, welche sie zu bezeichnen bestimmt sind, nicht gewähren.

1. ὑποπερκάζω sich allmählich dunkel färben.

Das Wort, welches uns Od. 7, 126 begegnet, soll nach Ameis einem Vorgang in der Natur entnommen sein: während an dem alten Holze des Weinstocks nämlich, das dem Stamme näher ist, die reifen Trauben hängen, an dem jüngeren Holze die sich färbenden, befänden sich noch weiter vorn die erst ansetzenden Blüten, an den vordersten Spitzen die Blüten selbst. Somit würde das Wort, vorausgesetzt, dafs die Angaben für Griechenland zutreffen, auf die sich färbenden Trauben an dem jüngeren Holze hinweisen. So sagt denn auch Ameis, »das ὑπο in ὑποπερκάζουσι ist treue Naturzeichnung, indem kurz nach der abgestofsenen Blüte die dunkle Färbung unten beginnt.« Als Stütze seiner Ansicht führt er denn auch an Nic. Ther. 337 αὖν ὑποζοφόωσα μελαίνεται ἄκροθεν οὐρή: allzu passend ist demnach der Vergleich eben nicht.

Nach meiner Auffassung kann sich das ὑποπερκάζουσι nur darauf beziehen, dafs zu den Trauben, welche an dem jüngeren Holze hängen und sich zu färben anfangen, die Farbe, auf welche das Wort hinweisen mag, sich zuerst unten an der Traube und damit an der Beere zeigt, wie eine entsprechende Färbung in der That denn auch bei den niederhängenden Trauben zuerst sich zeigt.

Zurückgeführt wird nun das Wort auf περκνός, περκός und die Wurzel spark sprenkeln, sprengen. Hesychius erklärt περκνός mit γλαυκός, μέλας καὶ τὰ ὅμοια. Theophrast wendet das Wort wiederholt auf die sich rötlich und bläulich färbenden Beeren des Weinstocks an. Somit dürften wir im Rechte sein, wenn wir das Wort allgemein — »sich von unten färben« übersetzen, mit Bezug darauf, dafs damit auf das Rötlich- und Bläulichwerden der Traube hingewiesen ist.

2. ἀργειφόντης.

Beiwort des Hermes Il. 2, 103 u. s. w. (bei Sophokles auch des Apollon, und des Telephos bei Parthenios). Aristarch hat bereits

die Beziehung auf die Jo-Sage verworfen und die neueren Forscher
haben jetzt zumeist die Übersetzung Argostöter aufgegeben. Ebenfalls Aristarch läfst den Namen bereits aus *ἀργός* und *φαίνω* zusammengesetzt sein.[174]) Eigennamen, wie *Κλεοφόντης* und *Ἀριστο-
φόντες*, sprechen in der That dafür, dafs das -*φόντης* aus *φαίνω*
gebildet sein wird. Diejenigen Gelehrten nun, welche dagegen -*φόντης*
von *φον*, *φονεύω* herleiten, aber die Argossage bereits aufgegeben
haben, übersetzen, wie Leo Meyer, Töter des Lichtglanzes, des
strahlenden Himmels, oder wie Clemm »durch Glanz tötend«.

Weisen nun Bildungen, wie *Κλεοφόντης* und *Ἀριστοφόντης*,
auf eine entsprechende Namensbildung *Ἀργειφόντης*, wie Aristarch
will, uns hin, so übersetzen denn auch dem entsprechend Goebel
und Ameis-Hentze »der Eilbote als der schnell Erscheinende« —
das wäre das *ἀργός* in der von uns zurückgewiesenen Bedeutung
schimmernd, schnell —, Zacher: »der Hellglänzende«, Welcker:
»der alles weifs erscheinen Lassende«.

Aus diesen Wirrnissen vermag uns mit einiger Sicherheit nur
die Natur des Gottes selbst zu führen.

Die Übersetzung durch Glanz tötend, wie der Hellglänzende
führen zu Hermes als dem Sonnengott — wenn man nicht in der
Weise von Schwartz, welcher eigentlich alle wichtigeren Erscheinungen der Sagenwelt aller Zeiten und aller Völker dem Blitz entstammen läfst, — die Jo ist denn auch bei ihm glücklich die
Gewitterkuh — auch den Hermes zu einem Blitzgott machen will.

Hermes ist aber weder Gewitter- noch Sonnengott, sondern
eine Gestaltung des Windes.

Als Windgott würde Hermes Töter des Lichtglanzes, des strahlenden Himmels sein können, wenn wir ihn als Wolken heraufführend
bezeichnen wollten, — aber selbst die Wolken heraufführenden Süd-
und Südostwinde sind vielmehr Sturm- und erst mittelbar Regen-
winde als unmittelbare Töter des Lichtglanzes — sonst wäre die
Übersetzung von Welcker passend »der alles weifs erscheinen Lassende«. Roscher sagt denn auch, dafs das Beiwort auf die Thätigkeit des Hermes sich bezieht, nach welcher derselbe die Wolken
am Himmel verjagt und dadurch helles Wetter erzeugt. Diese Eigenschaft wird besonders dem Nordwind beigelegt, jener Art des Süd-
windes, welche man Leukonotos nannte, sowie dem Nordwestwind.
Allein das wäre denn doch immer eine den Gott nur auf das Wolken-
gebiet beschränkende Thätigkeit. Der Wind wühlt auch die Wellen
des Meeres zu weifsem Schaum auf und es werden von ihm die Halme

der reifen Frucht niedergebeugt, vgl. Il. 2, 148, dafs sie weifse Wellenthäler bilden, und die Blätter der Bäume gebogen, dafs ein weifser Schimmer die winddurchwühlten Blätter zu umspielen scheint.

In diesem allgemeinen Sinne geben wir das Beiwort »der alles weifs erscheinen Lassende« — dem Windgott, als dem Herrscher in den Wolken, auf dem Meere, über die Gefilde und Wälder, wenn wir dort die Spuren seiner Thätigkeit erblicken.

Die übrigen Erklärungsversuche der Alten lassen wir unberücksichtigt, da dieselben ebenso kühn und fernliegend, als unwahr sind. Aber einer seltsamen Beifügung von ἀργιφόντης haben wir noch zu gedenken.

Da das Licht das Beiwort λευκός weifs führt, so werden wir unser ἀργιφόντης zwar auch dem Apollo als dem Sonnengott nicht als unangemessen beigelegt bezeichnen dürfen — Parthenios hatte es auch dem Telephos gegeben — aber für uns nicht recht zu erklären ist es, wenn nach Athen. 498 F. Alkman auch einen Käse (τυρὸν ἐτύρησας μέγαν ἄτρυφον ἀργιφόνταν) so genannt hat.

Roscher will hier weifsglänzend übersetzen — aber wir können doch nicht ganz beliebig einem und demselben Worte bald aktive, bald passive Bedeutung geben — demnach würde ich eher geneigt sein, an Welckers angeführter Übersetzung auch hier festzuhalten, da uns Plinius berichtet, dafs der Käse mehrfach arzneiwissenschaftliche Verwendung fand und zum Vertreiben von Karbunkeln gebraucht wurde: in diesem Falle nimmt er die Röte und macht die Haut wieder weifs. Bergk liest freilich bei Alkman — und sicher allein angemessen — τυρὸν ἐτύρησας μέγαν ἄτρυφον ἀργίφεόν τε.

3. a) ἑλίκωψ,
    b) ἑλικῶπις,

a) Beiwort der Achäer Il. 1, 389 u. 1; b) Beiwort des Mädchens κούρη Il. 1, 98, sowie der Musen H. H. 23, 1, der Nymphen H. Th. 298 u. s.

Die Alten erläutern das Wort mit μελανόφθαλμος, man erklärt aber auch rundäugig, mit rollenden Augen, schöngewölbt. Ameis will die Bezeichnung des Glanzes der Augen aus dem Beiwort herausfinden, und zwar besonders nach der Angabe von Adamantius, welcher Phys. II 24 von den Augen der Griechen sagt, dafs sie feucht — wasserfarben — aussähen, blau, furchtbar (γοργούς), leuchtend.[175)]

Aus dieser Bemerkung kann man allerdings ebenso zu Glänzend gelangen, wie zu Hellblau oder Graugrün, als Farbe auch des Wassers. In der Bedeutung von Schwarz begegnet uns das Stammwort bei Theokrit 25, 127, wo die Rinder gekennzeichnet sind als ἕλικες; v. 127, als φοίνικες v. 128, und als ἀργησταί v. 131. Die Gegenüberstellung der Farbenbezeichnungen ergiebt demnach — zu phönizisch Rot und Weiſs — ἕλιξ in der Bedeutung von Schwarz, welche einige Gelehrte dem Wort auch bei Homer beilegen. Damit ergiebt sich uns aber die Wahrscheinlichkeit, daſs unsere Zusammensetzungen ἑλίκωπ und ἑλικῶπις als Farbenbezeichnungen für die schwarzen Augen gedient haben.

4. **Καλυκῶπις mit einem Blumengesicht, mit rosigem Antlitz.**

Seiler-Capelle geben »mit Rosenantlitz, eigentlich mit einem Knospengesicht, d. i. mit einem Angesicht wie eine (aufbrechende) Rosenknospe«. Wenn diese Erklärung richtig wäre, so würde die Beziehung auf die Farbe dadurch beseitigt sein.

Das Wort wird der Περσεφόνη, der Tochter der Demeter gegeben H. H. V 8, 420, der Nymphe Ὠκυρόη H. H. V 420 und einer Nymphe H. H. V 284, sowie der Chryseis Il. I 98 und den Musen H. H. 33. I.

Soll die Bedeutung der Form der Hülle der Blume, der Knospe entnommen sein, so führt dieselbe zu einer geschmacklosen Vorstellung. Wir werden eben dieselbe zu beseitigen kaum umhin können, zumal κάλυξ vorzugsweise von dem Kelch der Rose gebraucht wird, zunächst buchstäblich »mit dem Antlitz eines (Rosen-)Kelches« zu übersetzen, um so, indem wir an Stelle von dem Kelche in der Vorstellung die Rose treten lassen, zu mit rosigem Antlitz zu gelangen, entsprechend der zarten Röte des aufblühenden Kelches der Rose.

5. **ἦνοψ**

ist ein Beiwort zu χαλκός Bronze Il. 18, 349, und zwar dem Kessel aus diesem Metall, sowie dem Angelhaken Il. 16, 408. Das Wort wird mit glänzend übersetzt. Bezzenberger stellt ϝῆνοψ zu zd. géng Sonne, Vaniček bringt das Wort unter der Wurzel san gewinnen, erwerben, zustande bringen, vollenden. Es ist gefährlich, aus einem fast einsam dastehenden Zendworte eine griechische Farbenbezeichnung zu erklären: auch Bezzenberger zeigt, daſs seine Forschung, wie wir das bei Fick und anderen Sprachvergleichern wiederholt gefunden, vorsichtiger Erwägung entbehrt. Goebel gelangt aus va, van glänzen und ὀκ: ϝαυ-οκ glanzblickend, glänzend zu der Bedeutung lockend, liebreizblickend, eine Bedeutung, die sich denn doch bei dem Kessel mehr als seltsam ausnimmt.

Ist die Herkunft des Wortes nicht hinlänglich klar, so ist es doch wahrscheinlich, dafs dasselbe glänzend, hell heifsen wird, da es sich, abgesehen von dem Angelhaken, dem Kessel gesellt, welcher noch nicht durch Feuer und Rauch geschwärzt ist.

b) νῶροψ

findet sich bei χαλκός, den Schutzwaffen Il. 2, 578. 13, 407 u. s. w. Fick stellt das Wort zu altnord. snarpr scharf. Diese Bedeutung pafst, wie solche Stellen ergeben, »sie legten das Rüstzeug an, ἕσσαντο περὶ χροὶ νώροπα χαλκόν,« Il. 11, 16 ganz und gar nicht. Die Sprachvergleicher haben auch noch andere Herleitungen zur Hand. So hat Schenkl sks. nārāka, eine Art Pfeil, angeblich ein eiserner, Pfeil überhaupt — was, wenn νώροψ dazu Einstimmung hat, eine erstaunlich seltsame Zusammenstellung mit χαλκός der Bronzerüstung ergeben würde. Die Seltsamkeiten von Düntzer und Döderlein, welche zu »gut bedecken, stark« gelangen, seien erwähnt, ohne besonders widerlegt zu werden, da sie der Wahrscheinlichkeit fern liegen.

Die Ableitung der Alten führt zu νη und ὁράω, also nicht anzusehen, blendend, glänzend. Da Homer bei den Waffen gern den Glanz derselben hervorhebt, so würde diese Herleitung eine Bedeutung ergeben, welche durchaus dem Sinne der übrigen homerischen Beiworte, die wir bei Metallen sonst wohl finden, entspricht. Freilich die Homerforscher verwerfen die Herleitung der Scholiasten.

7. εὐρώεις

ist Beiwort der οἰκία (Plur.), der Wohnung des Ἀϊδωνεϝε, Hades also, Il. 20, 65, wie von Ἀΐδεω δόμος Od. 10, 522 die Rede ist, also dem Hause des Hades. Das Wort steht aber auch Od. 24, 10 bei κέλευθα den Pfaden, auf welchen Hermes die Seelen der Freier in die Unterwelt führt und H. H. 5, 482 bei ζόφος in der Bedeutung »die Unterwelt«. Auch Q. S. hat das Wort 9, 47 bei τύμβος Hügel, Grabhügel.

Die Herkunft des Wortes von εὐρώς ist zweifellos, wir gewinnen aber mit Feststellung dieser Thatsache nichts, selbst wenn wir εὐρώς mit Christ aus Skt. var, vari Wasser entstehen lassen. Es wird uns kaum etwas anderes übrig bleiben, zu einer angemessenen Bedeutung zu gelangen, als anzunehmen, trotz Einspruch einiger

Gelehrten, dafs sich aus schimmelig, moderig diejenige von finster, düster entwickelt hat: nach meiner Anschauung wird durch den Vorgang der Vernichtung von Licht und Farbe, auf welche Schimmel und Moder hinweisen, das Entstehen einer solchen Bedeutung wohl erklärlich.

Fünfunddreifsigstes Kapitel.

Bunt.

a) ποικίλος.

Ποικίλος wird aus einer Wurzel pik stechen, schneiden, sticken, schmücken, bilden hergeleitet. Bei dem Eisen und sonstigen Geräten mufs *ποικίλος* demnach auf Verzierung hinweisen. Riedenauer sagt: »Die Bedeutung der Verzierung der Rüstungen konnte nach der Analogie der Weberei und Malerei in nichts anderem bestehen, als in horizontalen und vertikalen Querstreifen oder kreuzförmigen Streifen. Darnach erklärt sich das Wort bei *τεύχεα* Waffen Il. 3, 327, *πέπλος* dem Gewande Il. 5, 731 eingewebten Blumen Il. 22, 441 *ἐν δὲ θρόνα ποικίλ' ἔπασσε*, einem gestickten Riemen *κεστὸς ἱμάς* Il. 14, 215. Wir haben aber auch an eine Buntverzierung durch aufgeheftete Eisenstücke zu denken, Platten, Täfelchen — und auch wohl streifenweis aufgemalte Sterne, wenn *ποικίλος* zu den Wagen gesetzt wird *ἅρματα* Il. 4, 226, wie dem Sessel *κλισμό;* Od. I 132.

Von Tieren wird das Wort dem Felle des Panthers sicherlich nach den farbigen Flecken desselben — die Naturgeschichte spricht von seinen Ringflecken — *παρδαλέη (δορά)* gegeben Il. 10, 30, dem Hirschkalb *ἐλλός* oder *ἐλλόν* Od. 19, 228, der Echidna *Ἔχιδνα* H. Th. 300, mit welchem Worte in späterer Zeit Natter und Otter bezeichnet werden, die gefleckt sind. Somit deutet das Wort sicher auch bei *ἔχιδνα* auf das Bunte, Gefleckte des Schlangenfelles hin.

b) ποικίλμα Buntverzierung

findet sich in der Ilias 6, 294, entsprechend dem *ποικίλος* beim Gewande zur Bezeichnung der Buntwirkerei Od. 15, 107.

c) παμποίκιλος

ist Verstärkung des Begriffes bunt, denn die Gewänder *πέπλοι* werden Od. 15, 105 *καμποίκιλοι* genannt, sodann wird von einem dieser Gewänder gesagt, dafs es durch seine Buntheit das schönste war. *ὃς κάλλιστος ἔην ποικίλμασιν.*

d) *ποικιλόδειρος.*

Beiwort der Nachtigall *ἀηδών* Hes. E. 203. Ruhnken will *ποικιλό-γηρυς* mit bunter Stimme, mit buntem Gesange, lesen. Ohne Ursache, denn Mitscherlich belehrt uns an der betreffenden Stelle bei Hesiod, dafs der Hals der Nachtigall zu verschiedenen Zeiten des Jahres das Rot bald hervor-, bald zurücktreten läfst.[176]) Gab Homer der Nachtigall nach der Farbe ihres Rückens, welche Gladstone, aus Bolton abschreibend, als Lohfarben, vermischt mit Olivenfarben bezeichnete, das Beiwort *χλωρηΐς,* so gab ihr Hesiod ein solches mit Bezug auf den Wechsel der Farbe des Halses, von welchem Gladstone nichts gelesen zu haben scheint, wir aber sprechen nach der aschgrauen Farbe von Kehle, Brust und Oberbauch von dem grauen Gewande des lieblichsten und zugleich gewaltigsten unserer Sänger, wie gleiches das Lexikon der französischen Akademie thut, welches die Nachtigall als einen kleinen Vogel mit feinem Schnabel erklärt und einem Gefieder, welches ein wenig grau ist.[177])

Somit ergiebt sich, dafs zwar die Farbenbezeichnung der Franzosen, wie diejenige unserer Dichter, eine ebenso berechtigte ist, wie die Beiworte des Hesiod und Homer, der Nachtigall gegeben, es sind, dafs aber die farbenfrohere Anschauung und Bezeichnung bei den Hellenen gefunden wird, und dafs die Bemerkungen Gladstones zu dem homerischen Beiworte, welches der Nachtigall gegeben ist, und worüber wir früher gehandelt, an Verkehrtheit nichts zu wünschen übrig lassen.

Sechsunddreifsigstes Kapitel.

Glänzen, schimmern, scheinen, leuchten und ihr Gegensatz.

Die letzte Gruppe mag eine einfache Zusammenstellung der Worte bilden, welche den allgemeinen Bezeichnungen des Glänzens, Schimmerns, Scheinens, Leuchtens dienen, sei es, dafs sich diese Worte in Verbindung mit den Lichtern des Himmels setzen, oder dem Feuer, mit den Metallen, wenn das Licht zurückgeworfen wird, sowie mit einzelnen anderen Erzeugnissen der Gewerbe, auch wohl der Haut und einzelnen Gliedern des Körpers, da eine besondere Behandlung aller dieser Worte in ihren verschiedenen Beziehungen neue Gesichtspunkte nicht ergiebt, und am allerwenigsten solche,

welche auf einen Mangel an Sehvermögen bei den Hellenen Schlüsse
zu ziehen erlauben.

λάμπω, λαμπετάω, ἐπιλάμπω, ἀπολάμπω, λαμπρός, ἔκλαμψις,
φαίνω und φαίρομαι, φαείνω, προφαίνω, παιφάσσω, παμ-
φαίνω, παμφανόων, φαεινός, φαίδιμος, φαίδιον, φαιδρύνω, ἐπιφαι-
δρύνω, φαιδρός, φάος, φαοσφόρος, φαεσίμβροτος, φέγγος, εὐφεγγής,
φλόξ, φλόγεος, φλογμός, φλέγω, φλέγμα,
αἴθω, αἴθομαι, πέπαθος,
δαίω, καίω,
φολόεις, κήλεος,
σέλας, αὐγή, αἴγλη, ἀγλήεις, τηλαυγής, περαυγής,
μαρμαίρω, μαρμάρεος, μαρμαρυγή περιμαρμαρύσκω, ἀναμαρ-
μαίρω, μορόεις,
ἀμαρύσσω, ἀμάρυγμα, ἀμαρυγή,
αἴολος und seine verschiedenen Zusammensetzungen, αἰόλλω,
ἀποστίλβω, λιπαρός, σιγαλόεις,
περιαλαμπέω,
σεληναίος, ἀστερόεις, ἠλέκτωρ, πυρόεις.

Das Gegenteil des lichten Schimmers und Glanzes bilden Worte,
welche bestäuben, beschmutzen, besudeln heifsen κεκονιμένος, πα-
λύνω, παλάσσω, φορύνω: μιαίνω heifst schon bei Homer färben,
μιαφόνος kann mordbesudelt übersetzt werden, deutet aber mehr
auf rotgefärbt, und zwar durch Blut hin, heifst also wohl, und zwar
von Ares gesagt: »Der du rot bist von der Farbe des Blutes.«

- - - -

Siebenunddreifsigstes Kapitel.

Verzeichnis der Farbenbenennungen der Epiker.

Es bleibt nun übrig, eine übersichtliche Zusammenstellung der
Farbenbezeichnungen im eigentlichen Sinne zu geben, sowie an die
Worte zu erinnern, welche im allgemeinen zur Bezeichnung von
Licht, Glanz und Schimmer verwandt werden.

Kap. 20, Gruppe I, Schwarz also, vereinte

μέλας, παμμέλας, ἀμφιμέλας, μελάμβροτος, μελαγχροίης, μελανόχροος,
μελανόχρως, μελάντερος, μελάνδετος, μελάγχιμος, (μελαίνω) μελαίνομαι, μελάνω, μελανέω.

Diesen 12 Worten stellen die Schriften der Philosophen eins gegenüber.

Kap. 21, Gruppe II, nächtig, dunkel, an Schwarz erinnernd.

νύξ, ἀμφιλύκη, ἀμολγός, κνέφας, σκότος, σκοτόεις, κελαινός, κελαινεφής, ἔρεβος, ἐρεβεννός, ἐρεμνός, ὄρφνη, ὀρφναῖος, ὀρφνήεις, ζόφος, ζοφερός, δνοφερός, νεφέλη, ἀχλύς, ἀχλύω, ἐπαχλύω, ὑπαχλύνω, ἀχλυόεις, σκιά, σκιάω, σκιάζω, ὑποσκιάω, σκιόεις. βαθύσκιος, δάσκιος, παλίσκιος, δολιχόσκιος, ἀμαυρός, λυγαῖος, πυρίκαυστος 35.

Die Worte dieser Gruppe haben als Farbenbezeichnungen aufgeführt zu werden nur insoweit dazu eine Berechtigung, als sie diesem Zwecke im Einzelfalle ihrer Verwendung bei den Dichtern dienen. So haben wir denselben denn auch keine Gruppe nach dem Gebrauch der Philosophen entgegenzustellen.

Kap. 22, Gruppe III, Braun.

μορφνός: die Philosophen haben hier zwei Worte in drei Formen.

Kap. 23, Gruppe IV, Rot.

ἐρυθρός, ἔρευθος, ἐρεύθω, ἐρυθαίνω, ἀμφερυθαίνω, αἷμα, αἱματόεις, βρότος, φοινός, φοίνιος, φοινήεις, δαφοινός, δαφοίνεος, οἶνοψ, αἴθων, αἶθοψ, αἰθαλόεις, μιλτοπάρηος, ῥοδόεις, ῥοδοδάκτυλος, ῥοδόπηχυς, ῥοδόσφυρος, ῥοδόπεπλος, καλλιπάρηος, νεότμητος.

Diesen 25 Worten stellen die Philosophen 7 entgegen.

Kap. 24, Gruppe V, Gelbrot, Rotgelb, Orange.

χρύσεος, χρυσοκόμης, χρυσῶπις, χαλκός, χάλκεος.

Den 5 Worten stellen die Philosophen 12 gegenüber.

Kap. 25, Gruppe VI, Gelb.

κρόκος, κροκήιος, κροκόπεπλος, μελίχρως, ξανθός, ξουθός, ὤχρος, ὠχράω, ὠχρός, μήλωψ.

Diesen 10 Worten stellen die Philosophen 7 gegenüber.

Kap. 26, Gruppe VII, Fahlgelb, Gelb, Gelblichgrün.

χλωρός, χλόος, χλωρηίς.

Die Philosophen haben von den 3 Worten χλωρόν.

Kap. 27. Grün.

Insofern das Grün nicht durch *χλωρόν*, also die gelbgrüne Abstufung desselben, bezeichnet wird, fehlt das Wort den Epikern; die Philosophen haben dafür 5 Worte in 6 Formen.

Kap. 28, Gruppe VIII, Blau.

κυάνεος, κυανῶπις, κυανοχαίτης, κυανοπλόκαμος, κυανόπτερος,
κυανόπεπλος, κυανότριχος, κυανοκρήδεμνος, γλαυκός, γλαυκῶπις,
γλαυκιάω χαροπός, ἠέριος, ἠερόεις, ἠεροειδής.
Diesen 15 Blauworten stellen die Philosophen 6 gegenüber.

Kap. 29, Gruppe IX, Violett.

ἰόεις, ἰοειδής, ἰοδνεφής, ὑακίνθινος.
Den 4 Violettbezeichnungen stellen die Philosophen 2 entgegen.

Kap. 30, Gruppe X, die Doppelfarben, also Scharlach und Purpur.

φοῖνιξ, φοινίσσω, φοινίκεος, φοινίκόεις, φοινικοπάρῃος, πορφύρω, πορφύρεος, πορφυρόεις, ἁλιπόρφυρος.
Die Philosophen haben an Stelle der 9 nur 7 Worte.

Kap. 31, Gruppe XI, Weifs.

λευκός, λευκώλενος, λευκοχίτων, λεύκασπις, λευκαίνω, ὑπο-
λευκαίνομαι, ἐλέφας, λειριόεις, χιών, ἄλφος.
Statt dieser 10 Worte haben die Philosophen nur λευκόν.

Kap. 32, Gruppe XII, Weifsgrau, Silberweifs, Weifs.

ἀργύρεος, ἀργυροδίνης, ἀργυρόπεζα, ἄργυφος, ἀργύφεος, ἀργός,
ἀργίπους, ἀργιόδους, ἀργής, ἀργεστής, ἀργεννός, ἀργινόεις, ἀργικέραυνος.
Diesen 13 Worten entspricht eigentlich keins bei den Philosophen.

Kap. 33, Gruppe XIII, Fahl, Fahlgrau, Gelblich.

πολιός.
Die Philosophen haben für Fahlgrau und Grau zwei Ausdrücke.

Kap. 34, Gruppe XIV

bilden die Farbenbezeichnungen nicht gesicherter Bedeutung.

Kap. 35, Gruppe XV

giebt Bunt.

Kap. 36, Gruppe XVI

bilden die etwa 60 Worte für scheinen, leuchten, schimmern, sowie
die 6 für bestäuben, beschmutzen, besudeln, aber auch Rot (von
der Blutfarbe).

Bei den Philosophen haben wir noch graublau πελιτνόν als besondere Farbe für sich behandelt.

Gruppieren wir nun nach der hellen Seite des Spektrums, so haben wir für diese Farben- und Lichterscheinungen bei den Epikern etwa 116 Worte, nach der dunklen Seite hin 73, aber auch die Philosophen haben im ersten Falle etwa 26, im zweiten nur 15 Ausdrücke.

Von den Doppelfarben haben die Epiker 5 Worte für das hellere Rot, 2 für das volle Rot, 1 für das Rotbraun und demnach den Blau- und Violettschimmer; die Philosophen von der helleren nach der dunkleren Abstufung gerechnet 3, 2 und 1, sodafs auch in dieser Bezeichnung bei ihnen ungefähr dasselbe Verhältnis vorhanden ist.

Achtunddreifsigstes Kapitel.

Die Erklärung der Farbenbezeichnungen gehört der Geschmackskunde, nicht der Augenwissenschaft an.

Wir stehen am Ziele unserer Arbeit, welche uns erwiesen hat, dafs die Ansicht Gladstones, von welchem die Augendarwinisten ausgegangen sind, es sei die Wahrnehmung Homers der prismatischen wie der Pigmentfarben eine mangelhafte gewesen, eine gänzlich unbegründete ist, unbegründet wie jenes Gesetz, welches der seltsame englische Forscher entdeckt haben will, dafs das zur homerischen Zeit noch unentwickelte Sehvermögen des Auges die Ursache gewesen, weshalb die homerischen Dichter mehr auf die Quantität, d. h. auf die Helligkeit der Farbe geachtet haben, als wie auf ihre Qualität. Dafür ist aber durch jene Untersuchungen erwiesen worden, dafs die altgriechische Dichtung eine reichere Verwendung der helleren Farben des Spektrums bietet, als der dunkleren.

Wäre dies eine Eigentümlichkeit allein der homerischen Dichtung, so hätte der seltsame Engländer immerhin eine beachtenswerte Errungenschaft seiner Forschung zu verzeichnen, allein die Zusammenstellung der Farbenbezeichnungen aus den Werken der griechischen Philosophen hat uns gezeigt, dafs auch hier die Zahl derjenigen Farbennennungen gröfser ist, welche auf die lichte Seite des Spektrums gehen, als derjenigen, welche der dunkleren Seite angehören.

Gleiche, ja gesteigerte Verhältnisse finden wir aber auch im
Mittelalter, denn die Sänger des altfranzösischen Heldenliedes haben
für die dunklere Seite des Spektrums bis zu Schwarz hin nur die
Ausdrücke neirs, neielez, bruns, bise, verte, azur, für die hellere aber
vermeill, envermeillié, jalne, sor, sorel, blund, falve, pale, pers,
blesmie (wie ich in meiner Abhandlung über die Farbenbezeichnungen im Chanson de Roland [S. 147] die Bedeutung des Wortes
erschlossen habe) bloi, blancs, fluriz, canuz, clers, vairs, gent, lui-
sanz, luises, luiserne, flambes, flambient, flambius, reflambes.

Somit haben wir in dem Chanson de Roland das Verhältnis
von 6 zu 24, also 1 : 4, — bei den griechischen Philosophen war
es 15 zu 26, — also nicht ganz 1 zu 2, bei den Epikern etwa
73 : 115, demnach etwa 1 zu 1$^1/_3$ — im Nibelungenliede ist das
Verhältnis aber gar 4 zu 20 (bez. 22), also 1 : 5, denn die Farbenbezeichnungen des Nibelungenliedes sind: schwarz, sal, trübe, grün;
rot, goldrot, rosenfarben, rosenrot, feuerrot, morgenrot, rötlich,
weifs, schneeweifs, sabenweifs, blank, schneeblank, klar, Feuer, Licht,
leuchten, lohen, lauter, Funke, Prehen = Glanz, und ich denke, wir
ziehen auch gris und altgris hierher.

Da nun nicht nur die Dichter der verschiedenen Zeiten und
Völker, sondern auch die Naturvölker und unsere Kinder den Farbenbezeichnungen der helleren Seite des Spektrums eine gröfsere Teilnahme erweisen, als demjenigen der dunkleren Seite, so ist mit Erkennung dieser Thatsache jede Berechtigung zur Aufstellung eines
besonderen Gesetzes als nichtig gekennzeichnet, welches darauf ausgeht, als Eigentümlichkeit einer Zeit das hinzustellen, was allen
Menschen aller Zeiten angehört — als unziemliche Verwegenheit
aber jene Neigung erwiesen, welche aus einem falsch begründeten
Gesetz falsche Schlüsse auf die körperlichen Eigenschaften der
Menschen einer gewissen Zeit zu ziehen die Kühnheit besessen hat.

Die Eigentümlichkeit aber aller Zeiten und aller Völker, der
helleren Seite des Spektrums eine wärmere Teilnahme zu widmen,
als der dunkleren, erklärt sich aus der Natur selbst, welche die
Arbeit der Menschen dem Tage, dem Licht, der Farbe zuweist, der
Nacht aber die Ruhe: demnach mufs Bewufstsein, Leben und Sprache
im Gebiete des Lichtes und der lichten Farbe vorherrschen, darnach
müssen die Farbenbezeichnungen der helleren Seite des Spektrums
reichere Beziehungen des Gesehenen, Empfundenen und Benannten
widerspiegeln, als diejenigen der dunkleren Seite des Spektrums.
Und da nun der Dichter dieser Gemeinsamkeit angehört, so ist es

nur natürlich, dafs er den Eigenheiten derselben seinen Zoll zahlt, ob er ein Jahrtausend vor unserer Zeitrechnung gelebt hat, oder ein Jahrtausend nach Beginn derselben.

Freilich aber, da der Dichter ein Kunstwerk zu schaffen hat, welches auch in der Ausdrucksweise sich von der alltäglichen Rede des Lebens zu scheiden bestimmt ist, will dasselbe anders eben als Kunstwerk gelten, so wird der Erklärer desselben die Bedingungen zu erkennen versuchen, unter welchen der Dichter geschaffen, den Geschmack und die Anschauung der Zeit, deren verschönte Nachschöpfung das Kunstwerk bildet. Ist das aber der Fall, so hat eine solche Erklärung auch die Verwendung der Farbenbezeichnungen darzulegen: mithin gehört diese Erklärung nicht der Physiologie an, sondern der Ästhetik.

Nur der Mangel einer beachtenswerten geläuterten Empfindung von dem, was in den Werken der Dichter schicklich und schön ist, konnte bei mangelnder philologischer Kenntnis und lässiger Durchdringung des Stoffes Anlafs werden, dafs die Untersuchungen über die Farbenbezeichnungen der Alten, und zwar der Arier, Semiten und Mongolen schliefslich durch unsere Augendarwinisten in Bahnen eingelenkt sind, welche niemals zu richtigen Ergebnissen führen konnten. Den Forschern, welche diese unrichtigen Ergebnisse als die beachtenswertesten Errungenschaften dieser unserer Zeit hingestellt haben, gereicht ihre Thätigkeit nicht zur Ehre, da dieselbe einer glänzenden Scheinweisheit dient, nicht der Wahrheit.

Neununddreifsigstes Kapitel.

Anmerkungen.

1) Stob. Ecl. ph. I, 26. ph. 522: ἐκ νεφῶν πεπυρωμένων εἶναι τὸν ἥλιον.

2) Galenus Hist. phil. 24: τὸν ἥλιον ἀναπτομένην νεφέλην.

3) Gal. Hist. phil. 24: ἐκ τῶν ξηρῶν ἀτμῶν πυρίδιά τινα συνέρχεσθαι, ἃ εἰς ἓν σῶμα καθεστηκότα τὸν ἥλιον συνιστῶσι.

4) Plutarch Plac. phil. II, 20: ἐκ τῆς ὑγρᾶς ἀναθυμιάσεως.

5) ἦν τ' Ἶριν καλέουσι, νέφος καὶ τοῦτο πέφυκε,
πορφύρεον καὶ φοινίκεον καὶ χλωρὸν ἰδέσθαι.

6) Clem. Alex. Strom. VII, p. 711 b: ὥς φησιν ὁ Ξενοφάνης· Θρᾳκί τε πυρροὺς καὶ γλαυκοὺς τοὺς θεοὺς διαζωγραφοῦσιν.

7) Theophrast de sens. § 26: ὁρᾶν δὲ τῷ στίλβοντι καὶ τῷ διαφανεῖ (τοῖς ὀφθαλμοῖς) ὅταν ἀντιφαίνῃ — ὀφθαλμοὺς δὲ ὁρᾶν διὰ τοῦ πέριξ ὕδατος· ὅτι δ' ἔχει πῦρ, δῆλον εἶναι, πληγέντος γὰρ ἐκλάμπειν.

8) τέσσαρα τῶν πάντων ῥιζώματα.

9) Simpl. de coel. Fragm. v. 151 f.:
πῶς ὕδατος γαίης τε καὶ αἰθέρος ἠελίου τε
κιρναμένων εἴδη τε χρόαι τε γενοίατο θνητῶν,
τόσσ' ὅσα νῦν γεγάασι συναρμοσθέντ' Ἀφροδίτῃ.

10) Stob. Ecl. phys. I, 17, p. 364: λευκόν, μέλαν, ἐρυθρόν, ὠχρόν — τέτταρα δὲ τοῖς στοιχείοις ἰσάριθμα (στg. χρώματα).

11) Th. de sens. § 59: τὸ μὲν λευκὸν τοῦ πυρός, τὸ δὲ μέλαν τοῦ ὕδατος.

12) Simpl. de coel. Fragm. v. 262:
ἐν γὰρ θερμοτέρῳ τὸ κατ' ἄρρενα ἔπλετο γαστρός
καὶ μέλανες διὰ τοῦτο καὶ ἀνδρωδέστεροι ἄνδρες
καὶ λαχνήεντες μᾶλλον.

13) Plut. quaest. nat. p. 916:
γνοὺς (γνῶθ' conj.)ὅτι πάντων εἰσὶν ἀπόρροαι ὅσσ' ἐγένοντο.

14) Arist. de gen. et corr. I, 8. 325 b. 1: Ἐμπεδοκλῆς καὶ τῶν ἄλλων τινές φασι πάσχειν διὰ τῶν πόρων.
324 b. 26: καὶ τοῦτον τὸν τρόπον καὶ ὁρᾶν καὶ ἀκούειν ἡμᾶς φασι καὶ τὰς ἄλλας αἰσθήσεις αἰσθάνεσθαι πάσας.

15) Stob. Ecl. phys. I, 17, p. 362: χρῶμα εἶναι ἀπεφαίνετο τὸ τοῖς πόροις τῆς ὄψεως ἐναρμόττον.

16) γαίῃ μὲν γὰρ γαῖαν ὀπώπαμεν, ὕδατι ὕδωρ,
αἰθέρι δ' αἰθέρα δῖαν, ἀτὰρ πυρὶ πῦρ ἀΐδηλον.

¹⁷) Theophr. de sens. 7: πειρᾶται δὲ καὶ τὴν ὄψιν λέγειν, ποία τίς ἐστί· φησὶ γὰρ τὸ μὲν ἐντὸς αὐτῆς εἶναι πῦρ, τὸ δὲ περὶ αὐτὸ γῆν καὶ ἀέρα καὶ ὕδωρ (ὕδωρ ist Zufügung von Karsten, aber wohl eine berechtigte).

¹⁸) Theophr. de sens. 7: τοὺς δὲ πόρους ἐναλλὰξ κεῖσθαι τοῦ τε πυρὸς καὶ τοῦ ὕδατος, ὧν τοῖς μὲν τοῦ πυρὸς τὰ λευκά, τοῖς δὲ τοῦ ὕδατος τὰ μέλανα γνωρίζειν.

¹⁹) Ar. de gen. an. V, 1, 779 b. 15 u. s. w.: καὶ διὰ τοῦτό (φησιν Ἐμπεδοκλῆς) τὰ γλαυκὰ ἡμέρας μὴ ὁρᾶν δι' ἔνδειαν ὕδατος, δεῖ γὰρ τῷ μέλλοντι ὁρᾶν . . . τὰ δὲ μελανόμματα πάλιν τῆς νυκτὸς μὴ ὁρᾶν δι' ἔνδειαν πυρός.

¹⁹) Simpl. ad Arist. Phys. f. 8 a: πρὶν δ' ἀποκριθῆναι ταῦτα πάντων ὁμοῦ ἐόντων, χροιὴ εὔδηλος ἦν οὐδεμίη.

²⁰) Simpl. f. 106ᵇ: οὐχ οἷόν τε βάδισιν χρόαν ἢ ὅλως τὰ πάθη καὶ τὰς ἕξεις χωρισθῆναι τῶν ὑποκειμένων.

²⁰) Theophr. de sens. 59: οἱ δὲ ἄλλοι τοσοῦτον μόνον, ὅτι τό τε λευκὸν καὶ τὸ μέλαν ἀρχαί, τὰ δ' ἄλλα μιγνυμένων γίγνεται τούτων. καὶ γὰρ Ἀναξαγόρας ἁπλῶς εἴρηκε περὶ αὐτῶν.

²¹) Aristot. de sens. 3. 439 a. 30: οἱ Πυθαγόρειοι τὴν ἐπιφάνειαν χρόαν ἐκάλουν.

²²) Plut. Plac. Phil. I, 15: αἱ ἀπὸ Πυθαγόρου τὰ γένη τῶν χρωμάτων λευκόν τε καὶ μέλαν, ἐρυθρόν, ὠχρόν.

²³) — — τὰς δὲ διαφορὰς τῶν χρωμάτων παρὰ τὰς ποιὰς μίξεις τῶν στοιχείων.

²⁴) Theol. arithm. 8, p. 56: Φιλόλαος δὲ μετὰ τὸ μαθηματικὸν μέγεθος τριχῇ διαστὰν τετράδι, ποιότητα καὶ χρῶσιν ἐπιδειξαμένης (ἐπιδεξαμένης will Ast schreiben) τῆς φύσεως ἐν πεντάδι.

²⁵) Theol. ar. 4. p. 22: χροιὰ ἐν τριάδι.

²⁶) Aristot. de Gen. et Corr. I, 2. 316 a. 1: Δημόκριτος — χροιὰν οὔ φησιν εἶναι.

²⁷) Sext. Emp. adv. Mathem. VII, 135: Δημόκριτος — νόμῳ φησὶ γλυκύ, νόμῳ πικρόν.

²⁸) Arist. de sens. 4. 442 a. 29: Δημόκριτος — καὶ οἱ πλεῖστοι τῶν φυσιολόγων — πάντα τὰ αἰσθητὰ ἁπτὰ ποιοῦσιν.

²⁹) Aristot. de sens. 4. 442 b. 10: Δημόκριτος — τὸ λευκὸν καὶ τὸ μέλαν τὸ μὲν τραχύ φησιν εἶναι, τὸ δὲ λεῖον. Theophr. de sens. 73: λευκὸν μὲν οὖν εἶναι τὸ λεῖον.

³⁰) Theophr. de sens. 75: ἐρυθρὸν δ' ἐξ οἷωνπερ τὸ θερμὸν πλὴν ἐκ μειζόνων· ἐὰν γὰρ αἱ συγκρίσεις ὦσι μείζους· ὁμοίων ὄντων τῶν σχημάτων, μᾶλλον ἐρυθρὸν εἶναι.

³¹) Stob. Ecl. Phys. I, 17, p. 364: τούτων δὲ τῶν πρὸς τὴν φαντασίαν χρωμάτων τέτταρες αἱ διαφοραί, λευκοῦ, μέλανος, ἐρυθροῦ, χλωροῦ.

³²) Theophr. de sens. 75: τὸ χλωρὸν ἐκ μὲν τοῦ στερεοῦ καὶ τοῦ κενοῦ συνεστάναι.

³³) Theophr. de sens. 76. 78 (Anm. 33—35): τὰ μὲν οὖν ἁπλᾶ χρώματα τούτοις κεχρῆσθαι τοῖς σχήμασιν, ἕκαστον δὲ καθαρώτερον, ὅσῳ ἂν ἐξ ἀμιγεστέρων ᾖ.

³⁴) Τὰ δ' ἄλλα κατὰ τὴν τούτων μίξιν.

³⁴ᵇ) 1. τὸ μὲν χρυσοειδὲς καὶ τὸ τοῦ χαλκοῦ καὶ πᾶν τὸ τοιοῦτον ἐκ τοῦ λευκοῦ καὶ τοῦ ἐρυθροῦ. 2. τὸ δὲ πορφυροῦν ἐκ λευκοῦ καὶ μέλανος

καὶ ἐρυθροῦ· πλείστην μὲν μοῖραν ἔχοντος τοῦ ἐρυθροῦ, μιχρὰν δὲ τοῦ μέλανος, μέσην δὲ τοῦ λευκοῦ. ζ. τὴν δ' ἰσάτιν ἐκ μέλανος σφόδρα καὶ χλωροῦ, πλείω δὲ μοῖραν ἔχειν τοῦ μέλανος. 4. τὸ δὲ πράσινον ἐκ πορφυροῦ καὶ τῆς ἰσάτιδος, ἢ ἐκ χλωροῦ καὶ πορφυροειδοῦς. ζ. τὸ δὲ κυανοῦν ἐξ ἰσάτιδος καὶ πυρώδους. 6. τὸ δὲ καρύινον ἐκ χλωροῦ καὶ κυανοειδοῦς. ζ. ἐὰν δὲ (πλέον) χλωρὸν (πλέον ist Vermutung von Schneider) μιχθῇ φλογοειδές. (Ich vermute für χλωρόν daher ὠχρόν.)

²⁵) καὶ πλήθει μὲν τοσοῦτον ἐπιμεμίχθαι χρωμάτων, ἄπειρα δὲ εἶναι τὰ χρώματα – – – κατὰ τὰς μίξεις. (Ἐπιμεμίχθαι ist Vermutung.)

²⁶) Aristot. de divin. in somn. 3, 464 a. 5: Δημόκριτος εἴδωλα καὶ ἀπορροὰς αἰτιώμενος (τοῦ ὁρᾶν).

²⁶ᵃ) Aristot. de an. II, 7, 419 a. 15: αἱ γὰρ καλῶς λέγει τοῦτο Δημόκριτος οἰόμενος, εἰ γένοιτο κενὸν τὸ μεταξύ, ὁρᾶσθα ἂν ἀκριβῶς.

²⁷ᵇ) τὸ μὲν χρυσοειδές u. s. w. (Anm. 34ᵇ). τὸ μὲν γὰρ λαμπρὸν ἔχειν ἐκ τοῦ λευκοῦ, τὸ δὲ ὑπέρυθρον ἀπὸ τοῦ ἐρυθροῦ· (so Mullach für θερμοῦ) πίπτειν γὰρ εἰς τὰ κενὰ τοῦ λευκοῦ τῇ μίξει τὸ ἐρυθρόν· ἐὰν δὲ προστεθῇ τούτοις τὸ χλωρόν, γίγνεται τὸ κάλλιστον χρῶμα. Τὸ δὲ πορφυροῦν ἐκ λευκοῦ καὶ μέλανος καὶ ἐρυθροῦ, πλείστην μὲν μοῖραν ἔχοντος τοῦ ἐρυθροῦ, μιχρὰν δὲ τοῦ μέλανος, μέσην δὲ τοῦ λευκοῦ· διὸ καὶ ἡδὺ φαίνεθαι πρὸς τὴν αἴσθησιν.

²⁸) περὶ χυμῶν p. 47, 1: τὸ χρῶμα τῶν χυμῶν ὅκου μὴ ἄμπωτίς ἐστι τῶν χυμῶν, ὥσπερ ἀνθέων.

²⁹) περὶ ὀστέων φύσιος p. 280, 21: διὰ δὲ παντὸς τοῦ σώματος περὶ τὴν θώρηκα μάλιστά ἐστιν ἡ αἴσθησις καὶ τῶν χρωμάτων αἱ μεταβολαὶ γίνονται, ταύτης ἀποσφιγγούσης τὰς φλέβας καὶ χαλώσης· χαλώσης μὲν οὖν ἐρυθρὰ τὰ χρώματα γίνονται καὶ εὔχροα καὶ διαφανέα, συναγούσης δὲ χλωρὰ καὶ πελιδνά.

⁴²) περὶ ἐπιδημιῶν p. 1170, 9: ὅτι ἐν θερμοτέρῳ τῷ ἐν τοῖσι δεξιοῖσι καὶ μέλανες διὰ τοῦτο καὶ ἔξω αἱ φλέβες καὶ χολωδέστεροι μᾶλλον.

⁴¹) de aer. loc. et aqu. p. 292, 11: πυρρὸν δὲ τὸ γένος ἐστὶ τὸ Σκυθικὸν διὰ τὸ ψῦχος, οὐκ ἐπιγινομένου ὀξέως τοῦ ἡλίου· ὑπὸ δὲ τοῦ ψύχους ἡ λευκότης ἐπικαίεται καὶ γίγνεται πυρρή.

⁴²) Ἐκ Χάεος δ' Ἔρεβός τε μέλαινά τε Νὺξ ἐγένοντο,
Νυκτὸς δ' αὖτ' Αἰθήρ τε καὶ Ἡμέρη ἐξεγένοντο,
οὓς τέκε κυσαμένη, Ἐρέβει φιλότητι μιγεῖσα.

⁴³) Diog. L. IX, 9: γίνεσθαι δὲ ἀναθυμιάσεις ἀπό τε γῆς καὶ θαλάττης, ἃς μὲν λαμπρὰς καὶ καθαράς, ἃς δὲ σκοτεινάς· αὔξεσθαι δὲ τὸ μὲν πῦρ ὑπὸ τῶν λαμπρῶν, τὸ δὲ ὑγρὸν ὑπὸ τῶν ἑτέρων.

⁴⁴) Aristot. Metaphys. A. 5, 986 b. 31: δύο τὰς αἰτίας καὶ δύο τὰς ἀρχὰς πάλιν τίθησι, θερμὸν καὶ ψυχρόν, οἶον πῦρ καὶ γῆν λέγων.

⁴⁵) Stob. Ecl. phys. I, 23, p. 482: Παρμενίδης στεφάνας εἶναι περιπεπλεγμένας, ἐπαλλήλους, τὴν μὲν ἐκ τοῦ ἀραιοῦ, τὴν δὲ ἐκ τοῦ πυκνοῦ· μικτὰς δὲ ἄλλας ἐκ φωτὸς καὶ σκότους μεταξὺ τούτων.

⁴⁶) Theophr. de sens. 40, 42: τὴν ὄψιν ὁρᾶν ἐμφαινομένην εἰς τὴν κόρην· ταύτην δὲ μιγνυμένην τῷ ἐντὸς αἴρει ποιεῖν αἴσθησιν – – – – διὸ τοὺς μελανοφθάλμους μεθ' ἡμέραν καὶ τὰ λαμπρὰ μᾶλλον ὁρᾶν, τοὺς δ' ἐναντίους νύκτωρ.

⁴⁷) Theophr. de sens. 38: Κλείδημος μόνος ἴδιος εἴρηκε περὶ τῆς ὄψεως· αἰθάνεσθαι γάρ φησι τοῖς ὀφθαλμοῖς μόνον ὅτι διαγανεῖς.

⁴⁸) Plato Meno. 76 d.: ἔστι γὰρ χρόα ἀπορροὴ σχημάτων ὄψει σύμμετρος καὶ αἰσθητός.

⁴⁹) Phil. 51 d.: ἀλλ' εὐθύ τι λέγω (καλὸν — aus dem vorausgegangenen κάλλος zu entnehmen) καὶ περιφερὲς καὶ ἀπὸ τούτων δὴ τά τε τοῖς τόρνοις γιγνόμενα ἐπίπεδά τε καὶ στερεὰ καὶ τὰ τοῖς κανόσι καὶ γωνίαις, εἴ μου μανθάνεις· ταῦτα γὰρ οὐκ εἶναι πρός τι καλὰ λέγω, καθάπερ ἄλλα, ἀλλ' ἀεὶ καλὰ καθ' αὐτά πεφυκέναι καί τινας ἡδονὰς οἰκείας ἔχειν, οὐδὲν ταῖς τῶν κνήσεων προσφερεῖς· καὶ χρώματα δὴ τοῦτον τὸν τύπον ἔχοντα καλὰ καὶ ἡδονάς.

⁵⁰) Phil. 53 b.: Σμικρὸν ἄρα καθαρὸν λευκὸν μεμιγμένου πολλοῦ λευκοῦ λευκότερον ἅμα καὶ κάλλιον καὶ ἀληθέστερον ἐὰν φῶμεν γίγνεθαι, παντάπασιν ἐροῦμεν ὀρθῶς.

⁵¹) Tim. 60 d.: Ἔστι δὲ ὅτε νοτίδος ὑπολειφθείσης χυτῇ γῇ γενομένη διὰ πυρός, ὅταν ψυχθῇ, γίγνεται τὸ μέλαν χρῶμα ἔχον λίθος (C. Fr. Hermann vermutet εἶδος).

⁵²) Tim. 59 b: χρυσοῦ δὲ ὄζος, διὰ πυκνότητα σκληρότατον ὂν καὶ μελανθὲν ἀδάμας ἐκλήθη.

⁵³) Tim. 59 b: στίλβον καὶ ξανθὸν χρῶμα.

⁵⁴) Tim. 83 a.: ὅσον μὲν οὖν ἂν παλαιότατον ὂν τῆς σαρκὸς ταχὺ, δύσπεπτον γιγνόμενον μελαίνει μὲν ὑπὸ παλαιᾶς ξυγκαύσεως.

⁵⁵) Tim. 83 d. 83 a.: τὸ δ' αὖ μετ' ἀέρος τηκόμενον ἐκ νέας καὶ ἁπαλῆς σαρκὸς, τούτου δὲ ἀνεμωθέντος καὶ ξυμπεριληφθέντος ὑπὸ ὑγρότητος, καὶ πομφόλυγων ξυστασῶν — ἀοράτων διὰ σμικρότητα — χρῶμα ἐχουσῶν διὰ τὴν τοῦ ἀφροῦ γένεσιν ἰδεῖν λευκόν.

⁵⁶) Tim. 67 c. und 68 (Anm. 56—64): Τέταρτον δὴ λοιπὸν ἔτι γένος ἡμῖν αἰσθητικόν, ὃ διελέσθαι δεῖ συχνὰ ἐν ἑαυτῷ ποικίλματα κεκτημένον, ἃ ξύμπαντα μὲν χρόας ἐκαλέσαμεν.

⁵⁷) — χρόας ἐκαλέσαμεν) φλόγα τῶν σωμάτων ἑκάστων ἀπορρέουσαν ὄψει ξύμμετρα μόρια ἔχουσαν πρὸς αἴσθησιν.

⁵⁸) τὰ μὲν ἐλάττω, τὰ δὲ μείζω, τὰ δ' ἴσα τοῖς αὐτῆς τῆς ὄψεως μέρεσιν εἶναι.

⁵⁹) — τὰ δὲ μείζω καὶ ἐλάττω, τὰ μὲν συγκρίνοντα, τὰ δὲ διακρίνοντα αὐτὴν (τὴν ὄψιν).

⁶⁰) οὕτως οὖν αὐτὰ προσρητέον, τὸ μὲν διακριτικὸν τῆς ὄψεως λευκόν, τὸ δ' ἐναντίον αὐτοῦ μέλαν.

⁶¹) πῦρ μὲν ἀθρόον καὶ ὕδωρ, ὃ δάκρυον καλοῦμεν.

⁶²) τοῦ μὲν ἐκπηδῶντος πυρὸς οἷον ἀπ' ἀστραπῆς, τοῦ δ' εἰσιόντος καὶ περὶ τὸ νοτερὸν κατασβεννυμένου.

⁶³) τὸ δὲ τούτων αὖ μεταξὺ πυρὸς γένος, πρὸς μὲν τὸ τῶν ὀμμάτων ὑγρὸν ἀφικνούμενον καὶ κεραννύμενον αὐτῷ, στίλβον δὲ οὔ, τῇ δὲ διὰ τῆς νοτίδος αὐγῇ τοῦ πυρὸς μιγνυμένῃ χρῶμα ἔναιμον παρασχομένῃ, τοὔνομα ἐρυθρὸν λέγομεν.

⁶⁴) λαμπρόν τε ἐρυθρῷ λευκῷ τε μιγνύμενον ξανθὸν γέγονε.

⁶⁵) Plato Tim. 60 a.: τὸ δὲ λεῖον καὶ διακριτικὸν ὄψεως διὰ ταῦτά τε ἰδεῖν λαμπρὸν καὶ στίλβον λιπαρόν τε φανταζόμενον ἐλαιηρὸν εἶδος, πίττα καὶ κίκι καὶ ἔλαιον —

**) Plato Tim. 68 c.: ἐρυθρὸν — μέλανι λευκῷ τε κραθὲν ∟ ἀλουργόν.
2. ὄρφνινον δὲ ὅταν τούτοις μεμιγμένοις κανθεῖσί τε μᾶλλον συγκραθῇ μέλαν.
3. πυρρὸν δὲ ξανθοῦ τε καὶ φαιοῦ κράσει γίγνεται. 4. φαιὸν δὲ λευκοῦ τε
καὶ μέλανος. 5. τὸ δὲ ὠχρὸν λευκοῦ ξανθῷ μιγνυμένον. 6. λαμπρῷ δὲ
λευκὸν ξυνελθὸν καὶ εἰς μέλαν καταχορὲς ἐμπεσὸν κυανοῦν χρῶμα ἀποτε-
λεῖται. 7. κυανοῦ δὲ λευκῷ κεραννυμένου γλαυκόν. 8. πυρροῦ δὲ μέλανι
πράσιον.

⁶⁷) Tim. 68 d.: τὰ δὲ ἄλλα ἀπὸ τούτων σχεδὸν δῆλα αἷς ἂν ἀφομοιού-
μενα μίξεσι διασώζοι τὸν εἰκότα μῦθον.
⁶⁸) Aristoteles Top. IV ∟ 120 b. 38: τὸ λευκὸν οὐκ οὐσία ἀλλὰ ποιόν.
⁶⁹) Phys. I, 4. 188 a. 7: κατὰ τὸ ποιὸν ἀχώριστα τὰ πάθη.
⁷⁰) Cat. 9. 10 b. 26: λευκὸν γὰρ ὂν ἔτι ἐνδέχεται λευκότερον γενέσθαι.
⁷¹) Metaph. 1, 1055 b. 33: τὸ πότερον ἀεὶ ἐν ἀντιθέσει λέγεται, οἷον
πότερον λευκὸν ἢ μέλαν.
⁷²) Cat. 5. 4 a. 30: ψυχρὸν γὰρ ἐκ θερμοῦ γενόμενον μετέβαλεν, ἠλλοί-
ωται γάρ, καὶ μέλαν ἐκ λευκοῦ.
⁷³) De an. 418 a. 29: τὸ γὰρ ὁρατόν ἐστι χρῶμα.
⁷⁴) de an. 418 a. 29: τοῦτο δ' ἐστὶ τὸ ἐπὶ τοῦ καθ' αὑτὸ ὁρατοῦ.
⁷⁵) de an. 419 a. 9: τοῦτο γὰρ ἦν αὐτῷ τὸ χρώματι εἶναι τὸ κινητικῷ
εἶναι τοῦ κατ' ἐνέργειαν διαφανοῦς.
⁷⁶) de an. 418 b. 4: διαφανὲς δὲ λέγω, ὃ ἔστι μὲν ὁρατὸν — — δι' ἀλ-
λότριον χρῶμα.
⁷⁷) de an. 418 b. 11: ὑπὸ πυρὸς ἢ τοιούτου οἷον τὸ ἄνω σῶμα (nach
Aristot. Sprachgebrauch der Äther).
⁷⁸) de sens. 3, 439. b 8: τὸ ἄρα διαφανὲς καθ' ὅσον ὑπάρχει ἐν τοῖς
σώμασιν χρώματος ποιεῖ μετέχειν.
⁷⁹) de sens. 3, 439 b. 16: ὥσπερ οὖν ἐκεῖ τὸ μὲν φῶς, τὸ δὲ σκότος,
οὕτως ἐν τοῖς σώμασιν ἐγγίνεται τὸ λευκὸν καὶ τὸ μέλαν.
⁸⁰) de an. II, 7. 419 a. 7: νῦν δ' ἐπὶ τοσοῦτον φανερόν ἐστιν, ὅτι τὸ
ἐν φωτὶ ὁρώμενον χρῶμα.
⁸¹) de gen. et corr. II, 4. 331 b. 25: μάλιστα μὲν γὰρ πῦρ ἡ φλόξ.
⁸²) Phys. IV, 9. 217 b. 6: οὐδ' ἐστι τῆς φλογὸς λαβεῖν τι μέγεθος, ἐν
ᾧ οὐ καὶ θερμότης καὶ λευκότης ἔνεστι.
⁸³) De long. et brev. v. 5, 466 a. 4: ὁ ἀὴρ πρὸς τ' ἄλλα πῦρ.
⁸⁴) Meteor. III, 6. 377 b. 15: ὁ δὲ παρήλιος, ὅταν ὅτι μάλιστα ὁμαλὸς
ᾖ ὁ ἀὴρ καὶ πυκνός, ὁμοίως· διὸ φαίνεται λευκός.
⁸⁵) de gen. an. V, 6. 786 a. 4: τὰ μὲν γὰρ θερμὰ (ὕδατα) λευκὴν ποιεῖ
τὴν τρίχα, τὰ δὲ ψυχρὰ μέλαιναν.
⁸⁶) Meteor. III, 4. 374 a. 1: ἀφ' ὕδατος καὶ μέλανος.
⁸⁷) de gen. an. II, 2. 735 b. 33: ἐξελθόντες δὲ ὅταν ἀποπνεύσῃ τὸ θερμὸν καὶ ὁ ἀὴρ ψυχθῇ, ὑγρὸν γίνεται καὶ μέλαν· λείπεται γὰρ τὸ ὕδωρ καὶ
εἴ τι μικρὸν γεῶδες.
⁸⁸) de gen. anim. III, ∟ 571 b. 7: τὸ μὲν λευκὸν — πλέον ἀεὶ — τοῦ
ὠχροῦ καὶ γεώδους· τοῖς δ' ἧττον θερμοῖς καὶ ὑγροτέροις τὸ ὠχρὸν πλέον
καὶ ὑγρότερον.
⁸⁹) Phys. I, 5. 188 b. 21: τὰ δὲ μεταξὺ ἐκ τῶν ἐναντίων ἐστὶν οἷον
χρώματα ἐκ λευκοῦ καὶ μέλανος.

⁹⁰) de sens. 4, 442 a. 12: ὥσπερ τὰ χρώματα ἐκ λευκοῦ καὶ μέλανος μίξεώς ἐστιν, οὕτως οἱ χυμοὶ ἐκ γλυκέος καὶ πικροῦ.

⁹¹) de sens. 4, 442 a. 12: αἱ δὲ τὴν ἡδονὴν ποιοῦντες μιγνύμενοι, οὗτοι ἐν ἀριθμοῖς μόνον· ὁ μὲν οὖν λιπαρὸς τοῦ γλυκέος ἐστὶ χυμός, τὸ δ' ἁλμυρὸν καὶ πικρὸν σχεδὸν τὸ αὐτό, ὁ δὲ αὐστηρὸς καὶ δριμὺς καὶ στρυφνὸς καὶ ὀξὺς ἀνὰ μέσον. σχεδὸν γὰρ ἴσα καὶ τὰ τῶν χυμῶν εἴδη καὶ τὰ τῶν χρωμάτων ἐστίν· ἑπτὰ γαὶ ἀμφοτέρων εἴδη, ἄν τις τιθῇ, ὥσπερ εὔλογον, τὸ φαιὸν μέλαν τι εἶναι.

⁹²) u. ⁹³) de sens. 4, 442 a. 12: ἑπτὰ γὰρ ἀμφοτέρων εἴδη, ἄν τις τιθῇ, ὥσπερ εὔλογον, τὸ φαιὸν 1. μέλαν τι εἶναι· λείπεται γάρ, 2. τὸ ξανθὸν μὲν, 3. τοῦ λευκοῦ εἶναι ὥσπερ τὸ λιπαρὸν τοῦ γλυκέος, 4. τὸ φοινικοῦν δὲ καὶ 5. ἁλουργὸν καὶ 6. πράσινον καὶ 7. κυανοῦν μεταξὺ τοῦ λευκοῦ καὶ μέλανος.

⁹⁴) de sens. 4, 442 a. 12: τὰ δ' ἄλλα μικτὰ ἐκ τούτων.

⁹⁵) de sens. 4, 445 b. 21: δῆλον ἔσται διὰ τί πεπέρανται τὰ εἴδη καὶ χρώματος καὶ χυμοῦ καὶ φθόγγων καὶ τῶν ἄλλων αἰσθητῶν· ὧν μὲν γὰρ ἔστιν ἔσχατα, ἀνάγκη πεπεράνθαι τὰ ἐντός· τὰ δ' ἐναντία ἔσχατα· πᾶν δὲ τὸ αἰσθητὸν ἔχει ἐναντίωσιν οἷον ἐν χρώματι τὸ λευκὸν καὶ τὸ μέλαν, ἐν χυμῷ γλυκὺ καὶ πικρόν.

⁹⁶) de an. II, 8. 419 b. 27: καὶ γὰρ τὸ φῶς ἀεὶ ἀνακλᾶται.

⁹⁷) Meteor. III, 4. 373 b. I: διὰ δὲ τὴν τῆς ὄψεως ἀσθένειαν πολλάκις καὶ ἄνευ συστάσεως (τοῦ ἀέρος) ποιεῖ ἀνάκλασιν. Meteor. III, 4. 374 b. 2. (Z. 28): δῆλον τοίνυν ὅτι ἡ ὄψις ὥσπερ καὶ τὸ μέλαν κλωμένη δι' ἀσθένειαν μελάντερον ποιεῖ φαίνεσθαι, καὶ τὸ λευκὸν ἧττον λευκὸν καὶ προσάγει πρὸς τὸ μέλαν.

⁹⁸) Meteor III, 4. 374 a. 27: τὸ δὲ τοῦ λύχνου φῶς οὐ λευκόν — — ἔστι γὰρ ἡ ὄψις ὀλίγη ἡ ἀνακλωμένη καὶ μέλαν τὸ ἔνοπτρον. Meteor III, 4. 373 b. I: γίνεται δὲ (ἡ ἀνάκλασις) ἀπὸ μὲν ἀέρος ὅταν τύχῃ συνιστάμενος.

⁹⁹) Meteor. III, 4. 374 b. 7: ἡ ἶρις τρίχρως· — — φοινικοῦν — — πράσινον — ἁλουργόν.

¹⁰⁰) Meteor. III, 4. 375 a. 7: ἔστι δὲ τὸ ξανθὸν ἐν τῇ ἴριδι χρῶμα μεταξὺ τοῦ τε φοινικοῦ καὶ πρασίνου χρώματος· διὰ τὴν μελανίαν οὖν τοῦ κύκλου νέφους ὅλον αὐτοῦ φαίνεται τὸ φοινικοῦν λευκόν, ἔστι γὰρ πρὸς ἐκεῖνα λευκόν· καὶ πάλιν ἀπομαραινομένης τῆς ἴριδος, ἐγγυτάτω, ὅταν λύηται τὸ φοινικοῦν, ἡ γὰρ νεφέλη λευκὴ οὖσα προσπίπτουσα παρὰ τὸ πράσινον μεταβάλλει εἰς τὸ ξανθόν.

¹⁰⁰) de an. II, 11. 422 a. 20: κρίνει ἡ ὄψις.

¹⁰¹) de an. II, 11. 424 a. 5: τὸ γὰρ μέσον κριτικόν, de an. III, 2. 426 a. 30: καὶ κρίνει τὰς τοῦ ὑποκειμένου αἰσθητοῦ διαφορὰς οἷον λευκὸν μὲν καὶ μέλαν ὄψις.

¹⁰²) de an. III, 2. 425 b. 22: τὸ ὁρῶν ἐστιν ὡς κεχρωμάτισται.

¹⁰³) de an. II, 8. 420 a. 27: ὥσπερ ἄνευ φωτὸς οὐχ ὁρᾶται τὰ χρώματα.

¹⁰⁴) de sens. 3. 439 b. 8: τὸ αὐτό. . δεκτικὸν τῆς χρόας ἐστίν.

¹⁰⁵) de sens. 2. 438 b. 12: τὸ μὲν οὖν τὴν ὄψιν εἶναι ὕδατος ἀληθὲς μὲν οὐ μέντοι συμβαίνει τὸ ὁρᾶν ᾗ ὕδωρ ἀλλ' ᾗ διαφανές — διόπερ ἡ κόρη καὶ τὸ ὄμμα ὕδατός ἐστιν.

¹⁰⁶) de sens. 2. 438 b. 5: ἀλλ' εἴτε φῶς εἴτ' ἀὴρ ἐστι τὸ μεταξὺ τοῦ ὁρωμένου καὶ τοῦ ὄμματος· ἡ διὰ τούτου κίνησίς ἐστιν ἡ ποιοῦσα τὸ ὁρᾶν.

¹⁰⁷) de sens. 2. 437 a. 23: θλιβομένου καὶ κινουμένου τοῦ ὀφθαλμοῦ φαίνεται πῦρ ἐκλάμπειν.

¹⁰⁸) de gen. an. V, 1. 780 a. 7: ἐκκρούει γὰρ ἡ ἰσχυροτέρα κίνησις τὴν ἀσθενεστέραν.

¹⁰⁹) de insomn. 2. 459 b. 5: ἐὰν πρὸς τὸν ἥλιον βλέψαντες ἢ ἄλλο τι λαμπρὸν μύσωμεν — -- πρῶτον μὲν τοιοῦτον τὴν χρόαν — εἶτα μεταβάλλει εἰς φοινικοῦν κἄπειτα πορφυροῦν, ἕως ἂν εἰς τὴν μέλαιναν ἔλθῃ χρόαν καὶ ἀφανισθῇ.

¹¹⁰) de insomn. 2. 459 b. 27: ἐν γὰρ τοῖς ἐνόπτροις τοῖς σφόδρα καθαροῖς, ὅταν τῶν καταμηνίων ταῖς γυναιξὶ γινομένων ἐμβλέψωσιν εἰς τὸ κάτοπτρον, γίνεται τὸ ἐπιπολῆς τοῦ ἐνόπτρου οἷον νεφέλη αἱματώδης.

¹¹¹) Es ist hier darauf hinzuweisen, dafs das Buch de igne dem Theophrast nicht mit voller Sicherheit gegeben werden kann, dafs die Ansichten des Buches aber immerhin solche der älteren aristotelischen bez. peripatetischen Schule sein werden.

¹¹²) de ign. 50. p. 723: τῆς δὲ φλογὸς λευκότατον ἀεὶ καὶ καθαρώτατον τὸ μέσον.

¹¹³) de sens. 73. p. 731: ὁ γὰρ ἀὴρ φύσει μέλαν. 39. p. 718: οὐδὲν γὰρ μέλαν ἄνευ ὑγρότητος und 3. 706.

¹¹⁴) περὶ χρωμάτων — (de coloribus) Kap. 1. ἁπλᾶ τῶν χρωμάτων ἐστὶν ὅσα τοῖς στοιχείοις συνακολουθεῖ.
Ἀὴρ μὲν γὰρ καὶ ὕδωρ καθ᾽ ἑαυτὰ φύσει λευκὰ καὶ ἡ γῆ δ᾽ ἔστι φύσει λευκή.

¹¹⁵) τὸ δὲ πῦρ καὶ ὁ ἥλιος ξανθά.

¹¹⁶) τὸ δὲ μέλαν χρῶμα συνακολουθεῖ τοῖς στοιχείοις εἰς ἄλληλα μεταβαλλόντων.

¹¹⁷) τὰ μεταξὺ μόρια — ἄπαντα εἶναι δοκεῖ μέλανα διὰ τὸ σκότος — αὐ᾽ χρῶμα ἀλλὰ στέρησις φωτός.

¹¹⁸) τὰ δ᾽ ἄλλα ἐκ τούτων εὐσύνοπτα τῇ μίξει κεραννυμένων ἀλλήλοις γίνεται.

¹¹⁹) Kap. 2: κατὰ δὲ τὴν κρᾶσιν — ὥσπερ τὸ λευκὸν καὶ τὸ μέλαν, ὅταν μιχθέντα φαιοῦ ποιήσῃ φαντασίαν.

¹²⁰) κατὰ μὲν τὸ μᾶλλον καὶ ἧττον ὥσπερ τὸ φοινικοῦν καὶ τὸ ἀλουργές.

¹²¹) τὸ γὰρ μέλαν τῷ τι τοῦ ἡλίου καὶ τῷ ἀπὸ τοῦ πυρὸς φωτὶ θεωροῦμεν ἀεὶ γιγνόμενον φοινικοῦν.

¹²²) Kap. 3: ὥστε ἐκ τριῶν εἶναι τὰς χρόας ἁπάσας μεμιγμένας, τοῦ φωτός, καὶ δι᾽ ὧν φαίνεται τὸ φῶς, οἷον τοῦ τε ὕδατος καὶ τοῦ ἀέρος, καὶ τρίτον τῶν ὑποκειμένων χρωμάτων, ἀφ᾽ ὧν ἀνακλᾶσθαι συμβαίνει τὸ φῶς.

¹²³) Plut. Plac. Phil. 1. 15: Ζήνων ὁ Στωικὸς τὰ χρώματα πρώτους εἶναι σχηματισμοὺς τῆς ὕλης.

¹²⁴) De humor. Vol. XVI. p. 9: τὸ γὰρ χρῶμα τῶν χυμῶν ἐστιν, οὐ τῶν στερεῶν τοῦ ζῴου μορίων.

¹²⁵) de natur. facult. I, 2. Vol. II, p. 2: καὶ γὰρ εἰ λευκὸν ὑπάρχον μελαίνοιτο καὶ εἰ μέλαν λευκαίνοιτο, κινεῖται κατὰ χρόαν.

¹²⁶) Plut. Plac. phil. 1. 15: χρῶμά ἐστι ποιότης σώματος ὁρατή.

¹²⁷) Plut. Plac. phil. III, 5: καὶ ἔχει τὸ μὲν πρῶτον φοινικοῦν, τὸ δὲ δεύτερον ἀλουργὲς καὶ πορφυροῦν, τὸ δὲ τρίτον κυάνεον καὶ πράσινον.

¹²⁸) Plut. Plac. Phil. III, ς: μήποτ' — οὖν τὸ μὲν φοινίκεον ὅτι ἡ λαμπρότης τοῦ ἡλίου προσπεσοῦσα καὶ ἡ ἀκραιφνὴς λαμπεδὼν ἀνακλωμένη ἐρυθρὸν ποιεῖ καὶ φοινικοῦν τὸ χρῶμα· τὸ δὲ δεύτερον μέρος ἐπιθολούμενον καὶ ἐκλυόμενον μᾶλλον τῆς λαμπηδόνος διὰ τὰς ὑανίδας ἀλουργίς· ἄνεσις γὰρ τοῦ ἐρυθροῦ τοῦτο· ἔτι δὲ πάλιν ἐπιθολούμενον τὸ διορίζον εἰς τὸ πράσινον μεταβάλλει.

¹²⁹) Plut. adv. Col. p. 566: Ἐπίκουρος — — οὐκ εἶναι λέγων τὰ χρώματα συμφυῆ τοῖς σώμασιν.

¹³⁰) Plut. Plac. Phil. I, 15. p. 570: προχέονται δ' ἐκ τῆς ὄψεως ἀκτῖνες πύριναι — — διόπερ ὁρατὸν εἶναι τὸ σκότος.

¹³¹) Olymp. ad Arist. Meteor. fol. 48 a.: ἐπειδὴ πολλάκις περὶ λιχνὸν ὁρῶμεν πρασινοειδῆ χρώματα.

¹³²) Seneca Quaest. nat. I, 3. 13: Varietas autem non ob aliam causam fit, quam quia pars coloris a sole est, pars a nube illa; humor autem modo caeruleas lineas modo virides modo purpurae similes luteas aut igneas ducit.

¹³³) Terre minérale dont les anciens faisaient des couleurs rouges ou jaunes, selon ses diverses préparations. Vgl. Plin. Hist. Nat. XXIII. 158 (55. 56).

¹³⁴) Plin. Nat. Hist. XXI. 45. 8. (22): Lutei video honorem antiquissimum, in nuptialibus flammeis totum feminis concessum, et fortassis ideo non numerari inter principalis, hoc est communis maribus ac feminis, quoniam societas principatum dedit.

¹³⁵) Il. II. V. v. 6—8:
ἄνθεά τ' αἰνυμένην ῥόδα καὶ κρόκον ἠδ' ἴα καλὰ
λειμῶν' ἄμ' μαλακὸν καὶ ἀγαλλίδας ἠδ' ὑάκινθον
ναρκίσσον θ'. — —

¹³⁶) Cypria fragm. 3. 1—6:
Εἵματα μὲν χροῒ ἕστο, τὰ οἱ Χάριτές τε καὶ Ὧραι
ποίησαν καὶ ἔβαψαν ἐν ἄνθεσιν εἰαρινοῖσιν,
οἷα φέρουσ' ὧραι, ἔν τε κρόκῳ ἔν θ' ὑακίνθῳ
ἔν τε ἴῳ θαλέθοντι ῥόδου τ' ἐνὶ ἄνθεϊ καλῷ
ἡδέι νεκταρέῳ, ἔν τ' ἀμβροσίαις καλύκεσσι
ναρκίσσου — καὶ λειρίου — —

¹³⁷) Od. 5. 63. 4:
ὕλη δὲ σπέος ἀμφὶ πεφύκει τηλεθόωσα,
κλήθρη τ' αἴγειρός τε καὶ εὐώδης κυπάρισσος.

¹³⁸) λύειν τὴν στραγγουρίαν τῶν ἵππων τὴν ἐκ τάσεως πολλῆς ἢ ἀγρίας γενομένην τὸ σέλινον.

¹³⁹) ἄλλο τοῦτο τὸ ἕλειον σέλινον παρὰ τὸ πετροσέλινον.

¹⁴⁰ᵃ) Theophrast Hist. Plant. 7. 6: τὸ δὲ ἱπποσέλινον καὶ ἐλειοσέλινον καὶ ὀρεοσέλινον καὶ πρὸς ἑαυτὰ διαφορὰν ἔχει καὶ πρὸς τὸ ἥμερον.

¹⁴⁰ᵇ) Theophr. Hist. Plant. 6. 6. 7: ὅτι πλατύφυλλός τε καὶ ἐγγειόφυλλος καὶ σαρκόφυλλός ἐστι, πολλὴν ἔχουσα ῥίζαν.

¹⁴¹) Th. H. Pl. 8. 1. 5: βίος δὲ ἰωνιᾶς μὲν τῆς λευκῆς ἔτι μάλιστα τρία (ἔτη).

¹⁴²) Th. 6. 6. 5: ἐμφανὴς γὰρ ἡ τούτων χροιὰ διαλλάττουσα und 8. 1. 5: γηράσκουσα δὲ ἐλιττοῦται καὶ ἴα λευκότερα φέρει.

¹⁴²) Plin. Hist. Nat. 21. 6. (14) 27: Ex iis vero quae sponte apricis et macris locis proveniunt purpureae latiove folio statim ab radice carnoso exeunt, solaeque Graeco nomine a ceteris discernuntur, appellatae ia et ab his ianthina vestis.

¹⁴⁴) Pindar Ol. 6. 55. 6:

ἴων ξανθαῖσι καὶ παμπορφύροις ἀκτῖσι βεβρεγμένος ἁβρὸν
σῶμα.

¹⁴⁵) Aristot. hist. an. IX, 37. 622 a. 9: πολύπους θηρεύει τοὺς ἰχθῦς τὸ χρῶμα μεταβάλλων καὶ ποιῶν ὅμοιον οἷς ἂν πλησιάζῃ λίθοις· τὸ δ' αὐτὸ τοῦτο ποιεῖ καὶ φοβηθείς.

¹⁴⁶) καὶ ἡ σηπία τοῦτο ποιεῖ· παρόμοιον γάρ φασι τὸ χρῶμα ποιεῖν τὸ αὑτῆς τῷ τόπῳ περὶ ὃν διατρίβει· τῶν δ' ἰχθύων τοῦτο ποιεῖ μόνον ῥίνη· μεταβάλλει γὰρ τὴν χρόαν ὥσπερ πολύπους.

¹⁴⁷) Mir. ausc. 164. Ar. hist. an. II, 11. 503. b. I; IX, 14. 616. a. 14.

¹⁴⁸ᵃ) λέγεται δ' ὑπό τινων.

¹⁴⁸ᵇ) οὐ κάρτα δεῖ τὸ καλὸν τῷ μὴ καλῷ φαινομένῳ εἰκάζειν· χρυσέαι γὰρ εἰ ἐποίησεν ὁ ζωγράφος τὰς τοῦ θεοῦ κόμας, μὴ μελαίνας, χεῖρον ἂν ἦν τὸ ζωγράφημα.

¹⁴⁹) Il. 24. 93. 4:

κάλυμμ' ἕλε δῖα θεάων
κυάνεον, τοῦ δ' οὔτι μελάντερον ἔπλετο ἔσθος.

¹⁵⁰) de Col. Kap. 3 (am Ende): ὁ δ' ἀὴρ — ἐν βάθει δὲ θεωρουμένου (θεωρούμενος πορρωτάτω vergl. A. in marg.) ἐγγυτάτω φαίνεται τῷ χρώματι κυανοειδής, διὰ τὴν ἀραιότητα.

¹⁵¹) Von den Stoikern lesen wir die Ansicht bei Plut. Plac. Phil. I, 6. p. 485: καλὸς δὲ ὁ κόσμος — καὶ τὸ χρῶμα δὲ καλόν· κυανώσει γὰρ κέχρωσται.

¹⁵²) de Col. Kap. 2: τὸ μέλαν καὶ σκιερὸν τῷ φωτὶ μιγνύμενον φοινικοῦν· τὸ γὰρ μέλαν μιγνύμενον τῷ τε τοῦ ἡλίου καὶ τῷ ἀπὸ τοῦ πυρὸς φωτὶ θεωροῦμεν ἀεὶ γιγνόμενον φοινικοῦν, καὶ τὰ μέλανα πυρωθέντα πάντα εἰς χρῶμα μεταβάλλοντα φοινικοῦν· αἵ τε γὰρ καπνώδεις φλόγες καὶ αἱ ἄνθρακες, ὅταν ὦσιν διακεκαυμένοι, φαίνονται χρῶμα ἔχοντες φοινικοῦν.

¹⁵³) Aristot. Meteor. III, 4. 374 a. 27: τὸ δὲ τοῦ λύχνου φῶς οὐ λευκὸν ἀλλὰ πορφυροῦν φαίνεται κύκλῳ καὶ ἐριῶδες, φοινικοῦν δ' οὔ· ἔστι γὰρ ἡ ὄψις ὀλίγη ἡ ἀνακλωμένη καὶ μέλαν τὸ ἔνοπτρον.

¹⁵⁴) de Col. Kap. II: φαίνεται δὲ καὶ ἡ θάλαττα πορφυροειδής, ὅταν τὰ κύματα μετεωριζόμενα κατὰ τὴν ἔγκλισιν σκιασθῇ· πρὸς γὰρ τὸν ταύτης κλισμὸν ἀσθενεῖς αἱ τοῦ ἡλίου αὐγαὶ προσβάλλουσαι ποιοῦσι φαίνεσθαι τὸ χρῶμα ἁλουργές.

¹⁵⁵) Aristot. Meteor. III, 4. 374 a. 3: καὶ δι' ἀχλύος καὶ καπνοῦ ὁ ἥλιος φαίνεται φοινικοῦν.

¹⁵⁶) ὃ καὶ ἐπὶ τῶν πτερωμάτων θεωρεῖται γιγνόμενον (Forts. zu ¹⁴⁴).

¹⁵⁷) Il. XVII. 547:

ἥντε πορφυρέην ἶριν θνητοῖσι τανύσσῃ
Ζεὺς ἐξ οὐρανόθεν.

¹⁵⁸) Il. 11. 26—28:

κυάνεοι δὲ δράκοντες ὀρωρέχατο προτὶ δειρὴν
τρεῖς ἑκάτερθ', ἴρισσιν ἐοικότες, ἅς τε Κρονίων
ἐν νέφεϊ στήριξε.

¹⁵⁸) Aen. IV, 701: Mille trahens varios adverso sole colores.

Ov. Mt. 6, 65: In quo diversi niteant cum mille colores.

¹⁵⁹) μηδ' ἀπὸ πεντόζοιο θεῶν ἐν δαιτὶ θαλείῃ
αὖον ἀπὸ χλωροῦ τάμνειν αἴθωνι σιδήρῳ.

¹⁶⁰) Ἠὼς μὲν κροκόπεπλος ἐκίδνατο πᾶσαν ἐπ' αἶαν.

¹⁶¹) Theokr. Epigr. 1, 5 u. 6:

βωμὸν δ' αἱμάξει κεραὸς τράγος οὗτος ὁ μαλός
τερμίνθου τρώγων ἔσχατον ἀκρέμονα.

¹⁶²) de col. Kap. 5: διὸ καὶ τὰ μὲν ὑπὲρ γῆς χλωρὰ πάντων τῶν φυομένων τὸ πρῶτόν ἐστι, τὰ δὲ κατὰ γῆς καυλοὶ καὶ ῥίζαι λευκαί.

¹⁶³) Schol. zu Apol. Rh. L 1280: Ἦμος δ' οὐρανόθεν χαροπή. Χαροπὴν τὴν ἠώ, διὰ τὸ λαμπρύνειν τὸν ἀέρα καὶ φωτίζειν. Τὸ δὲ γλαυκὸν καὶ χαροπὸν συνωνύμως λέγεται· ἀμφότερα γὰρ ἐπὶ τοῦ λαμπροῦ. Διὸ καὶ ἐπήνεγκεν διαγλαύσουσιν, ἀντὶ τοῦ φωτίζουσι, ἢ διαλάμπουσι. Ὅθεν καὶ ἡ Ἀθηνᾶ γλαυκῶπις, καὶ γλήνη, ἡ κόρη τοῦ ὀφθαλμοῦ (παρὰ τὸ γλαύσειν, ὅ ἐστι λάμπειν). Καὶ Εὐριπίδης ἐπὶ τῆς σελήνης ἐχρήσατο· Γλαυκῶπίς τε στρέφεται μήνη.

¹⁶⁴) Diod. I, 12: τὸν δ' ἀέρα προσαγορεῦσαί φασιν Ἀθηνᾶν μεθερμηνευομένης τῆς λέξεως — λέγεσθαι δ' αὐτὴν καὶ γλαυκῶπιν, οὐχ ὥσπερ ἔνιοι τῶν Ἑλλήνων ὑπέλαβον, ἀπὸ τοῦ τοὺς ὀφθαλμοὺς ἔχειν γλαυκούς· τοῦτο μὲν γὰρ εὔηθες ὑπάρχειν· ἀλλ' ἀπὸ τοῦ τὸν ἀέρα τὴν πρόσοψιν ἔχειν ἔγγλαυκον.

¹⁶⁵) Paus. 1, 36. bez. 14, 6: τὸ δὲ ἄγαλμα ὁρῶν τῆς Ἀθηνᾶς γλαυκοὺς ἔχον τοὺς ὀφθαλμούς, Λιβύων τὸν μῦθον ὄντα εὕρισκον· τούτοις γάρ ἐστιν εἰρημένον Ποσειδῶνος καὶ λίμνης Τριτωνίδος θυγατέρα εἶναι, καὶ διὰ τοῦτο γλαυκοὺς εἶναι ὥσπερ καὶ Ποσειδῶνι τοὺς ὀφθαλμούς.

¹⁶⁶) Schol. zu Ap. IV, 1239: πᾶν τὸ πολὺ καὶ δαψιλὲς ἠερόεν λέγεται.

¹⁶⁷) Couleur de pensée. Certain violet brun tel que celui des fleurs de pensée.

¹⁶⁸) Albinovanus Eleg. in obit. II, 62: bracchia purpurea candidiora nive.

¹⁶⁹) Theokr. 25, 129—131:

ἄλλοι δ' αὖ μετὰ τοῖσι δυώδεκα βουκολέοιτο
ἱεροὶ Ἠελίοιο· χρόην δ' ἔσαν ἠΰτε κύκνοι
ἀργησταί, πᾶσιν δὲ μετέπρεπον εἰλιπόδεσσιν.

¹⁷⁰) Aesch. Ag. 115:

Οἰωνῶν βασιλεὺς βασιλεῦσι νεῶν, ὁ κελαινός· ὁ τ' ἐξόπιν ἀργᾶς,
ich vermutete ὁ δ' αὖ πόδας ἀργᾶς, bin aber jetzt geneigt, mehr mit den Lauten der alten Lesart in Übereinstimmung ὁ δὴ ποσὶν ἀργοῖς zu schreiben. Entschließt man sich, den Gegensatz ohne Partikel allein durch die Gegenüberstellung gegeben sein zu lassen, so würden wir gelangen zu

ὁ τοὺς πόδας ἀργᾶς
ὁ τοῖς ποσὶν ἀργοῖς.

^{171}) Od. 12, 287—290:

πῆ κέν τις ὑπεκφύγοι αἰπὶν ὄλεθρον,
ἤν πως ἐξαπίνης ἔλθῃ ἀνέμοιο θύελλα,
ἢ Νότου ἢ Ζεφύροιο δυσαέος, οἵ τε μάλιστα
νῆα διαρραίουσι θεῶν ἀέκητι ἀνάκτων.

^{172}) Rigv. 1. 105. 18: Aruṇo mā sakṛd vṛikaḥ pathā yantam dedarça hi
ǵu ǵihīte niḍāyga.

^{173}) ὃ ταχέως καὶ τρανῶς ἀποφαινόμενος.

^{174}) Adamantius Phys. II, 24: ὀφθαλμοὶς ὑγρούς, χαροπούς, γοργούς,
φῶς πολὺ ἔχοντας ἐν αὐτοῖς.

^{176}) Collum lusciniae diversi anni tempore diversum est, modo rubidum
colorem subtus admodum intendit, modo remittit.

^{177}) Petit oiseau à bec fin et à plumage grisâtre.

Vierzigstes Kapitel.

Verzeichnis der Epiker und der benutzten Ausgaben.

1. Homers Ilias – Ausgabe von La Roche, Leipzig 1877.
2. Homers Odyssee – Ausgabe v. Ameis, besorgt von Hentze, Leizig 1874.
3. Hesiodi Carmina — Ausg. von Göttling, Gotha 1843, angeführt nach den Bezeichnungen H. Th. (Theogonie), A. (Aspis.), E. (Erga), H. F. (Fragmenta).
4. Hymni Homerici, angeführt H. H. — Ausg. v. A. Baumeister, Leipzig 1865, dazu die Homerischen Epigramme und die Batrachomyomachie.
5. Epicorum Graecorum Fragmenta Bd. I. Ausgabe v. G. Kinkel, L. 1877.
6. Apollonii Rhodii Argonautica — Ausg. von A. Wellauer, L. 1828, und von Merkel. L. 1882.
7. Quinti Smyrnaei Posthomericorum libri XIV. ·· Ausg. v. A. Koechly, Leipzig 1853.

Die Schreibung der Farbenbezeichnungen des Chanson de Roland habe ich nach der Ausgabe von L. Gautier gegeben, Tours 1876; diejenigen der Nibelunge Not nach der dritten Auflage von Karl Lachmann, Berlin 1851.